LOUBET, Leonardo Furtado. Tributação Federal no Agronegócio. São Paulo: Noeses, 2017.

MARTINEZ, Wladimir Novaes. Comentários à Lei Básica da Previdência Social. Plano de Custeio. Tomo I. São Paulo: LTR Editora, 2010.

MARTINS, Fran. Comentários à Lei da S/A. São Paulo: Forense, 2010.

MARTINS, Sérgio Pinto. Direito da Seguridade Social. 38ª ed. São Paulo: Saraiva, 2019.

MASINA, Gustavo. Sanções Tributárias. Definições de Limites. São Paulo: Malheiros, 2016.

MEDEIROS, Rafael de Souza. Responsabilidade Tributária de Grupo Econômico. Porto Alegre: Livraria do Advogado, 2019.

MELLO, Celso D. de Albuquerque. Curso de Direito Internacional Público. Rio de Janeiro: Renovar, 2004.

MENKE, Cassiano. Irretroatividade tributária material: definição, conteúdo e eficácia. São Paulo: Malheiros, 2015.

MODESTO, Carvalhosa. Tratado de Direito Empresarial, Volume III, Sociedades Anônimas. São Paulo: RT, 2016.

NABAIS, José Casalta. Direito Fiscal. 8ª ed. Coimbra: Almedina, 2015.

PANDOLFO, Rafael. Jurisdição Constitucional Tributária. São Paulo: Noeses, 2020.

PAULSEN, Leandro: Constituição e Código Tributário Comentados. São Paulo: Saraiva, 2017.

RIZZARDO ARNALDO. Direito do Agronegócio. Rio de Janeiro: Forense, 2022.

SABBAG, Eduardo. Manual de Direito Tributário. São Paulo: Saraiva, 2009.

TESAURO, Francesco. Instituições de Direito Tributário. São Paulo: IBDT, 2017.

VAZ, Paulo e PAULSEN, Leandro. Org. Curso Modular de Direito Tributário: Florianópolis: Editora Conceito Editorial, 2008.

VELLOSO, Andrei Pitten; ROCHA, Daniel Machado da; PAULSEN, Leandro. Comentários à Lei de Custeio da Seguridade Social. Porto Alegre: Livraria do Advogado, 2005.

- editoraletramento
- editoraletramento.com.br
- editoraletramento
- company/grupoeditorialletramento
- grupoletramento
- contato@editoraletramento.com.br
- editoraletramento

- editoracasadodireito.com.br
- casadodireitoed
- casadodireito
- casadodireito@editoraletramento.com.br

IX E X CONGRESSOS NACIONAIS
DE DIREITO DO TRABALHO

IX E X CONGRESSOS NACIONAIS DE DIREITO DO TRABALHO

COORDENADOR
ANTÓNIO MOREIRA

EDITOR
EDIÇÕES ALMEDINA, SA
Avenida Fernão de Magalhães, n.º 584, 5.º Andar
3000-174 Coimbra
Tel.: 239 851 904
Fax: 239 851 901
www.almedina.net
editora@almedina.net

PRÉ-IMPRESSÃO • IMPRESSÃO • ACABAMENTO
G.C. – GRÁFICA DE COIMBRA, LDA.
Palheira – Assafarge
3001-453 Coimbra
producao@graficadecoimbra.pt

Novembro, 2007

DEPÓSITO LEGAL
218696/04

Os dados e as opiniões inseridos na presente publicação
são da exclusiva responsabilidade do(s) seu(s) autor(es).

Toda a reprodução desta obra, por fotocópia ou outro qualquer processo,
sem prévia autorização escrita do Editor,
é ilícita e passível de procedimento judicial contra o infractor.

INSTITUTO LUSÍADA DE DIREITO DO TRABALHO

IX E X CONGRESSOS NACIONAIS DE DIREITO DO TRABALHO

MEMÓRIAS

Coordenação
PROF. DOUTOR ANTÓNIO MOREIRA

Colaboração
MESTRE TERESA COELHO MOREIRA

NOTA EXPLICATIVA

Razões de ordem vária, entre as quais me permito destacar a escassez de textos das prelecções e conferências, levaram a aglutinar num único volume as Memórias *dos IX e X Congressos Nacionais de Direito do Trabalho. Para a falta, só a mim imputável, solicito a melhor compreensão do público a quem esta publicação se dirige. Alimento a esperança, que espero ver concretizada, que os textos do XI Congresso, a ter lugar nos dias 15 e 16 de Novembro próximo, no Hotel Altis, em Lisboa, não provoquem constrangimento deste jaez.*

Canelas, 14 de Outubro de 2007

IX CONGRESSO NACIONAL DE DIREITO DO TRABALHO

COM O ALTO PATROCÍNIO
DE SUA EXCELÊNCIA
O SENHOR PRESIDENTE DA REPÚBLICA

IX CONGRESSO NACIONAL DE DIREITO DO TRABALHO

MEMÓRIAS

Coordenação
PROF. DOUTOR ANTÓNIO MOREIRA

Colaboração
MESTRE TERESA COELHO MOREIRA

NOTA PRÉVIA

O IX Congresso Nacional de Direito do Trabalho decorreu nos dias 10 e 11 de Novembro de 2005, no Hotel Altis, em Lisboa. A exemplo dos anteriores, foi um ponto de encontro importante e já habitual onde o pluralismo tem o seu lugar marcado, onde todos, mas mesmo todos, podem exprimir os seus argumentos, numa óptica construtiva, na busca de se conseguir um acervo normativo que suporte um Direito do Trabalho mais equilibrado, mais fraterno e mais solidário.

Ao longo de nove anos de realizações sucessivas, e à laia de balanço, muito tem sido feito. A verdade é que há muito ainda para fazer. As reformas, quais Capelas Imperfeitas ou obras de Santa Engrácia, são sempre processos evolutivos inacabados.

Como é facilmente constatável, os textos produzidos estão longe, muito longe mesmo, de corresponderem às conferências, prelecções e debates. E à medida que o tempo passa, a cura tem sido de emagrecimento. Como dizia na Nota Prévia às Memórias do VIII Congresso, alimento a esperança, que espero não ver transformada em desilusão, de que as Memórias seguintes não sofram do pensamento do lean thinking.

O X Congresso Nacional de Direito do Trabalho ocorrerá nos dias 16 e 17 do próximo mês de Novembro, no Hotel Altis, em Lisboa.

Canelas, 23 de Outubro de 2006

António Moreira

COMISSÃO DE HONRA

Presidente da República
Presidente da Assembleia da República
Presidente do Supremo Tribunal de Justiça
Ministro do Trabalho e da Solidariedade Social
Provedor de Justiça
Vice-Presidente do Supremo Tribunal de Justiça
Bastonário da Ordem dos Advogados
Presidente da CITE
Inspector-Geral do Trabalho
Director-Geral do Emprego e das Condições de Trabalho
Prof. Doutor Mário Pinto

DIA 10 DE NOVEMBRO DE 2005

9h 30m

SESSÃO SOLENE DE ABERTURA

Presidência
Dr. Henrique Nascimento Rodrigues
Provedor de Justiça

Mesa de Honra
Conselheiro Dr. José António Mesquita, Vice-Presidente do S.T.J.
Prof. Doutor António Monteiro Fernandes
Prof.ª Doutora Maria do Rosário Ramalho
Prof. Doutor António Moreira

AS RAZÕES DO CONGRESSO

António Moreira

Professor Catedrático e Vice-Chanceler das Universidades Lusíada
Director do Instituto Lusíada do Direito do Trabalho
Vice-Presidente do Conselho de Administração da Fundação Minerva – Cultura
– Ensino e Investigação Científica
Coordenador do Congresso

AS RAZÕES DO CONGRESSO

ANTÓNIO MOREIRA

*Professor Catedrático e Vice-Chanceler
das Universidades Lusíada
Director do Instituto Lusíada do Direito
do Trabalho
Vice-Presidente do Conselho
de Administração da Fundação Minerva –
Cultura – Ensino e Investigação Científica
Coordenador do Congresso*

Em nome do Senhor Provedor de Justiça declaro abertos os trabalhos do IX Congresso Nacional de Direito do Trabalho.

- Senhor Provedor de Justiça, Dr. Henrique Nascimento Rodrigues
- Distintos académicos que integram esta mesa
- Senhores Juízes Conselheiros do S.T.J.
- Senhoras e Senhores Conferencistas
- Senhoras e Senhores Congressistas
- Minhas Senhoras e Meus Senhores

Usar da palavra neste evento e nesta altura é privilégio auto – atribuído ao Coordenador, dito agora Científico, pelo simples facto de o ser. Poderá assim dizer-se que falar de neutralidade nesse enquadramento não será adequado. O Coordenador, porém, tem procurado cultivar e praticar a isenção e a imparcialidade.

Decorridos oito anos desde o I Congresso, de que o Coordenador se arroga a legítima propriedade, pode ser chegada a altura de repensar este conclave e o perfil, figura e papel do seu Coordenador.

A eternização, sem práticas dinásticas, do congraçamento de esforços, de vontades e de saberes, quando atribuído a uma só pessoa, pode implicar leituras menos correctas que o simples decurso do tempo e o desgaste que este envolve podem fomentar.

Pode ser chegada a época de pensar em mudanças ...

Minhas Senhoras e meus Senhores:

As Razões do Congresso e o seu tempo, nestes eventos, têm sido a oportunidade, nunca esquecida, do Coordenador dar a devida palavra de agradecimento a todos aqueles que têm tornado possível estes Encontros e contribuído para a sua viabilidade e dignificação. E hoje, profundamente reconhecido, volto a fazê-lo.

– Na pessoa de Sua Excelência o Senhor Presidente da República que preside à Comissão de Honra do IX Congresso e que concede o seu alto patrocínio à iniciativa. E na figura do Presidente da República envolvo as mais altas individualidades do meu país que integram a Comissão de Honra e avalizam o evento.

– Aval que é dado pelo merecimento pessoal de cada um dos prelectores e conferencistas e de todos no seu conjunto organizados.

O meu profundo agradecimento, pois, a todos os colegas, quase todos mais novos em idade, que com o espírito de abertura que só o Coordenador conhece, tornaram possível, em perfeita dádiva e partilha de saberes, mais um Congresso Nacional de Direito do Trabalho.

E porque os Congressos têm já a sua história, é meu dever lembrar o apoio inequívoco que, anos a fio, lhes foi dado por uma das mais distintas individualidades da vida pública nacional: o Senhor Juiz Conselheiro Dr. Jorge Alberto Aragão Seia, Presidente que foi do Supremo Tribunal de Justiça.

Senhoras e Senhores Congressistas:

É altura de sobre o *programa* tecer algumas considerações integradoras. Assim:

– O Tema I, sobre Justiça Laboral e Direito Penal do Trabalho, não será presidido pelo Senhor Inspector-Geral do Trabalho por se encontrar ausente do país, por estritas razões de índole profissional;

As Razões do Conselho   25

– O Tema II, justamente intitulado Flexibilidade de Entrada no Mercado de Trabalho, será presidido pelo Senhor Juiz Conselheiro Dr. José António Mesquita, individualidade a quem o Coordenador muito deve, e que abraçou bem cedo as causas dos Congressos Nacionais;

– O Tema IV, sobre Flexibilidade Interna ou no Contrato de Trabalho, será presidido pelo Senhor Juiz Conselheiro Dr. Pinto Hespanhol, da Secção Social do Supremo Tribunal de Justiça;

– Por último, a Sessão Solene de Encerramento será presidida pelo Senhor Vice-Presidente do Supremo Tribunal de Justiça, Juiz Conselheiro Dr. António da Costa Neves Ribeiro, em substituição do seu Presidente.

E há um lapso no Programa da exclusiva responsabilidade do Coordenador: reporta-se à Senhora Drª. Maria de Belém, que vai presidir ao Tema III, mas que não é a Presidente da Comissão de Protecção de Dados. Deputada à Assembleia da Republica, integra a sua 1ª Comissão e preside à Comissão da Saúde.

Minhas Senhoras e meus Senhores:

Ao longo dos oito anos que os Congressos Nacionais levam de existência, o Mundo mudou muito e, com ele, o Direito do Trabalho. O Mundo é mais pequeno, menos privado, mais globalizado. E não é, propriamente, o Admirável Mundo Novo de Aldous Huxley.

Numa época em que o regresso aos bons velhos tempos poderá estar na ordem do dia, com a crise do Estado Social e de Bem-Estar à mistura;

Num tempo em que as reformas do Direito do Trabalho mais necessárias se tornam, em postura reactiva ou talvez não;

E com a convicção de que as Reformas desta pátria autonómica do Direito, ainda *vão no adro*, ouçamos as prelecções de quem pensa, age e cria as coisas do Direito do Trabalho, e são 26, convencido que está o Coordenador de que assim se darão mais alguns passos para a necessária clarificação do Direito do Trabalho, e com a certeza de que, também assim, se contribuirá, a seu talante, para o diálogo, a concertação e o consenso sociais, fundamentais para se alicerçar a justiça e a paz.

Muito obrigado a todos.

DIA 10 DE NOVEMBRO DE 2005

TEMA DE ABERTURA

GLOBALIZAÇÃO, CRISE ECONÓMICA E SOCIAL OU O DIREITO DO TRABALHO DA EMERGÊNCIA

Presidência
Conselheiro Dr. José António Mesquita
Vice-Presidente do Supremo Tribunal de Justiça

Prelectores
Prof. Doutor António Monteiro Fernandes
ISCTE, Universidade Lusíada do Porto
Prof. Doutor Jorge Leite
Faculdade de Direito da Universidade de Coimbra
Prof. Doutor Manuel Carlos Palomeque
Faculdade de Direito da Universidade de Salamanca
Prof.ª Doutora Maria do Rosário Ramalho
Faculdade de Direito da Universidade Clássica de Lisboa

DIA 10 DE NOVEMBRO DE 2005

TEMA I

JUSTIÇA LABORAL E DIREITO PENAL DO TRABALHO

Presidência
Dr.ª Ângela Correia
Subinspectora-Geral do Trabalho

Prelectores
Juíza Desembargadora Drª Albertina Pereira
Tribunal da Relação do Porto
Professora Convidada da Universidade Lusíada de Lisboa
Dr. João Correia
Advogado
Dr. João Soares Ribeiro
Delegado da Inspecção-Geral do Trabalho

O CRIME DE NÃO APRESENTAÇÃO PELO EMPREGADOR DE REGISTOS E OUTROS DOCUMENTOS

João Soares Ribeiro

Delegado da IGT

O CRIME DE NÃO APRESENTAÇÃO PELO EMPREGADOR DE REGISTOS E OUTROS DOCUMENTOS

João Soares Ribeiro

Delegado da IGT

Art. 468.º
*(Desobediência qualificada)**

1. O empregador incorre no crime de desobediência qualificada sempre que não apresentar à Inspecção-Geral do Trabalho os documentos e outros registos por esta requisitados que interessem para o esclarecimento de quaisquer situações laborais.

2. Incorre no crime de desobediência qualificada o empregador que ocultar, destruir ou danificar documentos ou outros registos que tenham sido requisitados pela Inspecção-Geral do Trabalho.

I – Generalidades

1 – Este tipo legal de crime constitui uma verdadeira novidade, uma vez que no ordenamento jurídico-laboral anterior à entrada em vigor da

---

* Art. 468.º da Lei 35/2004, de 29 de Julho: Sobre o crime de desobediência, cf. o art. 348.º do CP e desobediência qualificada o seu n.º 2, que precisamente remete para as disposições legais que a cominem, como é o caso deste preceito da lei regulamentar do Código.

lei regulamentar do Código do Trabalho, que o contém, embora existisse – e se mantenha em vigor – um texto paralelo, e que enuncia a existência de uma norma com um tipo legal objectivo semelhante, a sua violação constitui apenas uma contra-ordenação leve[1].

Importa pois, sem prejuízo de determinar as relações que se possam estabelecer entre tais normas de dois ramos diferentes do ordenamento sancionatório, proceder à sua análise.

2 – A primeira constatação é a de que, embora a norma da Lei Regulamentar, defina os pressupostos fácticos do tipo legal, ao remeter para o crime previsto no artigo 348.º do Código Penal, não poderá deixar de se atender também aos elementos do tipo dele constantes. É o que resulta da própria estrutura deste crime quando remete para a disposição legal que cominar o crime. Terá, por isso, neste caso[2], a norma do Código Penal de ser preenchida pela norma penal extravagante que comina o crime de desobediência, para mais qualificada.

A segunda observação respeita à estranheza da construção do crime previsto no Código, a partir da Reforma de 1995, quando a sua cominação não é feita por lei mas, antes, pela própria autoridade ou funcionário. Esta solução de um crime de desobediência não tipificada parece criticável por colocar a autoridade ou funcionário na posição de discricionariamente cominar ou não a punição de um certo comportamento. O que parece que aquelas entidades deveriam poder fazer relativamente aos destinatários das suas ordens (ou mandados) seria apenas, e só, adverti-los para a punição constante de lei[3].

3 – É intenção do legislador salvaguardar a dignidade dos funcionários que actuam em nome e representação do Estado[4], como decorre do

---

[1] Referimo-nos ao texto da alínea e) do art. 11.º do DL 102/2000, de 2/6, que é considerado contra-ordenação leve pelo art. 13.º/2 do mesmo diploma (Estatuto da IGT). Deve recordar-se, porém, que anteriormente, e até à entrada em vigor deste Estatuto de 2000 (por força do que dispunha o art. 3.º/2 da L 116/99, de 4/8), o art. 45.º do DL 491/85, de 26/11, já determinava que a não apresentação de documentos constituía contra-ordenação punida com coima de 10.000$ a 100.000$.

[2] No caso da al. a) do n.º 1 ou do n.º 2 do art. 348.º do CP.

[3] Cf., neste sentido CRISTINA LÍBANO MONTEIRO, Comentário Conimbricense ao Código Penal – Tomo III – na anotação ao art. 348.º, pp. 349 a 359, posição que, de resto, aqui seguiremos de perto.

[4] Sendo certo, porém, que o conceito de funcionário, para efeitos do Código Penal, vai muito para além da noção de Direito Administrativo, abrangendo para lá dos funcio-

O Crime de não Apresentação pelo Empregador de Registos e Outros Documentos   35

facto de o crime do artigo 348.º estar sistematicamente integrado no capítulo dos crimes contra a autoridade pública e no título dos crimes contra o Estado.

O bem jurídico que está subjacente a este tipo de crimes é por isso a autonomia intencional do Estado[5] e, mais especificamente quanto ao tipo em análise, a dignidade e o prestígio do mesmo Estado.

Trata-se pois de um crime de dano, não se bastando o seu preenchimento com o simples pôr em perigo o interesse protegido, embora tanto possa ser cometido por acção como por omissão, tudo dependendo, naturalmente, da natureza da ordem.

4 – Quanto ao crime de desobediência qualificada, entrecruzando as normas do artigo 468.º da Lei Regulamentar do Código com as do artigo 348.º do Código Penal, podemos concluir que são seus pressupostos fácticos, em cumulação:

1 – **Ser o autor empregador;**

2 – **A existência dos documentos ou registos;**

3 – **Que interessem para o esclarecimento de situações laborais**;

4 – **Requisição dos referidos documentos** (que tem de assumir a natureza de uma ordem);

5 – **Requisição transmitida em forma legal** (comunicação/notificação);

6 – **Por quem tenha competência para tal;**

7 – **Não apresentação dos documentos ou registos;**

8 – Quanto ao n.º 2 do art. 468.º da Lei 35/2004, é ainda necessária:

– **a ocultação, danificação ou destruição dos documentos ou registos.**

---

nários em sentido estrito, os agentes, os que mesmo transitoriamente desempenhem funções públicas, gestores ou até trabalhadores de empresas públicas, etc. – art. 386.º do CP.

[5] Sobre a delimitação do conceito de "autonomia intencional do Estado" e a crítica de outras posições doutrinárias nacionais e estrangeiras que apontam para a caracterização do bem jurídico subjacente aos crimes contra o Estado, tais como a "pureza da função pública", a "não falsificação ou adulteração da vontade do Estado" ou a "confiança do Estado perante a comunidade", veja-se A. M. ALMEIDA COSTA, Comentário Conimbricense ao Código Penal anotação ao art. 372.º, pp. 654 e ss.

II – Requisito n.º 1 – Ser o autor empregador

1. Trata-se de um crime próprio, no sentido em que o agente tem de ter uma especial qualificação que, no caso, é a de empregador. É este que deve ser responsabilizado mesmo quando se socorra de um intermediário para a entrega. Não se concebe que o crime possa ser imputado a uma pessoa física que não tenha a qualidade de representante legal duma pessoa colectiva, a menos que se trate de um empresário em nome individual. Por seu lado, como se não trata de crime que possa ser imputado a pessoas colectivas há necessidade de identificar devidamente a pessoa (ou pessoas) a quem deve ser dirigida a ordem de apresentação dos documentos ou registos.

2 – De facto, fala a lei, coerentemente com o sistema por ela própria consagrado, em "empregador" e não "entidade empregadora". É que, estando este crime de desobediência previsto na Lei Regulamentar, e não no Código do Trabalho[6], e sendo a *responsabilidade das pessoas colectivas* consagrada no artigo 607.º, restrita aos crimes ali (no Código) previstos, por imperiosa determinação do princípio da tipicidade (princípio da legalidade, na modalidade de *lex stricta*[7]), aquela responsabilidade não se pode estender aos tipos legais previstos na Lei Regulamentadora, sendo-lhe antes aplicável o genérico princípio da pessoalidade, previsto no artigo 11.º do Código Penal, segundo o qual *salvo disposição em contrário, só as pessoas singulares são susceptíveis de responsabilidade criminal.*

III – Requisito n.º 2 – Existência dos documentos ou registos

1 – É condição elementar do preenchimento do tipo legal objectivo a existência dos documentos ou registos no momento em que a sua apresentação é determinada. Não se verificando a sua existência na posse ou na esfera de intervenção do *empregador*, não mais pode este ser

---

[6] Tenha-se em conta que no CT existe um outro crime de desobediência qualificada, embora relacionado com a utilização indevida de trabalho de menores (art. 609.º).

[7] Sobre o princípio da legalidade e os seus corolários de lege scripta, lege praevia, lege precisa e lege stricta, pode ver-se Américo A. Taipa de Carvalho, Sucessão de Leis Penais, Coimbra Editora, Ldª, 1990, p. 22.

O Crime de não Apresentação pelo Empregador de Registos e Outros Documentos   37

condenado pelo crime de desobediência. É que *de impossibilia nemo tenetur*. Sem prejuízo de poder ser sancionado por outra infracção, designadamente de contra-ordenação, quando a respectiva conduta estiver como tal tipificada. Isto é, quando a não existência ou apresentação dos documentos, ou a não elaboração ou envio dos registos, for tida pelo legislador como infracção de natureza administrativa. É que, situações há em que existe a obrigação de entrega ou envio de determinados documentos, mas cuja violação, todavia, não se encontra contra-ordenacionalizada[8].

Não se torna, por isso, necessário para a existência do crime que esteja tipificada como contra-ordenação a correspondente conduta omissiva da obrigação de envio. O que ocorre, neste caso, é que a conduta correspondente ao não envio dos documentos obrigatórios é qualificada como contra-ordenação, podendo ter sido praticada com negligência ou com dolo. Mas também não é necessário, para que exista crime, que esteja consagrado legal e expressamente o dever de envio de determinado documento. Independentemente de constar ou não tal dever da lei laboral, independentemente de se tratar ou não de documentos ou registos de envio obrigatório por lei, o simples facto de o documento ou registo interessar ao esclarecimento da situação laboral[9] e não estar à disposição do inspector do trabalho, pode, após a sua apresentação ter sido determinada, levar ao preenchimento do tipo legal objectivo.

Mas nunca se preencherá o crime se o empregador não tem – consigo ou, como muitas vezes acontece, nos escritórios de empresas de prestação de serviços de contabilidade, assessoria, etc. – os documentos. Ou porque nunca os elaborou ou, porque, tendo-os elaborado, já os destruiu[10].

2 – Não se compreendendo bem porquê, na legislação laboral nacional, diferentemente do que sucede, por exemplo, com a legislação

---

[8] É o que se verifica com as situações de não envio de cópia do mapa de HT (art. 179.º, n.º 2). de não entrega ao trabalhador de documento da retribuição (n.º 5 do art. 267.º) ou de não entrega de certificado de trabalho quando cessa a relação (n.º 1 do art. 385.º) todos do Código do Trabalho, doravante referenciado pela sigla CT.

[9] Mesmo que não seja tipicamente laboral como é, p. ex., o caso das folhas de férias enviadas à Segurança Social (vd. art. 1.º/1, *in fine*, do DL 102/2000, de 2/6).

[10] Se os destruiu, entenda-se, antes de a IGT determinar a sua apresentação (cf. n.º 2 do art. 468.º da L 35/2004). Mas veja-se a precisão que se faz infra.

fiscal[11], nunca foi normativamente fixado um prazo geral de conservação dos registos e outros documentos das empresas que interessam para o esclarecimento de situações laborais. E esse facto gera equívocos, incomodidades, dúvidas e divergências entre os titulares das empresas e a Administração do Trabalho, reflectindo-se necessariamente no direito sancionatório laboral.

Esta deficiência regulamentar, quanto a nós, ao invés de ser resolvida, como podia, e talvez devesse ser, pelo Código do Trabalho, foi mesmo ampliada devido à (nova) obrigação do registo, pretensamente geral, dos tempos de trabalho criada pela disposição do art. 162.º daquele diploma.

Desde sempre – mas muito mais agora – quando o empregador pergunta sobre qual o prazo de conservação obrigatória dos documentos e outros registos laborais ou de interesse para a relação com os seus trabalhadores ou ex-trabalhadores, a Administração tem tendência para responder que os deve manter não só enquanto perdurar a relação de trabalho como ainda, finda ela, no prazo de um ano após a sua cessação. Faz, por isso, com tal resposta, apelo à circunstância da prescrição dos créditos emergentes da relação, ou da sua cessação (art. 381.º), para responder a uma questão que é, todavia, diferente.

A resposta que pode ser encontrada para aquela questão é, porém, de cariz bem mais complexo. Na verdade, há numerosas disposições sobre mapas, registos e outros documentos que obrigam a que os empregadores os devam manter por cinco anos, ou outros cujo preenchimento e envio é de carácter obrigatório, e normalmente periódico. É o caso do registo do trabalho suplementar[12], do relatório anual de actividades de shst[13], do mapa do quadro de pessoal[14], do balanço social[15]. Mas há também algumas disposições específicas do âmbito da segurança e saúde,

---

[11] Onde se pode encontrar, por ex., o art. 128.º/2 do Código do IRS que determina que a obrigação de apresentação de documentos comprovativos de rendimentos auferidos, de deduções, abatimentos e outros factos de incidência tributária, *mantêm-se durante os quatro anos seguintes àquele a que respeitam os documentos.*

[12] Que o art. 204.º/5 obriga a que o empregador deve manter por cinco anos.

[13] Que o art. 260.º da LR obriga a que o empregador deve manter por cinco anos.

[14] Que o art. 456.º/3 da L 35/2004 obriga a que o empregador deve manter por cinco anos.

[15] Que o art. 463.º da L 35/2004 obriga a que o empregador deve manter por cinco anos.

O Crime de não Apresentação pelo Empregador de Registos e Outros Documentos 39

com outro sentido, como é o caso da determinação da destruição dos dados biométricos do trabalhador quando cessa a relação de trabalho[16], da entrega ao trabalhador de cópia da ficha clínica[17] ou da conservação dos registos e arquivos por um período mais longo que pode ser de 40, 30, ou 10 anos sobre a exposição a certos riscos[18]. Mas nenhuma lei impõe genericamente ao empregador a conservação de outros elementos documentais.

Por isso, apesar de o art. 162.º do Código determinar que *o empregador deve manter um registo*, mas sem especificar por quanto tempo, nenhum crime ou contra-ordenação lhe poderão ser imputados se alegar que manteve por um determinado período de tempo aquele registo, mas que o destruiu, entretanto[19].

Isto se afirma, apesar de bem sabido ser que o pagamento da coima não dispensa o infractor do cumprimento dos seus deveres desde que ainda sejam possíveis[20], que entre esses deveres se encontra naturalmente a entrega de mapas, o envio de relatórios ou o preenchimento de formulários e que o legislador estabeleceu a obrigatoriedade de envio dos registos dos tempos de trabalho prestados por um qualquer trabalhador acidentado nos 30 dias antecedentes ao acidente[21]. É que, diferentemente do que sucede com os documentos de apresentação periódica, este registo não obedece a essas características. Ou, vendo as coisas por outro lado, dir-se-ia que a sua apresentação poderá ser feita a todo o momento.

---

[16] Ou o trabalhador é transferido para outro local de trabalho – vd. art. 27.º/3 da LR.

[17] Cf. art. 247.º/3 da LR.

[18] Como é o caso do n.º 1 do art. 17.º do DL 301/2000, de 18/11, que obriga a manter os resultados de avaliação dos trabalhadores que permaneceram sujeitos a agentes cancerígenos ou mutagénicos ou do n.º 4 do art. 19.º do DL 84/97, de 16/4, sobre a exposição a agentes biológicos, do n.º 1 do art. 19.º sobre os registos de exposição ao amianto, ou do n.º 3 do art. 19.º do já referido DL 84/97.

[19] Aliás, o facto de haver várias situações onde a lei determina a conservação por um período de 5 anos de vários documentos, como acima se exemplifica, mais contribui para considerar inaplicável um prazo de conservação quando a lei o não refere expressamente.

[20] Cf. art. 618.º do CT.

[21] Cf. art. 257.º/2 da LR. Uma coisa, porém, é a obrigação de envio do documento de registo do tempo de trabalho do pessoal, outra, diferente, é a inexistência da obrigação legal da sua conservação. A falta de envio é sancionada pelo art. 484.º/2 da LR. A não conservação, provada que seja a existência do registo, não é, naturalmente, sancionada (arts 162.º e 658.º do CT).

40 IX Congresso Nacional de Direito do Trabalho

3 – Seguindo uma ordenação mais ou menos sequencial da sistematização do Código, pode referir-se a seguinte documentação de envio ou comunicação obrigatórios à IGT:

a) *comunicação de início de actividade* a efectuar antes da empresa entrar em exercício, ou comunicação de alterações dos diversos elementos identificadores no prazo de 30 dias[22];

b) *comunicação* à IGT *de admissão de menores com idade inferior a 16 anos* para exercício de trabalhos leves ou durante as férias escolares[23] ou comunicação do empregador ao IEFP de que ele próprio assegura a formação do menor[24];

c) envio, para registo e depósito na IGT, do *regulamento interno da empresa*[25];

d) envio do acordo escrito sobre *isenção de horário de trabalho*[26];

e) envio de cópia do *mapa de horário de trabalho* 48 horas antes da entrada em vigor ou logo que é afixado em caso de várias empresas terem actividade no mesmo local de trabalho[27];

f) envio da relação nominal dos *trabalhadores que realizaram trabalho suplementar* no semestre anterior, que o empregador deve manter por 5 anos[28];

g) envio, em Novembro de cada ano, do *mapa de quadro de pessoal*, que o empregador é obrigado a manter pelo período de 5 anos[29];

h) envio até 30 de Março de cada ano do *relatório anual de formação contínua*, que o empregador é obrigado a manter pelo período de 5 anos[30];

i) envio até 15 de maio de cada ano do *balanço social*, que o empregador é obrigado a manter pelo período de 5 anos[31];

---

[22] Cf. art. 25.º do DL 102/2000, de 2/6 (Estatuto da IGT).
[23] Cf. arts. 55.º/4 e 56.º/3 do CT, 115.º e 122.º a 126 da LR.
[24] Cf. art. 131.º/4 da LR.
[25] Cf. art. 153.º/4 do CT.
[26] Cf. art. 177.º/3 do CT.
[27] Cf. arts. 179.º do CT e 181.º/3 da LR, respectivamente. Atente-se, contudo, que a violação do envio, que não da afixação, deixou de constituir contra-ordenação.
[28] Cf. art. 204.º/5 e 6 do CT
[29] Cf. arts.454.º e 456.º/3 da LR, respectivamente.
[30] Cf. art. 170.º/1 da LR.
[31] Cfr. 460.º e 463.º da LR, respectivamente.

O Crime de não Apresentação pelo Empregador de Registos e Outros Documentos   41

j) comunicação de *ocorrência de acidente de trabalho grave ou mortal* no prazo se 24 horas[32];

l) notificação da *modalidade dos serviços de shst*[33];

m) envio no mês de Abril de cada de *relatório anual das actividades de shst*, que o empregador é obrigado a manter pelo período de 5 anos[34];

4 – Diferente desta situação de envio e conservação de documentos, é, com já dissemos, a questão da prescrição de créditos ou a do prazo para impugnação do despedimento.

De facto, hoje, o n.º 1 do artigo 381.º do Código do Trabalho – assim como anteriormente o n.º 1 do art. 38.º da LCT – estipula que os créditos oriundos da relação de trabalho se extinguem por prescrição decorrido um ano a partir do dia seguinte àquele em que cessou o contrato de trabalho, tendo a jurisprudência, em numerosos arestos, se encarregado de clarificar que se pode até tratar da mera cessação de facto, qualquer que seja a forma com que ela se revele, assim como, finalmente, sentiu o legislador necessidade de estabelecer, numa norma específica, o n.º 2 do art. 435.º, o prazo de impugnação do despedimento[35].

A circunstância de as empresas poderem ter, eventualmente, de provar a satisfação de créditos emergentes do contrato de trabalho ou da sua violação, significa somente que os respectivos empregadores poderão *ter interesse* em conservar os documentos que comprovem tal satisfação para fazerem prova numa possível acção judicial. Mas não significa, de perto ou de longe, a obrigação de conservação desses documentos, se a lei a não impuser. Bem pode até suceder que documentos haja que os empregadores tenham interesse em não conservar, ou mesmo destruir, designadamente quando possam representar ou indiciar a assunção de

---

[32] Cfr. art. 257.º/1 da LR e art. 24.º/1 do DL 273/2003, de 29 de Outubro.

[33] Cfr. art. 258.º/1 da LR (modelo 1360 da INCM)

[34] Cfr. arts. 259.º e 260.º da LR.

[35] Em sentido contrário, mas quanto a nós sem razão, pode ler-se a afirmação do relator do Acórdão do Tribunal Constitucional n.º 185/2004, in DR, 2ªs., de 11/05/04, p.7302 (ponto 2.1)...": *viola a lei fundamental a interpretação normativa (que a decisão recorrida ancorou no artigo 38.º, n.º 1, da LCT, face à inexistência de norma legal expressa a regular a questão, inexistência que se mantém no Código do Trabalho). (O sublinhado é da nossa autoria).*

débitos não satisfeitos[36]. A consagração dos genéricos deveres recíprocos de boa fé na formação do contrato[37] e de informação[38], considerando nestes incluídos o dever do empregador informar o trabalhador sobre os direitos e deveres que decorrem do contrato, não nos parece suficiente para, de forma vinculada, resolver a questão que agora nos propomos analisar.

Aliás, o preceito supra referido do art. 381.º do Código – como de resto sucedia com o correspondente preceito da anterior LCT – não se coíbe desde logo de aditar, no seu n.º 2, que determinados créditos vencidos há mais de cinco anos só podem ser provados por "documento idóneo".

Ora, se documento idóneo para Bernardo Lobo Xavier[39], é entendido como "um documento escrito que demonstre a existência dos factos constitutivos do crédito", para nós o preenchimento do conceito bastar--se-á com o reconhecimento do crédito por parte do empregador. Se, por isso, independentemente da prova dos factos constitutivos desse crédito, o empregador reconhecer a dívida em documento por si emitido, tal será suficiente para, nos termos gerais de direito[40], constituir prova bastante.

5 – Não é fácil obter uma explicação para (a continuação d)a determinação no n.º 2 do art. 381.º do CT dos créditos (e não de outros) dos trabalhadores cuja prova, para lá de 5 anos passados sobre o vencimento do crédito, exige um documento especial. Além do mais, do seu cotejo parece não se poder extrair qualquer critério baseado na sua natureza – pecuniária ou não. Parece que a norma os abrange a todos, sendo certo, contudo, que o Código do Trabalho, inovando, inseriu uma norma específica para regular a questão do prazo da impugnação do despedimento individual[41] deixando, pois, de ser necessário integrar os "créditos" resul-

---

[36] Sem prejuízo, nesse caso, do funcionamento das regras de prova (arts 341.º e ss. do CC) e das presunções legais ou judiciais(arts. 349.º e ss. do CC).

[37] Cfr. art. 93.º do CT.

[38] Cfr. art. 97.º, n.ºs 1 e 2 do CT.

[39] Citado por Mário Pinto, P. Furtado Martins e António Nunes de Carvalho in Comentários às Leis do Trabalho, nota 6 ao art. 38.º da LCT, p. 187 e por Monteiro Fernandes no Direito do Trabalho, 11ª edição, p. 465 (nota 1).

[40] Cf. arts. 358.º/2, 364.º/2 e 376.º/1 e 2 do CC.

[41] Cf. o art. 435.º/2 do CT. Esta norma, porém, é restrita à sanção disciplinar do despedimento, não podendo nela abarcar directamente as outras sanções disciplinares conservatórias, cujo prazo de prescrição, constituiu, como se sabe, motivo de forte

O Crime de não Apresentação pelo Empregador de Registos e Outros Documentos 43

tantes dessa impugnação nos restantes créditos resultantes do contrato de trabalho, da sua violação ou cessação[42].

Aparentemente, se analisarmos os créditos em questão – *indemnização por falta de gozo de férias*[43], por *aplicação de sanções abusivas* ou por *realização de trabalho suplementar* – uma ou duas razões parecem poder invocar-se: i) ou se tratará daqueles que o legislador entende como os mais gravosos no plano das relações entre o empregador e o trabalhador; ii) ou tratar-se-á dos mais difíceis de demonstrar. Na verdade, do teor do preceito resulta que apenas e só a *indemnização por falta de gozo das férias* – e não já o crédito resultante da própria falta de férias – se encontra excepcionado do regime geral da prescrição. Apenas a indemnização por aplicação de sanções abusivas e não já a eventual diminuição patrimonial do trabalhador resultante da própria sanção. Apenas a indemnização por realização de trabalho suplementar, e não já o pagamento do trabalho suplementar realizado, integra o âmbito do n.º 2 do art. 381.º.

Só aqueles créditos, e não outros, terão, se superiores ao período de prescrição de 5 anos, de ser provados por documento idóneo. *A contrario*, quaisquer outros, por exemplo, a falta de pagamento de salários, do subsídio de férias ou do subsídio de Natal, já serão demonstráveis, mesmo que vencidos há mais de cinco anos por qualquer meio de prova, designadamente por prova testemunhal ou por prova por presunção. Se esta for a interpretação correcta da norma em análise, então, poder-se-á dizer que, afora os especificamente referidos, quaisquer outros créditos do trabalhador, mesmo que vencidos há mais de cinco anos, são exigíveis desde que este se mantenha ao serviço da empresa.

---

polémica doutrinária e jurisprudencial. Parece ter-se estabilizado a posição – um pouco ao arrepio da letra da lei, mas razoável em termos teleológicos – de que o prazo (de um ano) se conta mesmo durante a vigência do contrato. Face à doutrina constante do Acórdão do Tribunal Constitucional n.º 185/2004, não se pode ter a certeza se a norma baseadora do prazo de impugnação das sanções disciplinares conservatórias se extrai do art. 381.º/1 ou, antes, do art. 435.º/2 do CT; embora nos inclinemos para esta última hipótese.

[42] Como vinham a fazer a jurisprudência e doutrina anteriores ao Código tentando preencher a lacuna até aí existente na regulamentação.

[43] Atente-se que o vocábulo "gozo" referido às férias foi introduzido pelo legislador do CT. Anteriormente a lei falava em "indemnização por falta de férias" – cfr. art. 38.º/2 da LCT.

44   *IX Congresso Nacional de Direito do Trabalho*

Era esta a posição unanimemente sustentada pela doutrina[44]. Mas este aparente unanimismo interpretativo da norma constante do art. 38.º da velha e ora revogada LCT, fora anteriormente quebrado em, pelo menos, dois arestos e recentemente confirmado num Acórdão do Tribunal Constitucional[45].

Na verdade, já num Acórdão do Tribunal da Relação do Porto, de 26 de Junho de 1989[46], tinha surgido a decisão de que, se a execução de sanção disciplinar só pode ocorrer num prazo de três meses[47], também é esse o prazo para a sua impugnação e num Acórdão do STJ[48] se decidira que é de um ano tal prazo. Ora, tendo surgido em 2002 mais uma decisão neste último sentido (prazo de 1 ano, após a notificação da sanção disciplinar não expulsiva) do Tribunal do Trabalho de Lisboa, o Tribunal Constitucional não julgou inconstitucional tal interpretação.

Verifica-se, por isso, a abertura duma brecha no consabido princípio de que enquanto durar a relação de trabalho se mantêm os créditos dos trabalhadores por se presumir que a sua dependência não lhes permite reclamar o que lhes é devido.

O que não pode deixar de ter efeitos, não propriamente na questão da prescrição, como é óbvio, mas antes, na conexa questão que estamos a analisar da prova, e dos documentos para tanto idóneos.

Vale isto por dizer que a determinação do inspector do trabalho não pode abarcar todos e quaisquer documentos, mesmo que interessassem para o esclarecimento concreto duma dada relação laboral[49]. É que importa também considerar, além do mais, o prazo legal da sua conservação. Assim, parece que será legítima a recusa de apresentação dos documentos (assim como a sua sonegação ou destruição) cujo prazo de conservação tiver entretanto expirado.

---

[44] Cf., para além da obra citada *Comentários às leis do Trabalho*, Contrato de Trabalho de Pedro Romano Martinez, II Volume, 1.º Tomo, 3ª edição, Lisboa 1999, pp. 362 a 365.

[45] Acórdão n.º 185/2004, in DR, 2ªs., de 11/05/04.

[46] Publicado no BMJ, n.º 388, p. 602.

[47] Então preceituada no art. 31.º/3 da LCT e hoje no art. 373.º do CT.

[48] De 13/05/98, publicado na CJ – Ac. do STJ, ano VI, t. II, p. 278.

[49] Exemplifique-se com a determinação de apresentação de um mapa do quadro de pessoal de há mais de 5 anos para comprovar a antiguidade de um trabalhador cuja relação de trabalho cessou.

O Crime de não Apresentação pelo Empregador de Registos e Outros Documentos   45

IV – Requisito n.º 3 – Documentos que interessem para o esclarecimento de situações laborais

1– Da própria letra do preceito resulta que não tem que se tratar necessariamente de documentos que estejam directamente relacionados com a relação de trabalho, como é o caso do documento que contém o próprio contrato, do registo de pessoal, do mapa de férias, do horário de trabalho ou sua isenção, etc.

Na verdade, para além da panóplia de documentos e registos referidos acima, cuja comunicação ou envio à entidade fiscalizadora é obrigatória, muitos outros há cuja apresentação só passa a ser obrigatória a partir da altura em que seja determinada pela IGT. Além de que, mesmo que tais documentos se não refiram directamente à relação laboral, ou seja, mesmo que se relacionem com a actividade comercial[50], com as obrigações fiscais, da segurança social, do ambiente, ou outras do empregador, pode ser legítima a determinação da sua apresentação ou exibição à IGT desde que relacionados, ainda que apenas indirectamente, com a relação de trabalho,. É o que resulta da amplitude da expressão "quaisquer situações laborais", empregue pelo legislador, que, estamos em crer, abarca as *relações de trabalho e das condições de trabalho, nomeadamente da avaliação dos riscos profissionais, do planeamento e programação da prevenção e dos seus resultados, bem como do cumprimento das normas sobre emprego, desemprego e pagamento das contribuições para a segurança social.*[51]

2 – Uma questão que aqui se coloca respeita à possibilidade de conjunção do disposto neste artigo 468.º da Lei Regulamentar, que vem

---

[50] Pense-se, por exemplo, na necessidade que a Inspecção pode ter de analisar os dados de produção (mensais, trimestrais, anuais) da empresa, comparando-os com os dos meses ou anos anteriores, para concluir pela justificação ou não da celebração de contratos a termo cuja motivação foi o *acréscimo excepcional da actividade da empresa* (art. 129.º/2/f)), mas cuja não verificação em concreto (cuja violação da norma) constitui contra-ordenação muito grave (art. 655.º/1).

[51] Cf. o art. 11.º/1/e) que preceitua que o inspector do trabalho pode:...e) *Requisitar, com efeitos imediatos ou para apresentação nos serviços da Inspecção-Geral do Trabalho, examinar e copiar documentos e outros registos que interessem para o esclarecimento das relações de trabalho e das condições de trabalho, nomeadamente da avaliação dos riscos profissionais, do planeamento e programação da prevenção e dos seus resultados, bem como do cumprimento das normas sobre emprego, desemprego e pagamento das contribuições para a segurança social".*

46   *IX Congresso Nacional de Direito do Trabalho*

a ser analisado, com a norma sobre os poderes do inspector do trabalho constante do Estatuto que tem uma redacção semelhante.

Ora, se comparamos o conteúdo de uma e outra das normas, parece de concluir que a do Estatuto, desde logo porque se refere não apenas à apresentação, como a outras operações (de exame ou cópia) tem um conteúdo mais amplo. No entanto, porque a natureza da norma da Lei Regulamentar não é a de uma norma em branco, não será legítimo integrar o seu conteúdo com o da norma estatutária, cuja violação constitui mera contra-ordenação leve.

A norma penal avulsa da Lei Regulamentar tem por referencial, antes, o artigo 348.º do Código Penal já que é para o crime de desobediência ali previsto que ela remete.

V – Requisito n.º 4 – Requisição dos documentos (que tem de assumir a natureza de uma ordem)

Apesar do tipo legal avulso da Lei Regulamentar referir a "requisição" dos documentos ou registos, por força da remissão para o crime de desobediência (do art. 348.º do Código Penal) resulta que a forma de determinação de apresentação tem de corresponder, no aspecto externo, a uma "ordem" ou "mandado"[52].

Não pode, por isso, consistir numa mera solicitação ou convite endereçado ao empregador, entendendo-se que a utilização legal do verbo *"requisitar"* tem por fim expressar que tem de se tratar de "requerer", ou talvez mesmo "exigir", pelas vias legais, os referidos documentos ou registos. Têm por isso aqui aplicação, em detrimento das regras próprias do processo administrativo ou até contra-ordenacional as regras gerais sobre notificações previstas no art. 113.º do CPP[53]. Mas parece ainda que o termo utilizado pelo legislador tem outro sentido: o de significar que os documentos ou registos serão, depois de consultados, analisados e eventualmente copiados se necessários para a instrução de qualquer processo, prontamente devolvidos aos seus legítimos proprietários ou possuidores.

---

[52] Como afirma CRISTINA LÍBANO MONTEIRO, Comentário ...citado, mandado não é mais que uma ordem cuja comunicação ao destinatário obedece a certas formalidades legais.

[53] Na redacção dada pelo DL 320-C/2000, de 25/08.

O Crime de não Apresentação pelo Empregador de Registos e Outros Documentos   47

Tenha-se em conta que constitui documento toda a *declaração, sinal ou notação corporizada em escrito ou qualquer outro meio técnico, nos termos da lei penal*[54], pelo que nos parece que no seu âmbito caem também os ficheiros guardados em aplicações informáticas.

VI – Requisito n.º 5 – Requisição transmitida em forma legal (comunicação / notificação)

Já fizemos referência que a determinação de apresentação dos documentos que interessem à análise e esclarecimento de situações laborais, sejam elas relacionadas com a relação ou com as condições de trabalho, tem de obedecer às regras gerais sobre notificações.

Aqui verifica-se, porém, uma questão que interessa detalhar porque se sabe que pode provocar problemas que, nalguns casos, têm vindo a redundar em arquivamentos de processos de inquérito. É a questão que se prende com a notificação por via postal das pessoas singulares ou das pessoas colectivas.

É sabido que a grande maioria das infracções de âmbito laboral, sobretudo contra-ordenações, mas também os crimes previstos no Código do Trabalho[55] são cometidas por entes colectivos[56].

Há, por isso, uma certa habituação da IGT para notificar por postal registado e com aviso de recepção a entidade colectiva para proceder à apresentação dos documentos. Ora, tendo já nós concluído supra (II.2) que o agente deste crime é sempre uma pessoa singular, é preciso ter em atenção que quem deverá ser notificado será essa pessoa, na qualidade de representante (legal, estatutário) e não o ente colectivo onde, na qualidade de titular do órgão representativo, esteja, eventualmente, inserida. Assim, devendo proceder-se a notificação pessoal, não deverá considerar--se devidamente notificada a pessoa do representante legal dum ente colectivo sempre que a assinatura constante do aviso de recepção seja, não a do próprio representante, mas a de outra qualquer pessoa dos órgãos sociais ou um trabalhador.

---

[54] Cf. art. 164.º/1 do CPP.
[55] Cf. art. 607.º do CT.
[56] Cf. art. 7.º/2 do DL 433/82, de 27/10.

Ou seja, não se aplicarão aqui as regras de notificação das pessoas colectivas previstas no art. 231.º do CPC, assim como também se não poderá aplicar o regime específico de notificação via postal previsto no art. 113.º do CPP se e enquanto ele não estiver devidamente implementado.

Daí que a notificação a ser feita o deva ser por contacto pessoal com o notificando ou, se por via postal, deverá ser endereçada para a residência do legal representante, havendo sempre o cuidado de verificar se a assinatura aposta coincide com a do destinatário.

VII – Requisito n.º 6 – Competência para a notificação

A questão que se coloca sobre quem tem competência para proceder à notificação respeita a saber se deverá ser o Inspector a assinar a notificação ou, antes, terá de ser o superior hierárquico (o Delegado ou Subdelegado) ou mesmo o Inspector-Geral.

Na verdade, dizendo a norma em análise que incorre no crime de desobediência qualificada o empregador sempre que não apresentar à *Inspecção-Geral do Trabalho* os documentos, importa precisar quem pode para efeitos da lei actuar em representação da instituição *Inspecção--Geral do Trabalho*. Ora aqui há que constatar que a própria lei penal, se pressupõe como elemento do tipo a emanação da ordem da *autoridade*, acaba por se satisfazer com a sua proveniência do *funcionário competente*. Teremos, por isso, de nos socorrer do Estatuto da IGT para determinar quem é o *funcionário competente* para este efeito. A mera leitura da norma da alínea e) do n.º 1 do artigo 11.º do Estatuto permite resolver a questão, uma vez que comete ao inspector do trabalho o poder de *requisitar, com efeitos imediatos ou para apresentação nos serviços da Inspecção-Geral do Trabalho, examinar e copiar documentos e outros registos que interessem para o esclarecimento das relações de trabalho e das condições de trabalho, nomeadamente da avaliação dos riscos profissionais, do planeamento e programação da prevenção e dos seus resultados, bem como do cumprimento das normas sobre emprego, desemprego e pagamento das contribuições para a segurança social.*

VIII – Requisito n.º 7 – Não apresentação dos documentos ou registos

Preenche, por fim, o tipo legal objectivo do artigo 468.º da Lei Regulamentar do Código o empregador que, faltando à obediência devida à IGT, não proceder à apresentação dos documentos ou registos. Trata-se, por isso, na maioria dos casos, de uma conduta omissiva, de uma omissão pura, sancionando-se o não cumprimento do empregador a quem ela foi legitimamente ordenada, independentemente das consequências ou do seu resultado.

Claro que não tem que ser necessariamente o empregador a proceder pessoalmente à entrega dos documentos. Bem pode suceder que outrem a seu mando execute tal operação ou até que sejam enviados por via postal, correio electrónico ou telecópia. Mas, não tendo sido apresentado o original, pode o inspector requisitante ordenar a sua exibição sempre que legitimamente tiver dúvidas sobre a sua autenticidade.

A apresentação deverá ser feita no local e no tempo que forem determinados pelo inspector. Mas se a apresentação não puder ser feita no local onde decorre a acção de fiscalização poderá aquele determinar a sua apresentação nas instalações da unidade orgânica a que está adstrito. Se a apresentação for feita fora do período determinado, ter--se-á consumado o crime. Todavia, se esse atraso for justificado ou dele não se puder extrair intenção dolosa[57], há que concluir pela existência da causa de justificação ou pelo não preenchimento do tipo de ilicitude.

IX – Requisito n.º 8 – A ocultação, danificação ou destruição dos documentos ou registos

Sendo o crime de desobediência qualificada por falta de apresentação de documentos normalmente cometido por omissão, também ele pode resultar de uma acção. É o que ocorre na situação em que existam os documentos na esfera de acção do empregador mas este, ou em seguida à ordem da IGT, ou mesmo previamente, prevendo uma tal determinação, os sonega, danifica ou destrói, tornando-os, por isso, não utilizáveis para os efeitos do esclarecimento das situações laborais.

---

[57] Veja-se *infra* – XI – O tipo subjectivo.

50   *IX Congresso Nacional de Direito do Trabalho*

Neste caso, o empregador comete o crime previsto no n.º 2 do art. 468.º da Lei Regulamentar.

X – Um não requisito: A advertência do empregador para a consequência penal da sua conduta

Rigorosamente, a advertência do empregador para a consequência penal da sua conduta não é um verdadeiro pressuposto de facto do crime de desobediência. Há que considerar que o empregador deve (tem de) ter plena consciência que a conduta omissiva da apresentação dos documentos que lhe tenha sido determinada constitui um ilícito. A advertência não será necessária, em princípio, como elemento integrador do tipo legal objectivo. O eventual desconhecimento da ilicitude penal transportar--nos-ia para a problemática do erro do artigo 17.º do Código Penal[58]. Mas aí pode sustentar-se que, atendendo à natureza do crime e à especial qualificação do agente, só dificilmente se poderia estar perante um erro não censurável.

Todavia, como existe na ordem juslaboral um comportamento muito semelhante tipificado como mera contra-ordenação leve, é da mais elementar cautela que o empregador seja advertido para a possibilidade de a não apresentação poder constitui-lo em responsabilidade penal. Pela mesma razão, salvo casos excepcionais de empregadores recalcitrantes – perdoe-se-nos esta deriva de cariz pedagógico – nos parece boa prática inspectiva não ameaçar o empregador com o crime numa primeira determinação.

A comunicação a ser feita ao destinatário da ordem deve, por isso, ser uma comunicação adequada a fundar o dolo do infractor, já que, como veremos de seguida, esta modalidade da culpa é condição necessária para a imputação do crime.

---

[58] Sobre toda esta problemática do erro, veja-se, RUI PATRÍCIO – *Erro sobre as regras legais regulamentares nos crimes de perigo comum no actual Direito Português,* Lisboa 2000, Ed. da Associação da Faculdade de Direito de Lisboa.

XI – O tipo subjectivo

Nada dizendo a norma auxiliar do artigo 468.º da Lei Regulamentar do Código do Trabalho nem o artigo 348.º do Código Penal, nos termos do artigo 13.º deste, a desobediência negligente não é punível. Mas já é punível o crime cometido com alguma das modalidades de dolo: directo, necessário ou eventual. É que não prevendo legislador na determinação do tipo qualquer intenção específica, não há lugar a dolo do tipo, bastando, para o crime, a existência de dolo genérico. Como acima já se deixou entredito, o dolo do tipo não depende de o empregador conhecer as normas que determinam a punibilidade da conduta. Basta que tenha agido violando o Direito, que não tenha apresentado os documentos, ou os tenha ocultado, danificado ou destruído, consciente e voluntariamente. Mas porque existem dois tipos objectivos semelhantes, um que é punido como crime e outro como contra-ordenação leve, é conveniente a advertência para a consequência legal, advertência que deverá ser feita simultaneamente com a ordem. Dificilmente poderá ser demonstrada a mera negligência na falta de envio dos documentos, se a notificação obedecer aos requisitos acima enunciados. Não se vê como, no caso da comissão por acção, mas também no caso da conduta omissiva, em face da notificação determinando a apresentação dos documentos, não possa ter existido a representação pelo agente do resultado como consequência directa ou necessária da sua conduta.

Poderá, porém, acontecer que o empregador invoque que se esqueceu, o que nos leva de novo à problemática do prazo para o cumprimento da determinação imperada. A ordem de apresentação dos documentos ou registos, se, como na maioria dos casos sucede, não for para cumprimento imediato – e não se esqueça que tem de ser regularmente comunicada, pelo que há toda a conveniência em assumir a forma escrita – deve respeitar um prazo. Prazo esse que não deve ser tão curto que a torne impossível, (já que ninguém é obrigado a cumprir uma ordem impossível), nem tão dilatado que suscite a invocação do esquecimento. É que se o empregador, apesar de conhecer a ordem, de estar consciente da sua legitimidade, de representar o facto como antijurídico, pelo que a conduta omissiva da apresentação dos documentos seria ilícita, se esqueceu, falta a voluntariedade que é requisito essencial do dolo: a actuação, além de livre, tem de provir sempre duma vontade consciente (conhecer) e voluntária (querer).

Uma causa de justificação, ou causa de exclusão da ilicitude, que eventualmente poderá ser invocada é a que resulta do conflito de deveres, pois que não é ilícito o facto de quem, em caso de conflito no cumprimento de ordens legítimas da autoridade, satisfizer ordem de valor igual ou superior ao da ordem que sacrificar (artigo 36.º do Código Penal)[59].

XII – O concurso de infracções

Como já por mais que uma vez se deixou transparecer, em face do teor das duas normas, uma do direito penal e outra do direito de mera ordenação social poderíamos estar perante uma situação de concurso de crime e contra-ordenação.

Teremos, então, de ter em conta o disposto no artigo 20.º do Decreto-Lei n.º 433/82, de 27 de Outubro, segundo o qual *"se o mesmo facto constituir simultaneamente crime e contra-ordenação, será o agente sempre punido a título de crime, sem prejuízo da aplicação das sanções acessórias previstas para a contra-ordenação"*.

Não estamos, por isso, perante um caso de verdadeiro concurso ou acumulação de infracções, mas tão-só perante um concurso aparente, já que o ilícito penal, mais grave, consome o ilícito contra-ordenacional menos grave.

Sucede ainda que, como se trata no caso concreto do ilícito de mera ordenação de uma contra-ordenação leve, a mesma não está sujeita a sanções acessórias que só ocorrem em situações de reincidência em contra-ordenação muito grave praticada com dolo ou negligência grosseira que tenha efeitos gravosos para o trabalhador[60], não havendo, portanto, lugar à aplicabilidade da parte final da norma daquele artigo 20.º da Lei-Quadro das Contra-Ordenações.

---

[59] Ficcione-se o caso de um empregador estrangeiro não residente – com um título de autorização de permanência temporária – que não apresentou os documentos porque verificou, entretanto, que tinha de sair do país para legalizar o seu visto.

[60] Cf. art. 627.º do Código do Trabalho.

O Crime de não Apresentação pelo Empregador de Registos e Outros Documentos   53

Referências bibliográficas do texto:

Costa, A. M. Almeida – Comentário Conimbricense ao Código Penal – Tomo III – anotação ao art. 372.º, pp. 654 e ss

Carvalho, Américo A. Taipa de – Sucessão de Leis Penais, Coimbra Editora, Ld.ª, 1990;

Fernandes, Monteiro – *Direito do Trabalho*, 11ª edição;

Martinez, Pedro Romano – Contrato de Trabalho, II Volume, 1.º Tomo, 3ª edição, Lisboa 1999;

Monteiro, Cristina Líbano – Comentário Conimbricense ao Código Penal – Tomo III – anotação ao art. 348.º, pp. 349 a 359

Patrício, Rui – Erro sobre as regras legais regulamentares ou técnicas nos crimes de perigo comum no actual Direito Português, Lisboa 2000, Ed da Associação da Faculdade de Direito de Lisboa

Pinto, Mário, P. Furtado Martins e António Nunes de Carvalho – Comentários às Leis do Trabalho;

STJ – Acórdão de 13/05/98, publicado na CJ – Ac. do STJ, ano VI, t. II, p. 278;

TRIBUNAL CONSTITUCIONAL – Acórdão n.º 185/2004, in DR, 2ªs., de 11/05/04;

V.N. de Gaia, Outubro de 2005

DIA 10 DE NOVEMBRO DE 2005

TEMA II

FLEXIBILIDADE DE ENTRADA NO MERCADO DE TRABALHO. OUTSOURCING, TRABALHO A TEMPO PARCIAL, CONTRATO DE TRABALHO A TERMO, PROCEDIMENTOS EM GERAL E PROCEDIMENTO DISCIPLINAR

Presidência
Conselheiro Dr. José António Mesquita
Representante da República para a Região Autónoma dos Açores

Prelectores
Prof. Doutor Bernardo Lobo Xavier
Universidade Católica Portuguesa
Presidente da Academia Ibero-Americana de Direito do Trabalho
Mestre Joana Vasconcelos
Universidade Católica Portuguesa
Prof. Doutor José João Abrantes
Faculdade de Direito da Universidade Nova de Lisboa
Mestre Pedro Furtado Martins
Universidade Católica Portuguesa, Advogado
Mestre Maria Regina Redinha
Faculdade de Direito da Universidade do Porto

CONTRATO DE TRABALHO A TERMO

José João Abrantes

*Professor da Faculdade de Direito
da Universidade Nova de Lisboa*

CONTRATO DE TRABALHO A TERMO[*]

José João Abrantes

Professor da Faculdade de Direito
da Universidade Nova de Lisboa

1. São poucas as alterações introduzidas pelo *Código do Trabalho* (CT) no regime jurídico do contrato de trabalho a termo, que – tendo passado a poder ser alterado por instrumento de regulamentação colectiva de trabalho (artigo 128.º) – continua a ter como características principais a sua *excepcionalidade*, a admissibilidade quer do termo *certo* quer do termo *incerto*, a *possibilidade de renovação* do contrato a termo certo e *algumas especialidades em matéria de cessação*.

O carácter excepcional do contrato de trabalho a termo corresponde a uma tendência das diversas legislações nacionais, que, de forma geral, exigem uma *razão objectiva* como requisito de validade da cláusula de termo resolutivo aposta ao contrato de trabalho. A ideia, que já podia ser tida por válida à luz do Decreto-Lei n.º 781/76, de 28.10, era expressamente afirmada pela LCCT (Decreto-Lei n.º 64-A/89, de 27.02) e corresponde mesmo, em nosso entender, a uma imposição constitucional, compreendida na garantia da segurança no emprego, consagrada no artigo 53.º da CRP. Em consonância com tal ideia, o CT continua a só admitir a aposição desse termo em determinadas situações, as quais se encontram enumeradas nos n.ºs 1 e 3 do seu artigo 129.º, constituindo *requisitos materiais de validade do termo*, pelo que a celebração de contratos a termo fora dessas situações importa a nulidade da estipulação do termo e a conversão em contrato sem termo (n.º 2 do artigo 130.º).

---

[*] Sinopse dos principais pontos da intervenção proferida pelo autor no IX Congresso Nacional de Direito do Trabalho, realizado em Lisboa em 10 e 11 de Novembro de 2005.

Todavia, resulta agora do n.º 2 daquele mesmo artigo 129.º, que mantém o princípio de que o termo apenas é permitido para satisfazer necessidades temporárias da empresa e pelo tempo necessário para o efeito, que *a lista de situações em que é possível contratar a termo deixa de ser fechada.*

Outra novidade consta do artigo 132.º, segundo o qual o período de proibição de rotação de trabalhadores no mesmo posto de trabalho passa a ser igual a um terço da duração total do vínculo anterior, devendo ainda referir-se as obrigações resultantes da admissão de trabalhadores a termo que constam dos artigos 133.º, 134.º, 135.º, 136.º, 137.º (obriga o empregador a proporcionar *formação profissional*) e 138.º (possibilidade de a *taxa social única* aumentar em função da utilização excessiva de contratos a prazo).

Continuando a admitir tanto o termo certo como o incerto – sendo que, contrariamente ao que se passa com o segundo, que, por razões de estabilidade no emprego, vê a admissibilidade restringida a situações excepcionais, taxativamente enunciadas pelo artigo 143.º, o primeiro pode ser aposto em todas as situações enumeradas no art. 129.º –, o legislador alargou as situações em que se permite o termo incerto.

As regras sobre duração e renovação do contrato a termo certo mantêm-se basicamente as mesmas, com a seguinte excepção: esgotados *os três anos* de duração máxima (anteriormente, discutia-se se este limite valia apenas como máximo de duração dos períodos de renovação sucessiva do contrato a termo *ou* como *limite geral de duração do próprio contrato*, sendo agora a resposta da lei claramente neste segundo sentido) ou *as duas renovações*, possibilita-se ainda uma *renovação adicional*, pelo mínimo de um ano e o máximo de três, desde que, obviamente, existam razões justificativas para a manutenção da contratação a termo; tal possibilidade não se aplica, contudo, a contratos motivados pelo lançamento de uma nova actividade ou pelo início da laboração de uma empresa ou estabelecimento (que continuam a não poder exceder dois anos), nem a admissões a prazo de jovens à procura do primeiro emprego (cuja duração máxima passa para dezoito meses).

Quanto à caducidade, há também novidade: nos contratos renováveis, o prazo para o empregador comunicar que não pretende a renovação alarga-se de 8 para 15 dias, consagrando-se também a obrigatoriedade de uma idêntica comunicação, embora com uma menor antecedência, de 8 dias, para o trabalhador, se for ele a obstar à renovação; por sua vez, o

Contrato de Trabalho a Termo 61

n.º 2 artigo 388.º esclarece que só a caducidade *decorrente de declaração do empregador* que confere ao trabalhador o direito à *compensação* de fim de contrato.

2. Em nosso juízo, a mais significativa modificação trazida pelo CT ao regime jurídico deste tipo de contrato foi, porém, a de que este passou, nos termos do artigo 128.º, a poder ser alterado por instrumento de regulamentação colectiva de trabalho, negocial ou não negocial. Esta supletividade, conjugada com o disposto no artigo 4.º do referido código, pode vir a mostrar-se particularmente perigosa, na medida em que abre as portas ao afastamento das normas legais que impõem a verificação de uma razão objectiva para a aposição do termo, certo ou incerto, os limites relativos à duração e à renovação do contrato a termo certo, etc. Pode, pois, estar em causa a mencionada garantia constitucional do artigo 53.º da nossa Lei Fundamental, tal como, aliás, a própria *ordem pública social*, que significa, no essencial, a admissibilidade de melhoria das condições de trabalho e dos direitos laborais em medida apenas dependente da autonomia colectiva, caracterizando-se pelo reconhecimento dos conflitos colectivos e dos meios de acção colectiva dos trabalhadores tendentes a influenciar a determinação das condições de trabalho, no sentido de assegurar que a disciplina contratual corresponda a um *ponto de equilíbrio* entre os poderes das partes de uma relação originariamente desequilibrada em favor do empregador.

Lisboa, 10 de Novembro de 2005

DIA 10 DE NOVEMBRO DE 2005

TEMA III

IGUALDADE, INTIMIDADE E VIDA PRIVADA, INFORMAÇÃO GENÉTICA E CONTRATO DE TRABALHO

Presidência
Drª Maria de Belém
Deputada à Assembleia da República
Presidente da Comissão Parlamentar de Saúde

Prelectores
Mestre Isabel Ribeiro Parreira
Faculdade de Direito da Universidade Clássica de Lisboa
Prof. Doutor João Leal Amado
Faculdade de Direito da Universidade de Coimbra

TOXICODEPENDÊNCIA, JUSTA CAUSA E DIREITOS DE PERSONALIDADE

Isabel Ribeiro Parreira

Mestre em Direito
Faculdade de Direito da Universidade de Lisboa
Advogada

TOXICODEPENDÊNCIA, JUSTA CAUSA E DIREITOS DE PERSONALIDADE

Isabel Ribeiro Parreira

Mestre em Direito
Faculdade de Direito da Universidade de
Lisboa
Advogada

Ensaio sobre a impossibilidade de provar a prática de condutas extralaborais
privadas de consumo abusivo regular de drogas duras, para efeitos
de concretização do conceito de justa causa de despedimento, operada
pelo regime dos direitos de personalidade previsto no Código do Trabalho

Sumário[1]: Apresentação e justificação do tema; *I) Toxicodependência*;
1) Delimitação do conceito considerado; 2) Sobre a toxicodependência
como consumo abusivo de drogas duras; 2.1) A toxidade como noção
ampla de droga; 2.2) Dependência como consumo abusivo regular de
drogas; 2.3) Redução aos casos de dependência de drogas duras 3) Sobre
a toxicodependência como conduta extra-laboral; 3.1) Vida ou esfera
privada *versus* condutas extra-laborais; 3.2) Conduta sem violação de
deveres contratuais específicos; 3.3) Conduta sem consequências ou
reflexos visíveis; 4) Resumo da hipótese prática de consumo, a considerar;
II) Toxicodependência e Justa Causa; 1) A toxicodependência como
concretização do conceito de justa causa de despedimento; 2) O preenchimento dos elementos do conceito indeterminado de justa causa
de despedimento; 2.1) Como acto voluntário; 2.2) Como acto ilícito;

---

[1] Texto que serviu de base à comunicação proferida pela autora no IX Congresso
Nacional de Direito do Trabalho, em Novembro de 2005.

2.3) Como acto culposo; 2.4) A impossibilidade de subsistência da relação laboral como resultado do acto voluntário ilícito e culposo; 2.5) Relação de causalidade entre o acto voluntário ilícito e culposo e a impossibilidade de subsistência da relação laboral; 2.5.1) A gravidade como factor de determinação da causalidade; a) A gravidade do ilícito; b) A gravidade da culpa; 2.5.2) As consequências como factor de determinação da causalidade; a) O perigo de ocorrência de danos concretos; b) A quebra de confiança; 3) Conclusões; *III) Toxicodependência, Justa Causa e Direitos de Personalidade;* 1) A impossibilidade de prova resultante do regime de direitos de personalidade; 2) O acesso e a utilização de dados sobre toxicodependência; 2.1) A toxicodependência como situação relativa ao estado de saúde; 2.2) Aplicação conjunta do Código do Trabalho e da Lei 67/98; a) A aplicação dos arts. 17.º/2 e 19.º/1; b) A aplicação directa da Lei 67/98; 3) o acesso válido à informação pelo empregador; 3.1) Pressupostos de facto; 3.2) Informações ou testes e exames médicos: arts. 17.º e 19.º; 3.3) Requisitos de validade previstos no Código; a) Redução a escrito do pedido; b) Redução a escrito da fundamentação legal do pedido; c) Existência da fundamentação legal típica; d) Intermediação de médico; 3.4) Requisitos de validade previstos na Lei 67/98; e) Notificação da CNPD; f) Garantia da segurança dos dados recolhidos; g) Qualidade dos dados como condições da formulação do pedido; h) Direito de acesso e informação do titular dos dados; 4) As finalidades do acesso e da utilização de dados relativos à saúde do trabalhador e a aplicação do RSSHST; 5) A intermediação do médico e a declaração de mera aptidão ou não aptidão; 5.1) O dever de sigilo profissional e o desconhecimento do empregador; 5.2) A declaração de aptidão do trabalhador e o dever de acompanhamento médico; 5.3) A declaração de inaptidão e responsabilidade médica; 6) A mera declaração médica de inaptidão do trabalhador e a impossibilidade de prova da toxicodependência; 7) A declaração médica de inaptidão e os efeitos no contrato; *IV) Observações finais.*

Apresentação e justificação do tema[2]

A toxicodependência enquanto fenómeno relacionado com o consumo abusivo de drogas ilícitas, representa um comportamento do

---

[2] Seguimos em parte os nossos *O consumo de droga como concretização do conceito de justa causa de despedimento*, relatório de mestrado apresentado em seminário orientado pelo Senhor Professor Menezes Cordeiro, disponível na biblioteca da Faculdade

Toxicodependência, Justa Causa e Direitos de Personalidade 69

trabalhador passível de integrar o conceito de violação contratual potencialmente legitimadora de um despedimento substancialmente válido, através das variadas formas em que se pode concretizar e dos distintos sintomas ou efeitos perversos que provoca no seio dos amplos contextos em que se manifesta. Todavia, são apenas estas consequências, detectadas dentro e fora do tempo e do local de trabalho, as únicas formas visíveis daquele consumo como problemática laboral e que em regra apontam a ilicitude do comportamento do trabalhador e fundam eventuais infracções disciplinares.

O acto é detectado e marginalizado, mas a sua origem ou causa permanece desconhecida ou teima em ser abandonada na penumbra das patologias físicas e psíquicas de cada indivíduo. O trabalhador é castigado por variadas razões causadas pelo seu vício: consumo no local de trabalho ou em público; apresentação ao serviço drogado; faltas injustificadas; violação do dever de zelo e diligência; ofensa a ditames de higiene, segurança e saúde no trabalho; furto; desvio de dinheiro; injúrias a colegas; comportamento indevido fora do local de trabalho. Porém, são normalmente estas violações do contrato que são imputadas ao trabalhador e não aquele consumo vicioso que as provocou. O trabalhador é acusado de ter violado os deveres laborais estigmatizados, mas não de ser toxicodependente: a infracção sustenta-se nos actos praticados durante a toxicodependência e por força dos sintomas ou efeitos desta, mas nem sequer é pelo empregador referido o consumo abusivo.

Ademais, como estes actos são praticados pelo trabalhador perante colegas ou terceiros, assumem-se perfeitamente como actos públicos que ultrapassam, pela iniciativa do próprio, a esfera íntima deste. Ficam, pois, facilitadas as válidas investigações por parte do empregador e legitimadas as diligências probatórias essenciais à processualização do ilícito como justa causa de despedimento. Deste modo, o assunto nem sequer coloca qualquer questão relacionada com a protecção da privacidade do trabalhador ou com o controlo da forma de o empregador aceder e utilizar dados pessoais daquele.

---

de Direito da Universidade de Lisboa, 1993; *A quebra de confiança como critério de concretização da justa causa de despedimento,* Memórias do I Congresso Nacional de Direito do Trabalho, Almedina Edit., Coimbra, 1998, 273-280; e *Concretização do conceito de justa causa de despedimento no sector bancário: análise da jurisprudência publicada,* RDES, ano XLVII, n.os 1-2, Jan-Jun 2006, 35-133; remetendo para a jurisprudência e os autores aí citados.

Talvez também por este circunstancialismo tem o tema da toxicode-pendência como ilícito laboral merecido rara ou nula atenção por parte dos tribunais do trabalho.[3] O assunto encontra-se normalmente associado a perspectivas de direito criminal, pese embora ilustre uma realidade social cada vez mais actual nas relações laborais de ontem e hoje.[4] O que objectivamente consta dos processos judicias relativos a situações como as supra referidas, continua a ser o conjunto de actos praticados pelo toxicodependente e não esta dependência.

Entretanto, nos últimos anos e em muitos espaços geográficos, as variantes do consumo abusivo de drogas ilícitas têm sido ligeiramente alteradas no quadro estatístico que descreve os agentes, as substâncias e o tipo de consumo.[5] Cada vez mais os dados apontam para vícios que se

---

[3] À excepção de poucas situações onde foi atestado um consumo pontual em violação de deveres específicos reportado ao alcoolismo e não à toxicodependência. Este consumo de álcool foi considerado justa causa de despedimento na condução de veículos (porque o consumo reduz a capacidade e os reflexos e arrisca o veículo e a vida dos passageiros: Ac. RP, 21/10/85, BTE, n.os 1-2, 1988, 230; Ac. RP, 19/1/87, CJ, 1.º, 1987, 275; Ac. RL, 19/10/88, CJ, 4.º, 1988, 161; Ac. RL, 1/4/92, BTE, n.os 4-5, 1994, 494); pela criação de situações incorrectas e conflituosas (Ac. RL, 9/7/96, CJ, 4.º, 1986, 193); pela ofensa do bom nome da empresa e dos respectivos valores (Ac. STJ, 11/5/94, BTE, n.os 7-9/96, 688, referente à conduta de um comandante de aeronave; Ac. STJ, 7/12/94, CJASTJ, ano II, 1994, III, 271, referente a um comissário de bordo); sublinhando até que a embriaguez não constitui um atenuante da ilicitude (Ac. RC, 26/1/95, CJ, XX, 1995, I, 71).

[4] De acordo com as conclusões registadas no *Drug Demand Reduction in the Workplace – Interim report*, European Monitoring Centre for Drugs and Drug Addiction, 1997, 14, é a falta de recolha de dados correctos que leva à ausência de maior análise deste tema, não obstante o mesmo assumir grande pertinência também porque surge por causa das próprias condições de trabalho. O local de trabalho é propício ao consumo de drogas porque cria a necessidade de defesa do trabalhador contra os conflitos e os problemas laborais. Daí que o problema deva ser tratado como um tema de promoção da saúde no local de trabalho.

[5] O Relatório de 2004, sobre a situação do país em matéria de drogas e toxicodependências, da responsabilidade do Instituto da Droga e da Toxicodependência, disponível em www.drogas.pt, 174, pressupondo uma zona up e uma zona down em termos sociais, concluiu que a cannabis e a heroína surgiram como as drogas com maior relevância entre aquelas populações, sendo o consumo de cannabis mais importante na zona *up* e o de heroína na zona *down*. Na zona *down*, a heroína é, isolada ou associada à base de cocaína, a droga central em percursos de longa toxicodependência e a cannabis tem maior relevância nos períodos anterior e posterior à fase de dependência opiácea. Na zona *up*, onde existe um consumo muito mais exploratório de uma grande variedade

iniciam nas drogas duras, *maxime* heroína e cocaína, e que se desenvolvem também nas classes sociais designadas mais altas ou mais protegidas, em faixas etárias que incluem a juventude mas que se prolongam pela idade activa, sempre com preocupações de controlo e de tratamento periódico em estabelecimentos existentes cada vez em maior número.[6]

Presente a competitividade nas empresas e a especialização de funções, conscientes da concorrência cada vez mais feroz entre trabalhadores, sobretudo em altos cargos,[7] tem surgido recentemente uma tendência para a utilização da droga, principalmente estimulantes ou cocaína,[8] com finalidades já relacionadas com aspectos profissionais: seja para descontrair do extremo stress provocado pela aceleração exigida pelo exercício de funções e pela escalada na carreira; seja para provocar maior produtividade e vencer na batalha interpessoal da estrutura hierárquica; os trabalhadores, também por estes motivos com suficiente suporte financeiro, encontram no consumo abusivo de drogas ilegais a ajuda possível

---

de substâncias, a cannabis e a cocaína inalada são as duas substâncias com consumos mais importantes, correspondendo o consumo de heroína a um período específico na trajectória dos vários consumos individuais.

[6] Sobre as várias teorias e os vários tipos de tratamento da toxicodependência existentes e praticados ao longo dos tempos e actualmente, cfr., vg., *Colectânea de textos*, Centro das Taipas, vol. III, Lisboa, 1991. M. VALLEUS, *Um sistema especializado para o acompanhamento de* toxicómanos, Toxicomanias, Climepsi Ed., Lisboa, 2002, 213, sublinha a importância das recaídas no tratamento da toxicodependência, esclarecendo que integram o processo de libertação da dependência na sequência de uma maturação progressiva dos indivíduos pois funciona como a melhor resposta que a pessoa encontra para lidar com as suas dificuldades de momento.

[7] Como alerta ANTÓNIO MARIANO, *Dependência química entre profissionais*, Droga e Família, ano I, 1999, n.º 5, 6-12, na realidade brasileira, a cocaína é muito usada para aumentar a produtividade individual profissional e é a droga de eleição entre operadores de câmbio e de bolsa e gerentes de mega-contas bancárias.

[8] Já em 1988, JOSÉ NAVARRO, *La incidencia de las drogodependencias en el medio laboral*, Comunidade Y Drogas, n.º 7, 9-30, escrevia que em Espanha a cocaína é uma droga cujo consumo cresce a cada dia, também porque os seus efeitos são mais controláveis pelo consumidor e suscita perante terceiros uma menor estigmatização comparativamente com a heroína. Sendo uma das três mais usadas pelos trabalhadores, surge como forma de o trabalhador responder socialmente às exigências da necessária convivência no trabalho. Neste sentido, MEGÍAS VALENZUELA, *Definición de los factores de riesgo laborales en el consumo de drogas*, Toxicodependências, vol. 7, n.º 2, 2001, 59-66, que refere a capacidade aquisitiva dos trabalhadores consumidores como um reforço do consumo.

IX Congresso Nacional de Direito do Trabalho

para quem não tem tempo a perder: um escape e uma bengala.[9] Informados e conscientes dos riscos que correm, estão certos de que a manutenção do seu posto de trabalho constitui uma prioridade profissional, pelo que se esmeram na forma de ocultar os efeitos típicos do consumo excessivo chegando a procurar apoio velado em situações de crise e para as drogas que o exigem, nas várias respostas hoje possíveis de tratamentos sigilosos e temporários. O objectivo é alcançado na maior parte das vezes e são cada vez mais comuns os casos de consumo reiterado e reincidente enquadrado profissionalmente. Na verdade, os dados estatísticos apontam exactamente para uma ideia geral de negação do problema dentro do próprio universo laboral de cada trabalhador, a par de uma consciencialização da importância da neutralização dos seus efeitos e de uma reacção bastante positiva perante abordagens da resolução dessa problemática em sede da própria empresa.[10]

O quadro mais interessante revela, pois, a ausência de actos de concretização do vício no seio do ambiente laboral, restringindo o problema à sua raiz essencial: a toxicodependência.

---

[9] Como conclui DUARTE VITÓRIA, *Consumo de álcool e drogas ilegais em empresas do distrito de Lisboa,* FPEPTT (Fundação portuguesa para o estudo, prevenção e tratamento da toxicodependência), Cascais, 1994, 28, 30, 35, 107, um número considerável de trabalhadores consome substâncias psicoactivas e a maioria dos toxicodependentes trabalha, sendo que a situação deste vício em Portugal, já em 1994, era grave, tendo aumentado durante a década de oitenta. O relatório *I Workshop uso e abuso de drogas em meio laboral – Evolução do fenómeno da droga em Portugal nos últimos anos,* FPEPTT, Cascais, 1992, concluiu também que se detectou um aumento do consumo da heroína e da cocaína a partir da década de noventa. P. ANGEL, *As drogas na empresa,* Toxicomanias, Climepsi Ed., Lisboa, 2002, 288, escreve que, de acordo com a sua amostra, 10% a 25% dos profissionais consome substâncias psicotrópicas.

[10] O projecto piloto realizado na CPPE (Companhia portuguesa de produção de electricidade) *Prevenção do consumo de drogas em meio laboral,* SPTT (Serviço de prevenção e tratamento da toxicodependência)/CIAC (Centro de informação e acolhimento), concluiu que os trabalhadores demonstraram uma reacção bastante positiva à primeira abordagem do problema, levada a cabo pelo projecto. DUARTE VITÓRIA, cit., 108, 110, detecta que os trabalhadores em geral negam o problema em relação à sua própria empresa e que as empresas dos sectores dos transportes e comunicações são aquelas que mais se preocupam com o assunto, nomeadamente criando serviços internos de saúde atentos os valores da segurança pública, ao contrário da ignorância da matéria pelas empresas da construção e da indústria. JORGE NEGREIROS e JOSÉ MARQUES, *Abuso de drogas em meio laboral: a percepção do problema junto de empresas da região norte,* polic., Lisboa, 1993, 10-14, concluiu também que este assunto é deliberadamente negado pelos trabalhadores na empresa onde trabalham.

Toxicodependência, Justa Causa e Direitos de Personalidade 73

Acontece que quando, de forma lícita, tantas vezes casual, o empregador vem a ter conhecimento desta realidade, fica receoso e preocupado com a segurança dos interesses da sua empresa. Presente o tradicional enquadramento das situações de consumo abusivo e a sua estreita e perigosa relação com a constante necessidade de rendimentos elevados para suportar o vício, é compreensível que o empregador tenha medo que o trabalhador a qualquer momento viole deveres laborais importantes, prejudicando a sua empresa – sobretudo se estiver perante trabalhadores que exercem certo tipo de funções, especializadas e com grande investimento de confiança, e que ocupam cargos de responsabilidade, directivos ou de administração, em grande autonomia de horas e decisões de topo.

Apesar de o trabalhador até aí ter sempre conseguido, muitas vezes durante anos, controlar o seu vício e nunca o deixar transparecer no tempo e local de trabalho e durante a sua actuação profissional,[11] o que é facto é que esse vício existe e provoca a todo o tempo a iminência da ausência pontual de controlo, com consequências manifestamente relevantes para os interesses do empregador, patrimoniais e de imagem. O risco do incumprimento pode não ser elevado, mas existe e encontra-se agravado pela importância dos deveres laborais potencialmente violáveis, pelo valor dos bens do empregador em presença, patrimoniais e não patrimoniais, e pela ideia de irreversibilidade que ambos sustentam em caso do incumprimento que se pretende acautelar.

Surge, então, a necessidade de ponderar se essa toxicodependência, enquanto vício e não atentos os seus efeitos, e se o risco que esta comporta a cada apresentação do trabalhador ao serviço, podem ou não fundamentar a possibilidade do empregador o despedir licitamente, protegendo a sua empresa em tempo e de forma cautelar. Daí a necessidade de analisar a toxicodependência, enquanto puro vício existente na vida privada do trabalhador, como potencial violação do contrato de trabalho e concretização do conceito de justa causa de despedimento. Insistindo na amplitude dessa noção legal e nas várias hipóteses de ilicitude laboral que ela admite e encerra no nosso ordenamento jurídico, é possível

---

[11] Como escreve N. Ciscart Beà, *El despido por embriagez y toxicomanía*, Bosch Ed., Barcelona, 1998, 53, existem dados de enorme interesse que mostram que a toxicodependência de opiáceos se consegue com êxito compatibilizar com o trabalho exercido a tempo inteiro de forma profissional.

concluir pela possibilidade de a toxicodependência, em certos casos especificamente delimitados, constituir uma causa justa para o empregador despedir o trabalhador viciado.[12]

Essa visão jurídica é, contudo, diminuída pelo mero enquadramento de direito substantivo que a justificou inicialmente. Este orienta a avaliação de potencialidades na perspectiva do conteúdo do conceito legal de justa causa, sem preocupações probatórias e relacionadas com a valia processual do procedimento disciplinar que sustenta o despedimento. Mas quando o empregador, informado dessa possibilidade legal, pretende fazer prova da toxicodependência em sede daquele procedimento a fim de garantir a validade formal do despedimento – seja de forma profiláctica antes mesmo de ter conhecimento válido da situação, seja *a posteriori*, após ter tido eventual acesso válido a esses factos –, depara-se com sérios obstáculos decorrentes da protecção legal da vida privada do trabalhador.

Na realidade, a toxicodependência, na única forma que o empregador a pode invocar para efeitos disciplinares, integra a esfera íntima da vida privada do trabalhador consumidor, pelo que todas as respectivas informações relacionadas com esse consumo se incluem no universo protegido pelo actual regime de direitos de personalidade previsto no Código do Trabalho.[13] Este, mais restritivo do que o Código Civil ou a Lei sobre Protecção de Dados Pessoais, tomou a realidade em análise como consubstanciando necessariamente uma faceta da saúde do trabalhador e valorou-a como doença, a par de todas as outras doenças. Assim, abençoado pelo véu de indeterminação do tipo de enfermidade de que especificamente o trabalhador pode sofrer, este, embora toxicodependente, acaba sempre por conseguir ocultar formalmente essa realidade do empregador. Como o médico só pode assegurar que ele se encontra inapto para trabalhar, o empregador nunca tem possibilidade legal de provar a referida toxicodependência, pelo que nunca pode fazer actuar os seus efeitos

---

[12] Constitui a conclusão final do nosso *O consumo de droga como concretização do conceito de justa causa de despedimento*, cit., onde se procedeu a uma análise da amplitude do conceito legal de justa causa, sem preocupações práticas e de direito probatório relacionadas com o válido acesso e utilização dessa informação.

[13] Como nota DUARTE VITÓRIA, cit., 110, uma das acções mais polémicas dentro das empresas é a implementação de processos de detecção de consumos que devem, por isso, ser negociados entre a administração e as associações de trabalhadores.

Toxicodependência, Justa Causa e Direitos de Personalidade 75

disciplinares. Ainda que a ela tenha tido acesso válido, não a pode utilizar ou divulgar para efeitos que ainda por cima prejudicam o trabalhador.[14]

Considerada um problema de saúde do trabalhador, ainda que provocado por comportamentos ilícitos deste, a toxicodependência funciona como uma doença e por essa razão o trabalhador não pode ser por ela considerado culpado ou sequer prejudicado ou discriminado.[15] Enquanto doença, a toxicodependência só pode funcionar de duas maneiras: ou no âmbito do regime da higiene, segurança e saúde no trabalho,[16] ou enquanto justificação de faltas ou facto suspensivo.

Esta ideia funciona como uma interessante e importante consequência prática da aplicação do recente regime de direitos de personalidade previsto no Código do Trabalho e implica, em nossa opinião, a actual tomada de posição do legislador laboral, ainda que não deliberada, no

---

[14] O meio de prova é nulo se obtido com violação dos direitos de personalidade do trabalhador, nos termos do art. 32.º/8, da Constituição da República Portuguesa, aplicável a outros processos sancionatórios por força do art. 32.º/10 do mesmo diploma e ao processo civil nos termos de doutrina publicada (ISABEL ALEXANDRE, *Provas ilícitas em processo civil*, Almedina Ed., Coimbra, 1998, 233 ss).

[15] Na perspectiva social da vivência concreta dos trabalhadores no seio das empresas onde trabalham, é também essa a sensibilidade geral sendo a toxicodependência considerada mais como uma doença e como um problema social, do que propriamente como uma violação do contrato de trabalho ou como substracto de uma reacção disciplinar. Neste sentido, cfr., vg., DUARTE VITÓRIA, cit., 111. WILLIAM HOUSHAM, *Droga e meio profissional*, Colectânea de Textos, Centro das Taipas Ed., vol. III, Lisboa, 1991, 269-270, releva que o conceito de doença explica melhor as dificuldades de deixar o vício, maiores na cocaína com forte dependência psicológica. O relatório *Álcool e Drogas no Local de Trabalho: atitudes, representações sociais e estratégias*, vol. I, INOVA; Lisboa, 2005, 170, conclui que actualmente as empresas não reagem disciplinarmente, acreditando mais na reabilitação do trabalhador e revelando maior vontade de prestação do apoio necessário e de custear parte do tratamento.

[16] Sendo que neste caso as empresas preferem o recurso a serviços internos visando a contenção do problema no universo da própria empresa, não obstante demonstrarem alguma dificuldade de envolvimento directo na recuperação dos trabalhadores e não criarem unidades especializadas. Assim, cfr., vg., relatório *Álcool e Drogas no Local de Trabalho*, cit., 175; ALBERTO POIARES, *Enquadramento jurídico do uso/abuso de drogas em meio laboral – subsídios para o estudo do* tema, polic., FPEPTT, Lisboa 1993, 5; S. MAGURA, *The role of work in substance dependency treatment: a preliminary* overview, Substance Use & Misuse,vol. 38, n.os 11-13, 2003, 1865-1876, que defende e explica a acção do trabalho como forma de tratamento; DUARTE VITÓRIA, cit., 112. WILLIAM HOUSHAM, cit., 268, realça o papel dos superiores hierárquicos e dos colegas de trabalho no apoio e prevenção do problema.

seio da problemática relacionada com a forma como deve a lei encarar a toxicodependência: acabando por afastar ou dificultar a viabilização do carácter punitivo e repressor da toxicodependência, o Código impediu processualmente o despedimento por esse motivo, deixando-se seguir no caminho da conceptualização do consumo abusivo de drogas como uma enfermidade ou doença que determina apenas a suspensão do contrato de trabalho e a aplicação das regras de saúde no trabalho.[17]

I. TOXICODEPENDÊNCIA

1) Delimitação do conceito considerado

A palavra toxicodependência pode assumir uma amplitude razoável de conteúdos e normalmente encontra-se associada a uma ideia generalizada de uso abusivo e reiterado de drogas ilícitas em contextos de marginalização muitas vezes criminosos.

Por muito que esta ideia preencha o núcleo essencial da definição e que, por isso, assuma posição de destaque na hipótese a considerar no nosso ensaio, nem mesmo os discursos jurídico-laborais negam a constatação de que toxicodependência sustenta um conteúdo mais amplo pois une duas noções distintas: a toxidade, reportada à droga ou substância; e a dependência, relacionada com o modo como aquela é consumida. Em consequência, cada uma delas pode comportar diversos mas válidos significados.

Importa, por conseguinte, delimitar a noção ora relevante de droga e recortar a ideia de dependência no complexo tecido da farmacologia e psicologia, diminuindo o nosso campo de acção e favorecendo a clareza

---

[17] Na sequência das afirmações de Vitalino Canas, *The policy for the fight against drugs and drugs addiction in Portugal: recent* developments, DrugLink, vol. 17, 2002, 18-21, que entende nunca o assunto da droga ter sido tão discutido em Portugal como nestes últimos anos, parece ser essa também a perspectiva política do assunto. Esta defende a generalização da finalidade de favorecimento da ideia de doença constante já da Lei 30/2000, e a consciencialização de que o toxicodependente deve ser visto como um doente e não como um criminoso e de que precisa de apoio e tratamento e não de exclusão.

Toxicodependência, Justa Causa e Direitos de Personalidade 77

da mensagem final, sem deixar de alertar o intérprete para outros caminhos que se desenham no horizonte mais vasto da problemática em questão.

2) Sobre a toxicodependência como consumo abusivo de drogas

2.1) Toxidade como noção ampla de droga

Para a Organização Mundial de Saúde a palavra droga assume usos e conteúdos variados consoante a perspectiva em que é estudada.[18] Para a farmacologia, droga é qualquer agente químico que altere os processos fisiológicos e bioquímicos dos tecidos ou dos organismos. Para a medicina, trata-se de qualquer substância com potencial para evitar ou curar uma doença ou um problema ou mal estar físico ou psicológico. Em sentido comum, o termo é muitas vezes utilizado em relação às drogas psicoactivas e, mais especificamente, a propósito das drogas ilícitas, isto é, aquelas que não são utilizadas com finalidades médicas. Profissionalmente, algumas substâncias são designadas droga como forma de salientar o exclusivo uso dos seus efeitos psicoactivos. De qualquer modo, as únicas referências objectivas definidas pela ciência, apontam para uma muito ampla definição de droga, que inclui praticamente tudo o que as pessoas ingerem, inalam, injectam e absorvem: remédios, drogas de venda livre, drogas ilegais, álcool, cigarros, conservantes de produtos alimentícios, produtos químico-industriais e até mesmo os próprios alimentos.[19]

---

[18] Segundo o "Lexicon of alcohol and drug terms", publicado pela ONU ou World Health Organization, disponível em www.who.int.. Cfr. SILVA SOARES, *Droga*, Polis, Verbo Edit., vol. II, Lisboa, 1984, cols. 728-774, para uma descrição clara da noção, classificação, efeitos e dependências da droga em Portugal.

[19] N. CISCART BEÀ, cit., 33, 35, defende que o vocábulo "toxicomania", previsto no art. 54ª/2/f) do Estatuto de los Trabajadores como exemplo legal de causa de despedimento, é de tal forma omnicompreensivo que abrange todo o consumo habitual ou reiterado das substancias consideradas pela OMS como drogas e que o mesmo inclui o uso do tabaco, atenta a possibilidade de este causar efeitos comparáveis aos que resultam da exposição a agentes tóxicos e de produzir um efeito biológico aditivo, contribuindo para a produção de acidentes laborais.

O conteúdo alargado da noção arriscaria a sua utilidade prática não fosse a sua base científica e a visão meramente objectiva dos dados fundamentais consistentes nas características da substância e na forma de interacção desta com o indivíduo. As opiniões associadas à "droga" encontram-se mais condicionadas à natureza positiva ou negativa das finalidades do uso, do que informadas sobre os componentes e sintomas típicos. Por esse motivo, a conotação é positiva em relação às drogas para fins médicos de cura ou de melhoria das saúde, mas negativa quanto aos produtos mais conhecidos, como a heroína ou a cocaína, de consumo ilícito, sendo estes que compõem a ideia geral pejorativa sobre droga. No entanto, as finalidades do consumo abusivo não modificam os efeitos típicos da absorção da droga no indivíduo e são estes que ajudam na determinação da sua finalidade principal como de cura ou de prejuízo.

Assim, numa perspectiva científica e farmacológica, droga é sempre droga, independentemente da maneira ou da razão pela qual ela é absorvida pelo indivíduo ou da designação que lhe é atribuída. E todas as drogas apresentam uma determinada relação com o organismo que respeita princípios bem conhecidos envolvendo efeitos muito variáveis calculados segundo uma lógica probabilística. Por isso, não existe em abstracto uma droga mortal ou inofensiva porque os seus efeitos multiplicam-se segundo a dose, o indivíduo, o momento e o circunstancialismo do utilizador. O efeito determina-se em função da ligação da substância ao indivíduo concreto definido fisiológica, psicologica e socialmente, pelo que a sua variedade resulta da própria diversidade dos indivíduos considerados.[20] Para cada droga e para cada utilizador existirá uma dose eficaz, uma dose tóxica e uma dose mortal.[21] Todas as substâncias são perigosas para

---

[20] A diversidade resulta, não apenas do peso, da idade e do estado de saúde da pessoa, mas também das suas reacções às modificações fisiológicas e psicológicas em si percepcionadas e às alterações apreendidas no seu meio físico e social, o que permite uma decisão individual sobre o adequado ajustamento pessoal e social. Todas estas características contribuem para compreender a reacção à absorção de uma droga em um organismo.

[21] Estas doses constituem uma abstracção estatística calculada em média, porquanto o seu cálculo resultou da análise de um certo universo e de uma percentagem igual ou superior a 50% nos indivíduos observados. De qualquer modo, encontra-se já cientificamente provado que, nos casos em que a droga é absorvida em fracas doses, são os factores exteriores a esta e relacionados com o indivíduo que determinam os efeitos da droga.

Toxicodependência, Justa Causa e Direitos de Personalidade 79

certas pessoas em certas doses e em determinadas circunstâncias.[22] Assim, por adquirida, apenas a ideia de que a utilização de qualquer droga envolve sempre um certo risco, como tudo o que o Homem faz.[23]

O interesse do consumo de droga na relação laboral é bastante amplo e deverá encarar em geral todas as substâncias, todos os trabalhadores e todos os efeitos dessas substâncias nestes trabalhadores, com vista a apurar qual o consumo que prejudica a boa prestação de trabalho.[24] Deste modo, substâncias aparentemente inofensivas e aceites socialmente, como o tabaco, podem ser consideradas num caso concreto como consumo de droga para efeitos de aplicação do conceito de justa causa.

Na ponderação dessas consequências do consumo no organismo, interessa apurar a diferente actuação da droga, a nível físico e em termos psicológicos, já que o bom desempenho da função pode ser afectado tanto pela capacidade física quanto pela modificação relevante do carácter ou personalidade do indivíduo trabalhador. Convém por isso analisar os efeitos gerais das substâncias sobre o sistema nervoso central do homem médio, o que se fará de seguida, bem como as situações de dependência, tolerância ou outros efeitos comportamentais relevantes detectáveis nos utilizadores, a analisar no ponto seguinte.

No que respeita aos efeitos sobre o sistema nervoso central, as drogas dividem-se em depressoras (vg., opiácios como a heroína); estimulantes (vg., anfetaminas, cocaína, cafeína); e perturbadores (vg., marijuana, haxixe, LSD, álcool).[25] São também referenciadas nos diplomas

---

[22] Como refere ERNST JUNGER, *Drogas, embriaguez e outros temas*, Arcadia Ed., Lisboa, 1977, 30, é possível a embriaguez (qualquer forma de alteração do comportamento humano por via dos efeitos das drogas) com substâncias simples e essenciais, como o ar ou a água, tudo dependendo da dose ingerida.

[23] E ele continua a fazê-lo porque tira disso o que lhe parece ser um proveito. Que riscos em troca de que proveitos, formula uma questão de base a que só cada indivíduo pode responder.

[24] Não existe nem seria viável ou útil para o Direito do Trabalho uma noção geral de droga que não fosse aprovada pelos princípios e regras deste ramo do direito. Nem mesmo o legislador se pronunciou até agora de forma clara ou inequívoca. Enquanto o art. 152.º do Código Civil refere "estupefacientes", o art. 291.º/1/a) do Código Penal prefere "estupefacientes, substâncias psicotrópicas ou produtos com efeitos análogos" e o art. 295.º/1 "substância tóxica"; Já o art. 24.º/1 do Estatuto Disciplinar dos Funcionários e Agentes da Administração Central, Regional e Local (EDFAACRL, DL 24/84, de 16/1) prevê a expressão "estupefacientes ou drogas equiparadas". Por isso se impõe a

80 *IX Congresso Nacional de Direito do Trabalho*

internacionais as chamadas drogas psicoactivas ou psicotrópcias, como a cocaína, com efeitos sobre a mente e o comportamento do indivíduo.[26] Por outro lado, é usual a utilização da dicotomia drogas duras / drogas leves, na distinção das substâncias que causam menor ou maior dependência, de forma mais ou menos rápida. Porém, esta distinção não apresenta grande precisão científica e os médicos não a aconselham.[27] Nós

---

interdisciplinariedade na análise dos problemas relacionados com o consumo de droga (neste último sentido, SILVA SOARES, cit., col. 730.).

[25] Como escreve RICHARD, PIROT e SENON, *As drogas e o seu modo de acção*, Toxicomanias, Climepsi Ed., Lisboa, 2002, 79-102, 80-81, a variedade química das substâncias psicoactivas susceptíveis de engendrar uma dependência, a diversidade da sua origem, dos usos, dos modos da acção e da intensidade dos seus efeitos, tornam caricatural qualquer tentativa de classificação das drogas, pelo que esta só pode acontecer separando os vários efeitos. Assim, constituem depressores ou *psicolépticos*: analgésicos opiáceos (dextropropoxyfeno, ópio, morfina, heroína, metadona, petidina, tilidina, codeína), ansiolíticos (benzodiazepinas, carbamatos), hipnóticos não barbiturícos (benzodiazepinas, metaqualona), hipnóticos barbitúricos, neurolépticos, anti-histamínicos. São estimulantes ou *psicoanalépticos*: anfetaminas, anorexigenas, psicoestimulantes, cocaína (vigília); cafeína, nicotina, aminas simpaticomiméticas, anti-depressivos, inibidores da monoamino (humor). Consideram-se perturbadores do sistema nervoso central ou *psicodislépticos:* cannabis (marijuana, haxixe), alucinogéneos (lsd, mescaalina), ciclohexilaminas (fenciclidina), solventes voláteis (colas, benzina, acetona, éter), álcool, anticolinérgicos (beladona, trihexifenidilo). Com algumas variações de classificação e descrições dos efeitos de cada tipo de droga, cfr., vg., RICHARD RUDGLEY, *Enciclopedia de las substancias psicoactivas*, Paidós Ed., Barcelona, 1999; RICHARD, PIROT e SENON, *As principais drogas*, Toxicomanias, Climepsi Ed., Lisboa, 2002, 103-163; SIMON WILLS, cit., 35-366; TOMÁS ESCOBAR, cit.; Com uma linguagem mais acessível, MIRIAM STOPPARD, *A verdade acerca das drogas – desde o álcool e o tabaco até ao ecstasy e à heroína*, Civilização Ed., Lisboa, 2000, 30-113; ANITA NAIK, cit., 50-124. Cfr. também o nosso *O consumo de droga como concretização do conceito de justa causa de despedimento*, cit., 49-53.

[26] Como explica SIMOM WILLS, cit., 7, os efeitos podem ser ilusões, desilusões, alucinações.

[27] RICHARD, PIROT e SENON, *As drogas e o seu modo de acção*, cit., esclarecem que as drogas leves seriam aquelas que não provocariam efeitos tóxicos sensíveis em uma pessoa sem antecedentes de perturbações psicológicas ou físicas e cujo consumo não induziria a dependência fisiológica ou psíquica, mas alertam para o facto de a distinção residir apenas na natureza da droga e na forma, frequência e contexto do seu consumo, bem como as reacção do organismo que a absorve. Essa inutilidade de divisão acontece mesmo nos reportes das drogas leves às drogas vegetais (ópio, tabaco, álcool) e das drogas duras às drogas obtidas por síntese química ou extracção (heroína, cocaína, crack, metadona, lsd). MIRIAM STOPPARD, cit., refere ainda as chamadas drogas de rua, reportando-se às que mais vulgarmente se encontram na origem das dependências. Como ques-

Toxicodependência, Justa Causa e Direitos de Personalidade 81

utilizámo-la apenas porque as pessoas associam mais automaticamente essa expressão às substâncias que iremos considerar infra.

Não obstante esta ideia geral de droga relevar em sede laboral para outros efeitos, o nosso estudo vai centrar-se naquelas drogas que funcionam como o objecto mais usual do consumo abusivo: a heroína e a cocaína. Fica, portanto, afastado o consumo de álcool, por levantar questões um pouco diferentes que se prendem com factores relevantes, variados e distintos, como a ausência de ilicitude no consumo, a facilidade económica na sua obtenção, a maior notoriedade dos efeitos, conjugados com uma utilização socialmente mais aceite e, por isso, mais difícil de detectar.[28]

2.2) Dependência como consumo abusivo regular de drogas

Em termos de repercussões no indivíduo, podem ser detectados quatro níveis de utilização: o consumo experimental; casual ou ocasional; regular; elevado ou compulsivo.[29] Associando as propriedades farmaco-

---

tiona N. Ciscart Beà, cit., 37, qual será a droga mais dura? Uma linha de cocaína, seis conhaques ou um maço de cigarros? Tudo dependerá do contexto do consumo e da relação entre a substância e o indivíduo, mais do que da própria natureza da droga.

[28] Os estudos sobre o consumo de álcool em geral e em ambiente de trabalho, bem como a jurisprudência, são muito mais comuns do que os estudos e as decisões judiciais sobre a toxicodependência ou sobre o consumo de drogas. Já existem dados estatísticos no sentido deste consumo de álcool ser efectivamente mais vulgar nas empresas do que o consumo de drogas. De qualquer modo, assinalam-se diferenças determinantes entre os dois tipos de consumo: na gravidade, nos efeitos e problemas que gera no local de trabalho, na intervenção adequada para atenuar esses efeitos e a própria dependência, na maior tolerância do álcool em relação às drogas, como factores justificadores do despedimento. Cfr. Duarte Vitória, cit., 108. Como resulta do relatório *Álcool e Drogas no Local de Trabalho*, cit., 174, o apoio das empresas ao trabalhador consumidor surge activo apenas em relação ao álcool. Sobre a definição concreta e desenvolvida de regras de controlo do consumo de álcool em regulamento interno de empresa, Amadeu Dias, *Álcool e drogas em ambiente laboral*, APIGTP Ed., Lisboa, 1998, 65-66, 85 ss. Sobre o caso de um cirurgião que operou sob o efeito do alcoolismo, António Mariano, cit..

[29] A decisão de experimentar uma droga resulta de uma série de factores singular ou conjugadamente considerados: a facilidade de encontrar o produto; a aceitação e prestígio social e a influência de figuras populares; moda e circulação de informação, acção de grupos ou amigos; curiosidade espontânea ou induzida. Numa base casual, a droga é consumida somente quando disponível e em contextos sociais com outros

lógicas da substância referidas no ponto anterior e estas modalidades de utilização no tempo, obtemos a denominada interacção abstracta de cada droga que se subdivide em três fenómenos de reacção do organismo à absorção da substância: a tolerância, a dependência psicológica e a dependência física.[30]

A tolerância consiste em um estado adaptativo do organismo caracterizado pela diminuição dos efeitos obtidos com a mesma quantidade de droga, ou pelo facto de ser necessária maior dose para produzir o mesmo grau de efeitos farmacodinâmicos. Definindo o grau de satisfação do indivíduo, é tanto menor o grau de tolerância de certa substância, quanto mais progressivos tiverem que ser os aumentos nas doses necessárias à obtenção de um efeito desejado.

Na dependência psíquica, existe um sentimento de satisfação e de compulsão para a administração periódica ou contínua da droga, visando o prazer ou a atenuação do desconforto. O grau desta dependência varia consoante as vivências e as motivações do utilizador, aumentando com o crescer do domínio da vida pela droga.

A dependência fisiológica é também um estado adaptativo do organismo que se manifesta por intensas perturbações físicas quando a droga é suspensa ou quando a sua acção é afectada pela administração de

---

utilizadores. Estas duas fases, como é rara a imediata dependência, não conduzem inevitavelmente a consumos mais graves. A utilização regular distingue-se da compulsiva pelos motivos que levam ao consumo e pelo grau de necessidade do utilizador. Os primeiros são muito variados e relacionados com a personalidade do consumidor e com a acção farmacológica da substância, enquanto o segundo já decorre de uma dependência psicológica, embora muito fraca. A última fase, onde se instalam as dependências física e psicológica, atinge uma elevada frequência de uso, mas mesmo esta varia consoante o indivíduo, porque tudo depende do modo como a droga domina a vida do consumidor. Todavia, é actualmente enganadora a ideia da escalada das chamadas drogas mais leves para as chamadas drogas mais duras, pois cada vez mais se detecta um aumento da utilização das drogas mais fortes como a cocaína e a heroína, na sequência de entradas directas dos consumidores nos respectivos círculos. Cfr. SIMON WILLS, cit., 10-11; TOMÁS ESCOBAR, cit.; HELEN NOWLIS, *A verdade sobre as drogas*, 3.º ed., GPCCD Ed., Lisboa, 1989, 27-30.

[30] Para uma noção de cada uma destas terminologias, cfr., vg., *Management of alcohol and drug related issues in the workplace*, International Labour Office, Geneva, 1996, 2-7; M. VALLEUR, *Teoria da adicção,* Toxicomanias, Climepsi Ed., Lisboa, 2002, 169-178, 167-168; SIMON WILLS, *Drugs of abuse*, 2.º ed., PhP Ed., Londres, 2005, 3-8; TOMÁS ESCOBAR, *Dicionario de drogas peligrosas,* Universidad Ed., Buenos Aires, 1999. Com uma linguagem mais acessível, ANITA NAIK, *Drogas*, Gradiva Ed., Lisboa, 2000, 8-9.

Toxicodependência, Justa Causa e Direitos de Personalidade

um antagonista específico. A utilização da substância em quantidade e frequências suficientes durante um certo período de tempo, produzem no organismo transformações tais que este se torna incapaz de funcionar normalmente na ausência de droga. Diferentemente da doença, a dependência acontece num ponto determinado de uma curva crescente de utilização da droga, precedida por um comportamento do indivíduo.[31]

Segundo a OSM, a dependência das drogas é um fenómeno psíquico, físico e comportamental, resultante da interacção entre organismo e a utilização repetida de uma substância, quando esta utilização segue uma tendência compulsiva e incontrolável de continuidade, apesar das consequências prejudiciais, quando assume um papel prioritário na vida, nas actividades e nas obrigações do utilizador, quando pressupõe uma tolerância crescente, quando provoca reacções fisiológicas por interrupções repentinas e quando visa o gozo dos efeitos psíquicos e o desconforto da abstenção.[32] É essa ideia genérica de dependência física e psicológica, provocada mais facilmente por drogas com reduzida tolerância, que sustenta a noção de toxicodependência ora implícita. Uma conclusão final sobre a forma como o indivíduo utiliza determinada substância, que pressupõe, sublinha-se, uma série complexa de recolha de dados e juízos de valoração, efectuada naturalmente apenas por entidades competentes, maxime, médicos.

A determinação dos efeitos normais deste tipo de dependência no comportamento do trabalhador consumidor, interessa sobremaneira ao

---

[31] Considerando os tipos de substâncias supra indicados, a dependência física é apenas moderada a marcada nos opiáceos, sendo ligeira a demarcada nos restantes; a dependência psicológica é marcada nos opiáceos, nenhuma na cocaína e nos alucinogéneos, ligeira ou demarcada no álcool e barbitúricos, e pequena nos restantes; por fim, a tolerância é marcada nos opiáceos e anfetaminas, substancial nos barbitúricos, nenhuma na cocaína, e alguma com as restantes substâncias. Todavia, há que considerar as diferenças imprevisíveis resultantes da utilização de drogas adulteradas, como notam KRAMER e CAMERON, *Manual on drug dependence,* OMS, Genebra, 1975, 100, e SILVA SOARES, cit., cols. 733-734. E, ainda, as designadas *desiner-drugs,* como o ecstasy: substâncias psicoactivas intencionalmente concebidas e sintetizadas pelo tráfico para obter derivados mais potentes e que escapam às listas de estupefacientes. RICHARD, PIROT e SENON, *As drogas e o seu modo de acção,* cit., 82 ss. Ou o frequente uso múltiplo e simultâneo de vários tipos de drogas, como nota JOSÉ NAVARRO, cit., 15.

[32] Definição do "dependence syndrome", constante do "Lexicon of alcohol and drug terms", publicado pela ONU ou World Health Organization, disponível em www.who.int..

84   *IX Congresso Nacional de Direito do Trabalho*

intérprete, mesmo em abstracto e considerando o trabalhador médio, não apenas tendo em vista a possível identificação cautelar de casos no local de trabalho pelo empregador, mas também como forma de identificar eventuais violações contratuais a admitir na construção da ideia de prognose póstuma, essencial ao raciocínio exigido pela noção legal de justa causa.

Assim sendo, porque a cronologia aconselha o prévio conhecimento das causas ou origens desses efeitos e porque ambos se confundem na realidade da vida do indivíduo designado, releva-se que os efeitos da dependência decorrem de vários factores como a quantidade de droga ingerida, o seu grau de pureza, a sensibilidade pessoal do indivíduo, o meio sócio-cultural onde se encontra inserido e o ambiente ou condições que acompanham o acto do consumo, além da forma de introdução da droga no organismo.[33] Como efeito farmacológico e a acrescer à dependência, sublinham-se as periódicas intoxicações agudas ou crises que variam muito de pessoa para pessoa mas que, embora reversíveis, provocam períodos de degradação da estima e prejuízos para a saúde.[34]

Já quanto aos efeitos gerais imediatos do consumo de droga, estes reflectem-se na degradação do estado geral físico e mental do indivíduo: má alimentação; maus cuidados de saúde; irregularidade de satisfação de necessidades biológicas e psíquicas provocada pelo facto de a droga atenuar os desejos dessa satisfação (através da eliminação da dor, do cansaço, da fome, das preocupações); perda de capacidade de avaliação da realidade e do controlo do comportamento; diminuição da acuidade dos sentidos, da rapidez e da firmeza de reflexos. No respeitante às consequências conjugais, familiares e sociais, os inúmeros efeitos e causas da utilização da droga confundem-se numa espiral crescente e viciosa.[35]

---

[33] Enquanto através da inalação, do acto de mascar, da aspiração pelo nariz e da deglutição, só parte do produto passa à circulação, no caso da injecção toda a substância circula no interior do organismo. Cfr. Simon Wills, cit., 10-11; Richard Rudgley, cit..

[34] O estado de espírito assemelha-se a uma crise de uma doença de índole nervosa: depressão, excitação ou distorção da coordenação nervosa sensorial e motora e das faculdades mentais (perturbações dos actos reflexos, das actividades intelectuais, do controlo do comportamento e ilusões sensoriais). As reacções psicotóxicas são raras com os alucinogéneos, mas a forma mais grave é abrangida pelo síndrome de privação das drogas que criam dependência física rapidamente como os opiáceos (heroína), barbitúricos e álcool. Cfr. Silva Soares, cit..

[35] Cfr., cits., Richard Rudgley, Richard, Pirot e Senon, M. Valleur e Tomás Escobar.

Toxicodependência, Justa Causa e Direitos de Personalidade 85

Sob uma perspectiva comportamental que justifica o recurso ao consumo e destaca as finalidades pretendidas pelos utilizadores, surgem 4 tipos de efeitos/consequências finais/mediatas, obtidos com diferentes tipos de substâncias: a) alívio da dor (opiáceos); b) redução de uma actividade ou de uma sensação com um nível desagradável, como a ansiedade, nervosismo, insónia, hiperestimulação (depressores como o álcool, barbitúricos e opiáceos); c) aumento do nível de actividade, de energia e de potência, reduzindo a sensação de cansaço, de depressão e de sonolência (estimulantes como o café, anfetaminas e cocaína); e) modificações na percepção e orientação do indivíduo face ao seu meio físico e social, explorando, alcançando novas sensações e aumentando o prazer por elas proporcionado (estimulantes e perturbadores); f) atingir variados graus de embriaguez, de atordoamento, de euforia ou vertigem (álcool, barbitúricos, haxixe, marijuana, inalantes e insolventes).[36]

2.3) Redução aos casos de dependência de drogas duras

Não obstante a toxidade abranger um conceito lato de droga e a dependência se reportar a muitas dessas toxidades, decidimos restringir o âmbito fáctico do nosso estudo a fim de melhor concretizarmos a definição de justa causa de despedimento. Assim sendo, iremos tomar como pressuposto de toxicodependência nos raciocínios que se seguem, apenas as situações de consumo abusivo regular das chamadas drogas duras, cocaína e heroína.

A descrição dos dois elementos constituintes da noção de toxicodependência (toxidade e dependência) a que procedemos nos dois pontos anteriores, permite concluir que a ponderação de um caso real de toxicodependência para efeitos de justa causa, recorre a um processo de interpretação dos factos que pressupõe a formulação de juízos de valor ao longo do que podemos designar por cinco fases sucessivas: 1. Análise da substância; 2. Análise do indivíduo; 3. Análise da reacção do indivíduo à substância, determinando a existência e o grau de dependência e de tolerância; 4. Análise das capacidades laborais do indivíduo afectadas pela substância e a forma da sua afectação, considerando a actividade

---

[36] Cfr. HELEN NOWLIS, cit., 19; ERNST JUNGER, cit., 39-40.

laboral contratada; 5. Análise do risco dessa afectação na concreta prestação de trabalho e nas qualidades por esta exigidas ao trabalhador.

Relevamos, porém, que estes juízos de valor formulados sobre a forma de consumo adoptada pelo trabalhador, implicam como pressuposto essencial a aquisição de conhecimentos médicos adequados e necessários. Recorrendo tais conclusões à realização de testes e exames, a observações específicas e a opiniões subjectivas mas fundamentadas, aquelas consubstanciam a realização de um acto médico, pelo que só podem ser emitida por médicos e não pelo empregador. Este pode ter a certeza sobre se o trabalhador consumiu pontualmente uma certa droga, ou sobre se esse consumo se repetiu ou não, ou até mesmo sobre se o trabalhador tem por hábito consumir de forma frequente, numa soma de consumos pontuais. Mas o que o empregador não tem capacidade, sem intervenção médica, para concluir, é se esse consumo consubstancia uma situação de toxicodependência, de consumo abusivo ou vício, considerando a droga, o indivíduo e a reacção deste àquela substância. Isto porque na nossa hipótese só o vício interessa ora como potencial violação do contrato de trabalho, não os consumos casuais com consequências identificáveis e controláveis.

A conformação da nossa hipótese prática de trabalho ao conteúdo mais nuclear do termo toxicodependência justifica-se assim porque os casos mais prováveis de concretização da noção legal de justa causa implicam sempre, em nosso entender, um risco sério da afectação de qualidades essenciais à função do trabalhador a despedir e essa situação acontece quando existe forte dependência física e psicológica – no sentido de consumo continuado, habitual ou prolongado, e por isso abusivo ou problemático –, das chamadas drogas duras.

Consideramos tão só, por conseguinte, a dependência como "conjunto de fenómenos comportamentais, cognitivos e fisiológicos, que incluem um forte desejo de consumo, dificuldades em controlar o seu uso, persistência do consumo apesar dos prejuízos, prioridade elevada atribuída ao uso de drogas em detrimento de outras actividades e obrigações, aumento da tolerância e ocorrência de estados de privação." Dependência, portanto, como consumo problemático, conforme a definição do Observatório Europeu das Drogas e Toxicodependência: "uso de drogas por via intravenosa ou o uso regular de longa duração de drogas opiáceas, cocaína e/ou anfetaminas".[37]

---

[37] EMCDDA, 2000, 1997.

Toxicodependência, Justa Causa e Direitos de Personalidade

3) Sobre a toxicodependência como conduta extra-laboral

3.1) Vida ou esfera privada versus condutas extra-laborais

A propósito da justa causa de despedimento, é usual a referência a expressões como "vida privada" ou "esfera privada", no que respeita à delimitação dos comportamentos que podem consubstanciar infracções disciplinares ou violações contratuais susceptíveis de legitimar substancialmente o despedimento. Preferimos neste ensaio utilizar a expressão condutas extra-laborais,[38] porque também existem actos privados que acontecem no tempo e no local de trabalho, que por isso integram a expressão "vida privada", mas que não iremos abordar.[39]

Conduta extra-laboral será, assim, aquela que acontece fora do tempo e do local de trabalho, o que incluirá sempre situações da esfera privada do trabalhador.

3.2) Conduta sem violação de deveres contratuais específicos

Não obstante, ainda dentro destas condutas extra-laborais, encontramos dois grandes tipos de potenciais comportamentos relevantes em

---

[38] Seguimos ROMANO MARTINEZ, *Direito do Trabalho*, 3ª ed., Almedina Ed., Coimbra, 2006, 961-962 que acrescenta a expressão "causas externas". MACHADO DRAY, *Justa causa e esfera privada*, Estudos do Instituto de Direito do Trabalho, vol. II, Almedina Ed., Coimbra, 2001, 35-91, 70, prefere "comportamentos extra-profissionais" ou mesmo "condutas da vida privada".

[39] São, por exemplo, os casos do consumo dentro das instalações sanitárias da empresa, aquando do seu uso pelo trabalhador; da informação sobre o assunto que circula em sms do telemóvel privado do trabalhador; ou em mensagens electrónicas com assuntos manifestamente de índole pessoal; ou em correio particular deste; da posse de material utilizado no consumo abusivo de drogas, como seringas, colheres de metal, limão, palhinhas, espelhos, guardado dentro de objectos pessoais do trabalhador. Em rigor mas numa primeira abordagem, estas situações acabam por merecer soluções legais muito semelhantes à da hipótese considerada. Na verdade, também nestes casos é vedado o acesso do empregador à informação sobre a toxicodependência porque esta permanece encerrada na esfera privada do trabalhador. Ao contrário do que acontece na hipótese considerada neste ensaio, em que se discute se a toxicodependência preenche ou não a noção de justa causa, a prática de consumo de droga no local e em tempo de trabalho facilita essa qualificação e fundamenta com mais facilidade o preenchimento da noção de justa causa de despedimento.

88   *IX Congresso Nacional de Direito do Trabalho*

termos disciplinares de cuja análise nos iremos afastar por imperativos de tempo e da adequada maior cuidada análise.

Em primeiro lugar, relevamos os comportamentos em violação de deveres laborais acessórios que se alastram, pela sua própria natureza, para além do tempo e do lugar de trabalho, como os deveres de urbanidade, de lealdade, de não concorrência, de respeito.[40]

Um segundo tipo de comportamentos destaca-se por constituírem uma violação de deveres laborais concretos legitimamente exigidos pelo empregador, nos termos da lei ou do contrato de trabalho, específicos de preparação para a prestação de trabalho ou de sujeição a testes de despistagem.[41] Estas situações foram também já objecto de decisões judiciais, nomeadamente a propósito dos pilotos de aeronaves ou da condução de máquinas em geral, o que se compreende na medida em que nestes casos existe já a violação concreta de um dever contratual concreto pela positividade dos teste.

Afastámos estes dois tipos de comportamentos por três ordens de razões. Primeiro, porque ambos ocorrem em vínculos laborais específicos e concretos e por isso não permitem a construção de modelos abstractos aplicáveis em geral. Em segundo lugar, porque encontram-se sustentados na violação concreta de um dever laboral devidamente identificado, o que pode não ocorrer nas restantes eventualidades a considerar e implica a

---

[40] São os casos já julgados do trabalhador que agride um colega fora do local de trabalho (Ac. RP, 22/1/90, CJ, XV, I, 274); o guarda de um museu que era receptador de objectos furtados em outros locais (Ac. RE, 12/6/91, CJ, XVI, III, 315); o comandante do avião comercial que transportara pedras preciosas cometendo infracção fiscal aduaneira (Ac. RL, 15/12/99, CJ, XXIV, V, 169); o perito de companhia de seguros envolvido numa rede de tráfico de droga (Ac. RP, 16/12/85,, BMJ, 352, 429; Ac. STJ, 31/10/86, BMJ, 360, 468); o trabalhador que cuidava de duas plantas de liamba em terreno junto às instalações da empresa, cujo despedimento foi declarado ilícito (Ac. RL, 6/6/01, CJ, XXVI, III, 173). Comentando estes e outros casos, cfr. MACHADO DRAY, cit., 80. Seriam também, vg., as situações de consumo por um trabalhador em exercício de funções específicas que implicassem a condenação desse consumo, como acontece nas designadas empresas de tendência.

[41] São os casos do contrato de trabalho do praticante desportivo que prevê um dever legal de preparação para a prestação de trabalho no art. 13.º/c/d da Lei 28/98, de 26/6. São também os casos dos testes de alcoólemia e de consumo de estupefacientes previamente autorizados em contrato de trabalho e no respeito pela lei (arts. 17.º a 19.º do Código do Trabalho), nomeadamente nos casos de condução de máquinas.

Toxicodependência, Justa Causa e Direitos de Personalidade 89

desvantagem apontada em primeiro lugar.[42] Por último, porque afastam a relevância da toxicodependência enquanto tal, focando os efeitos do comportamento na violação do referido dever laboral específico praticada apenas por um consumo pontual.

3.3) Conduta sem consequências ou reflexos visíveis

É ainda possível detectar no contexto extra-laboral a ocorrência de consequências específicas dos actos privados de consumo do trabalhador que possam por terceiros ser reconhecidas ou presenciadas. São os casos em que o trabalhador, mesmo fora do tempo e local de trabalho, ultrapassa a sua esfera privada e actua em meios públicos, ofendendo deveres laborais variados.[43]

Estas consequências poderão ainda acontecer já nos limiares ou mesmo fora deste contexto extra-laboral, aproximando-se da concreta relação laboral e integrando-a realmente. Referimo-nos aos casos de apresentação ao serviço em estado de embriaguez e dos resultados desse estado na prestação da actividade e na relação com colegas e superiores.[44]

---

[42] Neste sentido, referindo que é a violação destas regras que produz o ilícito, Amadeu Dias, cit., 96.

[43] São os exemplos já julgados do piloto de aviação civil que, horas antes do voo, permanece num bar a ingerir bebidas alcoólicas, provocando depois escândalo no hotel, em vez de repousar, afectando a imagem da empresa e arriscando valores patrimoniais elevados e a vida de centenas de passageiros (AC. STJ, 11/5794, BMJ, 437, 335; Ac. STJ, 7/12/94, CJSTJ, 1994, III, 303). Podem ser, nomeadamente e em locais públicos como bares, cafés, discotecas, jardins, as situações de efectivo consumo de drogas ou de actuação sob os efeitos perversos desse consumo, sempre com prejuízos para a imagem da empresa, do trabalhador e dos colegas.

[44] Os efeitos do consumo são transportados para a relação laboral e o trabalhador toxicodependente pode praticar vários comportamentos sob o efeito da dependência e em violação contratual: ausenta-se ao trabalho; apresenta-se com lapsos notórios de higiene e de boa apresentação, cheirando mal, vestindo roupa suja, não se penteando, não fazendo a barba, não tomando banho; executa mal a sua actividade, desconcentrando-se, esquecendo-se de dados fundamentais, não apresentando a precisão física necessária; irrita-se facilmente e reage com brusquidão, injuriando ou faltando ao respeito perante colegas e superiores hierárquicos; entra repentinamente em estados depressivos e assume estados emocionais constrangedores em público; não resiste à tentação de desviar coisas e

A hipótese a considerar infra não abrange esses casos na medida em que pressupõe sempre uma situação pura de toxicodependência em que não existiu qualquer sintoma, qualquer efeito ou consequência concretas ocorrida no interior ou no exterior das linhas do tempo e do local de trabalho, passíveis de serem presenciada por alguém sem violação da esfera íntima do trabalhador. Não existem testemunhos do consumo ou da actuação do trabalhador sobre esse efeito, nem em contexto extra-laboral público, nem no seio da relação laboral activa. O trabalhador é toxicodependente, mas continua a apresentar boa imagem, a manter boa relação com colegas e superiores, a executar diligentemente as suas tarefas, a comportar-se devidamente em público e nunca ninguém pode comprovar que ele efectivamente consome – e quem o pode fazer só o consegue ferindo a vida privada do trabalhador.[45]

A restrição é por nós preferida porque em ambas as situações referidas, o consumo como acto autónomo nunca poderá ser considerado exclusivamente como causa justa para despedir, porque serão sempre as consequências desses consumos ocorridas na relação laboral que determinarão os efeitos disciplinares. São estes os actos ilícitos praticados pelo trabalhador, independentemente da sua origem ser privada. O empregador não procura saber ou provar a razão da sua prática, mas apenas o cometimento da falta disciplinar. Não necessita de demonstrar uma situação de consumo abusivo de estupefacientes porque a prova assentará apenas no acto que, embora potencialmente provocado por aquele consumo, violou directamente deveres laborais concretos.

---

dinheiro de colegas e da empresa a que tem acesso em exercício de funções; não consegue cumprir em tempo compromissos em locais e sobretudo horas precisas.

[45] São os casos do colega, do amigo ou do familiar que, partilhando justificadamente da privacidade do trabalhador durante algum tempo (porque, nomeadamente, com este habita ou convive diariamente ocupando os mesmos espaços íntimos), descobrem que este é toxicodependente porque assistiram efectivamente a um consumo com as características exigidas pela noção de toxicodependência adoptada. Como o acesso a essa informação foi efectuado através da integração na esfera privada do trabalhador por este conhecida e consentida, esse acesso é válido, mas a utilização e divulgação dessa informação licitamente obtida é inválida ou ilegítima, nos termos gerais do Código Civil e da Lei sobre Protecção de Dados Pessoais (aplicando-se o Código do Trabalho e o regime dos direitos de personalidade aí previsto, tratando-se de um colega de trabalho e nessa qualidade). Se essas pessoas transmitem essa informação ao empregador, violam a lei e essa informação não pode ser posteriormente utilizada para qualquer efeito ou utilidade, incluindo a disciplinar.

4) Resumo da hipótese prática de consumo, a considerar

O caso de toxicodependência a ter presente nas conclusões infra pressupõe um empregador que descobre que um seu trabalhador é consumidor habitual e em abuso de drogas duras, fora do tempo e do local de trabalho. Esse consumo ainda não provocou qualquer consequência na relação laboral porque o trabalhador sempre se controlou e evitou violações contratuais. E também nunca foi revelado na vida pública extra--contratual deste porque o trabalhador conseguiu até à data manter na sua esfera privada a prática e os efeitos ou consequências notórias do consumo.

Não obstante, o empregador já não confia no seu trabalhador porque tem conhecimento de todo o circunstancialismo social e emocional que normalmente envolve as situações de toxicodependência, e da sua perigosa proximidade com marginalizações e deliquências criminosas por força da constante e crescente necessidade de grandes somas em dinheiro imprescindíveis à aquisição da droga em quantidades cada vez maiores. O empregador tem medo de que a todo o momento o trabalhador possa sucumbir a essa pressão e as essas necessidades e, visando a obtenção dos rendimentos essenciais à manutenção do seu vício, violar importantes deveres laborais, de natureza patrimonial e não patrimonial, provocando directamente sérios prejuízos para a empresa e para as pessoas que nesta trabalham, incluindo o próprio consumidor.

O facto de o trabalhador ter conseguido controlar o seu vício ao longo de vários anos, e de este apenas dominar por enquanto a sua vida particular mas não se sobrepor aos valores consagrados no contrato de trabalho, não reduz as preocupações do empregador que se sente ameaçado porque a natureza humana e os estudos médicos e estatísticos apontam no sentido de a capacidade de controlo do vício diminuir com o passar do tempo a ponto de tornar previsivelmente eminente potenciais violações contratuais. Como nessa eventualidade, considerando as funções exercidas pelo trabalhador e o modo de este desenvolver a sua actividade, os valores laborais em risco são muito importantes e muito graves as possíveis consequências ou prejuízos para todos que actuam nesse universo empresarial, o empregador não fica tranquilo com o passado regular cumprimento contratual do trabalhador. A dúvida sobre o futuro bom cumprimento do contrato surge porque o empregador deixou de confiar no trabalhador, já não tem a certeza, como tinha antes de

92   *IX Congresso Nacional de Direito do Trabalho*

saber da toxicodependência, se o trabalhador irá cumprir bem. A partir do momento em que o empregador sabe que o seu trabalhador é um consumidor viciado em drogas duras há já algum tempo, nasce automaticamente no seu espírito um perigo constante de incumprimento contratual por parte do trabalhador. Um perigo objectivo, sério, imediato e prático.

Como o próprio trabalhador, que obviamente não desconhece o seu vício e os respectivos riscos, terá sempre necessária consciência desse perigo e dos potenciais e graves prejuízos, existe sempre a possibilidade de esses comportamentos lhe serem imputáveis a título de culpa. O empregador pretenderá então acautelar os seus interesses através do exercício do poder disciplinar, no pressuposto de que o trabalhador é responsável pelo perigo de lesão do contrato de trabalho.

Estas hipóteses consideradas constituem em nosso entender o objecto mais útil à nossa análise porquanto, não obstante a sua maior raridade, integram-se nas situações mais neutras a outras ilicitudes laborais acessórias. Com efeito, em todas as outras perspectivas, existe sempre uma via lateral de detectar a forma como o direito do trabalho regula essa situação, integrando-a no seu campo de actuação, nomeadamente disciplinar, e fazendo actuar a violação de deveres laborais específicos.

A hipótese considerada é depurada de todos esses contactos perigosos e coloca a situação da pura toxicodependência como causa exclusiva da potencial afectação fatal da relação laboral.[46]

---

[46] Apesar de defensável, entendemos que não procede a argumentação que concluiu que a situação de pura toxicodependência como a colocamos não interessa verdadeiramente à luz da noção legal de justa causa de despedimento porque consubstancia um verdadeiro acto da vida privada do trabalhador que, por isso, não interessa à relação laboral, é protegido pelo direito do trabalho e nunca poderia integrar qualquer tipo de legítima razão para despedir. Em boa verdade, a toxicodependência enquanto acto privado do trabalhador funciona exactamente como modelo das situações que, embora integrantes da vida privada do trabalhador, podem constituir justa causa de despedimento através da ideia de quebra de confiança e do perigo de lesão do contrato – como explicaremos no ponto seguinte.

II) TOXICODEPENDÊNCIA E JUSTA CAUSA

1) A toxicodependência como concretização do conceito de justa causa de despedimento

Se não existissem limites legais ao modo de acesso à informação sobre a toxicodependência, de facto poder-se-ia apenas centrar a discussão da sua valia em termos de concretização do conceito legal de justa causa, demonstrada que pudesse ser a sua prática em relação ao designado trabalhador. Em rigor, abstraindo as questões probatórias de acesso a essa informação e encarando apenas o problema na fase da valoração jurídica dos factos já licitamente considerados assentes em sede de processo disciplinar válido e em curso, é claramente pertinente a análise da toxicodependência à luz do conceito de justa causa de despedimento. Ademais, sempre à cautela se admitem hipóteses concretas em que essa prova foi possível, ainda que de forma irregular, nomeadamente quando esta irregularidade não for reclamada, nem em última instância. Daí que surja como útil a abordagem do modo como entendemos que o consumo abusivo de drogas duras pode preencher o conceito legal de justa causa. Só assim se compreende o alcance da conclusão sobre os efeitos do regime laboral dos direitos de personalidade nesta qualificação: a não existir aquele regime, a questão resumia-se na prática a esta qualificação, mas esta seria possível.

Este caso não mereceu ainda o tratamento da jurisprudência que apenas decidiu situações de alcoolismo com consequências e alguns casos de tráfico de droga. No entanto, este tema tem funcionado em jeito de campo de ensaio do funcionamento da ideia de quebra de confiança como vector de concretização do conceito de justa causa.[47]

---

[47] Sobre o conceito legal de justa causa e vectores de concretização que seguimos, cfr. o nosso *Concretização do conceito de justa causa de despedimento no sector bancário: análise da jurisprudência publicada,* cit., 89-94, bem como a bibliografia e a jurisprudência aí citados. Em especial sobre o tema geral vida privada e justa causa de despedimento, cfr., vg., ROMANO MARTINEZ, cit., 960-962; e *A justa causa de despedimento,* I Congresso Nacional de Direito do Trabalho, Memórias, Almedina Ed., Coimbra, 1998, 171-180; e *Incumprimento contratual e justa causa de despedimento,* EIDT, vol. II, Almedina Ed., Coimbra, 2001, 93-118; e outros, *Código do Trabalho Anotado,* Almedina Ed., Coimbra, 2005, anotações ao art. 396.º; MACHADO DRAY, cit;

2) O preenchimento dos elementos do conceito indeterminado justa causa

A qualificação da toxicodependência como justa causa de despedimento só pode ser feita através da aplicação dos conceitos legais constantes da cláusula geral prevista no art. 396.º, n.º 1, que dispõe: "*o comportamento do trabalhador que, pela sua gravidade e consequências, torne imediata e praticamente impossível a subsistência da relação de trabalho*". Como a toxicodependência não consta do elenco dos exemplos legais de concretização daquela cláusula geral, previsto nas várias alíneas do n.º 3 do mesmo preceito, a sua concretização obedecerá apenas também aos factores que, de forma meramente exemplificativa, são descritos no n.º 2 do art. 396.º: "*Para apreciação da justa causa, deve atender-se, no quadro de gestão da empresa, ao grau de lesão dos interesses o empregador, ao carácter das relações entre as partes ou entre o trabalhador e os seus companheiros e às demais circunstâncias que no caso se mostrem relevantes*".[48] É unânime na doutrina e juris-

---

MENEZES CORDEIRO, *Justas causas de despedimento*, EIDT, vol. II, Almedina Ed., Coimbra, 2001, 7-14; MONTEIRO FERNANDES, *Direito do Trabalho*, 12ª ed., Almedina Ed., Coimbra, 2004, 533-603; PALMA RAMALHO, *Contrato de trabalho e direitos fundamentais da pessoa*, Estudos de Direito do Trabalho, Almedina Ed., Coimbra, 157-178; LOBO XAVIER, *Curso de Direito do* Trabalho, Verbo Ed., Lisboa, 1992, 478-533; e *Da justa causa de despedimento no contrato de trabalho*, BFDC, supl. XIV, Coimbra, 1996; MENEZES LEITÃO, *Código do Trabalho anotado*, 2ª ed., Coimbra, 2004, anotações ao art. 396.º; LEAL AMADO, *Pornografia, informática e despedimento*, QL, I, 1994, n.º 2, 109-116; MOTA VEIGA, *Lições de Direito do* Trabalho, Lisboa, 2000, 511-512; MEIRA LOURENÇO, *A relevância dos comportamentos da vida privada do trabalhador para efeitos de preenchimento do conceito de justa causa de despedimento*, RJAAFDL, n.º 24, 2001, 504 ss; ANTÓNIO MESQUITA, *Despedimento. Justa causa. Infracção disciplinar. Comportamentos da vida privada do trabalhador*, TJ, n.º 19, 1986, 8-10; JOANA VASCONCELOS, *O conceito de justa causa de despedimento. Evolução legislativa e situação actual*, EIDT, vol. II, Almedina Ed., Coimbra, 2001, 15-34; e *Concretização o conceito de justa causa*, EIDT, vol. III, Almedina Ed., Coimbra, 2002, 207-223; e a nossa *A quebra de confiança como critério de concretização da justa causa de despedimento*.

[48] Pelo contrário, o art. 54.º/2/f) do Estatuto de los Trabajadores prevê como expressa causa de despedimento e de incumprimento contratual, "La embriaguez habitual ou toxicomanía se repercuten negativament en el trabajo". Para ambos os vícios a lei espanhola exige, pois, a verificação de dois elementos cumulativos: a habitualidade e a repercussão negativa no trabalho. VICENTE PACHÉS, *El derecho del trabajador al respeto de su intimidad*, CEC Ed., Madrid, 1998, 350-353, escreve que a lei exige duas

Toxicodependência, Justa Causa e Direitos de Personalidade

prudência portuguesas[49] o entendimento de que a ausência de integração de um comportamento no elenco do n.º 3 do art. 396.º, nem afasta a aplicação da noção de justa causa, nem o presume automaticamente, pelo que é inócua a não previsão legal da toxicodependência.[50]

---

condições: habitualidade e repercussão negativa no trabalho, e que a gravidade e a culpa da conduta do trabalhador se medem exclusivamente por estas notas. N. CISCART BEÀ, *El despido por embriagez y toxicomanía*, cit., 48-49 defende que a introdução do requisito "repercusión negatiuva" só em 1986 surgiu como garante do direito do trabalhador à sua intimidade e vida privada. A jurisprudência espanhola, por seu turno, tem acrescentado algumas especificações: a minimização da exigência legal da habitualidade nos casos em que o trabalhador é condutor de veículos ou desenvolve actividades que implicam um elevado risco de danos; um critério que faz depender a gravidade nomeadamente do tipo de funções exercidas ou na magnitude do dano provocado; a fundamentação das situações de não habitualidade na grave transgressão da boa fé contratual; o comportamento transgressor que supõe um desprestígio para a empresa constituinte de uma repercussão negativa. Cfr. N. CISCART BEÀ, cit., 40-45; GONZALO DIÉGUEZ E JAIME CABEZA, *Derecho del Trabajo*, 2.º ed., Marcial Pons Ed., Madrid, 2003, 227-228; MANGLANO, VALDÉS, ÁLVAREZ e DIÁZ-CANEJA, *Manual de Derecho del Trabajo*, McGrawHill, Madrid, 2000, 298-299; MONTOYA MELGAR, *Derecho del Trabajo*, 16.º ed., Tecnos Ed., Madrid, 1995, 467; ALONSO OLEA e CASAS BAAMONDE, *Derecho del Trabajo*, 14ª ed., UMFD, Madrid, 1975, 414-415.

[49] Por todos, ROMANO MARTINEZ, *Direito do Trabalho*, cit., 962-965.

[50] Por esse motivo há quem na doutrina espanhola duvide da adequação social e da utilidade jurídica da previsão da toxicomania e da embriaguez habitual como exemplos legais de causa de despedimento. Vg., N. CISCART BEÀ, cit., 51, escreve que a repercussão negativa a que se refere o legislador como consequências da toxicomania no trabalho, significa a ocorrência de ausências, de faltas de pontualidade, de agressões físicas, da transgressão da boa fé contratual – infracções já previstas como exemplos de causa para despedir no art. 54.º/2/a-e). Como para esta autora fica por explicar a razão pela qual o legislador referiu expressa, mas inutilmente, a origem da infracção, a toxicodependência, a mesma autora, após concluir que se esta tiver consequências positivas não representa uma violação contratual, a 52, entende que a diferença reside apenas em que aquelas são razões de direito e que a toxicomania funciona como a razão de facto, a 55-57. Na realidade, N. CISCART BEÀ, cit., 50, 53, defende que o trabalhador não tem a obrigação de actuar na sua vida privada de forma a que a sua capacidade e aptidão permaneçam inalteradas ou que o prestígio da empresa não seja ofendido, sob o risco da sua escravidão ao cumprimento da prestação laboral – pelo que o estado de drogado, sem mais, não pode sustentar a presunção de repercurssões negativas no trabalho, talvez apenas a probabilidade. Em sentido contrário, PALOMEQUE LÓPEZ e ÁLVAREZ DE LA ROSA, *Derecho del Trabajo*, 5ª ed., Cera Ed., Madrid, 1997, 958-959, bem como alguma jurisprudência. Entendemos pela nossa parte que, a supor que a previsão da toxicomania na lei espanhola vise exactamente a consideração do vício depurado das suas autónomas consequências concretas, como o pressupomos nós neste ensaio, não procede o raciocínio *a contrario sensu* aplicável ao nosso art. 396.º, n.º 1. A forma segura como se tem entendido entre nós que

De qualquer modo, permanece a ideia geral de que as condutas do trabalhador que integrem a sua esfera privada não constituem, em regra, uma violação do trabalho de trabalho, exceptuando os casos em que esses actos provocam graves consequências na relação de trabalho imputáveis ao trabalhador a título de culpa.[51]

2.1) Como acto voluntário

A lei exige que o acto do trabalhador seja determinado pela sua vontade, em acção ou omissão, afastando as situações típicas de coacção física. Por muito que a vontade do trabalhador toxicodependente esteja deturpada pela necessidade de consumir, a acção da absorção da droga continua a ser suficientemente voluntária para ser humana.[52] Uma polí-

---

o elenco do art. 396.º, n.º 3, é manifestamente exemplificativo, afasta qualquer consequência negativa ou de desqualificação das situações aí não previstas. Assim, o facto de a lei portuguesa, ao contrário da espanhola, não ter previsto expressamente a situação da toxicodependência como um exemplo legal de concretização de justa causa de despedimento, não significa que não a admita enquanto tal ao abrigo do n.º 1, mas apenas que não a entende como causa frequente ou muito provável na execução da maioria dos vínculos laborais.

[51] Como alerta MACHADO DRAY, cit., 70, o juízo de censura neste caso deve ser de tal forma grave que justifique a compressão do direito à reserva da intimidade da vida privada. Para este autor, as consequências relevantes dos actos da vida privada na relação de trabalho podem afectar o bom nome ou honorabilidade da empresa, a relação de confiança entre as partes, e o serviço ou ambiente de trabalho, causando a violação do princípio da mútua colaboração, do dever geral de lealdade ou do dever de urbanidade e respeito. Daí o facto de o mesmo autor, a 79, entender o consumo e ingestão de substâncias psicótrópicas como justa causa, desde que este se reflita na prestação laboral "de forma efectiva ou potencial" a ponto de ofender os deveres indicados. PALMA RAMALHO, cit., 176-177, indica alguns casos em que as condutas extra-laborais do trabalhador podem ter repercussões relevantes no contrato de trabalho, fazendo prevalecer os interesses da organização sobre os da vida privada do trabalhador: podem impedir a prestação da actividade (caso da operadora de radiologia grávida); impede a execução do contrato em condições de segurança (caso do médico odontologista seropositivo); pode afectar a confiança investida no trabalhador (caso do furto praticado pelo caixa e da condenação do professor por pedofilia).

[52] PIZARRO DE ALMEIDA, *Toxicodependência e inimputabilidade,* Problemas Jurídicos da Droga e da Toxicodependência, vol. II, RFDUL, Coimbra Ed., Coimbra, 2004, 109-134, 124-135, recorda que durante muito tempo e em relação aos crimes praticados sob o efeito da toxicodependência, o STJ manteve a posição de que esta impunha mais

Toxicodependência, Justa Causa e Direitos de Personalidade 97

tica legislativa que trate a problemática da toxicodependência sobretudo como uma doença e não como um crime, não passa necessariamente por esquecer este carácter humano e volitivo da acção inicial que conduz ao vício, mas apenas por entender mais adequados e imperativos outros valores, como o da saúde dos trabalhadores ou o da sua intimidade.[53]

2.2) Como acto ilícito

Exigindo a lei um acto necessariamente ilícito porque culposo, destacamos que o consumo de estupefacientes encontra-se actualmente previsto como ilícito contra-ordenacional, pela Lei 30/2000, de 29/11.

---

uma agravação do que uma atenuação da pena, até que recentemente passou a considerar essa orientação parece em declínio e que se desenha uma tendência no sentido de que a toxicodependência, não afastando o ilícito, dever ser valorada como atenuante, em termos de medida concreta da pena, sem excluir casos de inimputabilidade, gerados pelas crises de sindroma de abstinência. Mas, como releva a autora a 126, a expressão "imputabilidade diminuída" é incorrecta porque a avaliação da imputabilidade não admite gradações, só a censura pode ser reduzida pelos circunstancialismos.

[53] Em sentido oposto, na lei espanhola, N. Ciscart Beà, cit., 59-90, defende que a multiplicidade de factores que participam do processo de consumo de substâncias tóxicas, afectam o elemento volitivo na imputabilidade do consumo ao trabalhador e que o entendimento contrário descuida a protecção da saúde psíquica e física do trabalhador, valores constitucionalmente protegidos. A doutrina espanhola em geral conclui que, apesar da toxicodependência ser uma enfermidade, o legislador laboral considera-a justa causa para despedir porque a admite enquanto imputável ao trabalhador. García Ortega, Ramírez Martínez e Sala Franco, *Curso de Derecho del Trabajo*, Tirant lo Blanch Ed., Valencia, 1996, 493. Por isso N. Ciscart Beà, cit., 60, 36, questiona a razão pela qual outras doenças provocadas por acções censuráveis do doente (como uma afecção pulmonar provocada pelo consumo do tabaco, ou uma úlcera originada por uma alimentação desequilibrada) não serão dessa forma também consideradas justas causas para despedir. Respondemos nós adiantando que o consumo de drogas padece de uma ilicitude, ainda que em Portugal de natureza meramente contra-ordenacional – o que o distingue dos outros comportamentos geradores de patologias ou doenças. Alfredo Montoya Melgar, *Derecho del Trabajo*, 27.º ED., Tecnos Ed., Madrid, 2006, 471, realça a diferença entre a embriaguez como vício e o alcoolismo como enfermidade, utilizada anteriormente pela jurisprudência espanhola, mas hoje completamente ultrapassada pelo entendimento da imputabilidade de ambas ao trabalhador, adiantando que até mesmo situações esporádicas de embriaguez ou toxicomania podem ser causas de despedimento quando se repercutem gravemente sobre o trabalho (dando o exemplo de um motorista de um meio de transporte).

Assim sendo, o trabalhador ao consumir está continuamente a praticar um ilícito, embora apenas inicialmente de índole contra-ordenacional e não penal.[54]

Esta ilicitude não determina a ilicitude laboral, naturalmente, mas pode ser determinante na busca e justificação da violação laboral concreta, na medida em que podem estar em causa as mesmas preocupações. O facto de outros ordenamentos, diferentes do laboral, preverem a situação como ofensiva dos seus valores específicos, indicia a existência de potencial violação de bens laborais, podendo actuar até em sede de ponderação da gravidade, depois de efectuada a necessária adequação e adaptação dos valores em causa e após a conclusão pela ofensa a valores laborais. O interesse público subjacente a esta ilicitude aponta para a ideia geral de punição pela colocação em estado de inimputabilidade e potencial afectação de pessoas e bens, o que também, por se compreender e acautelar no universo laboral, neste se admite como desconformidade legal.

Na realidade, a ilicitude laboral do consumo abusivo de estupefacientes, mesmo como o delimitámos na hipótese considerada, resultará das suas inevitáveis consequências na designada prestação de trabalho, que variam caso a caso, mas concretiza-se em geral na violação do dever, imposto a todos os trabalhadores, de abstenção da prática de actos, mesmo de índole privada, que obstem ou periguem, efectivamente e de forma grave, a prestação laboral contratada. Esta regra compreende-se

---

[54] Releva-se que nos termos da Lei 30/2000, a criminalidade é excluída em relação ao consumo e à posse para consumo, que se presume até 10 doses diárias. É certo que a ilicitude inicial criminal indiciaria um maior agravamento da consequente ilicitude laboral, mas a mera ilicitude contra-ordenacional já constitui uma agravante em sede disciplinar porquanto encerra uma desconformidade com o ordenamento jurídico vigente, ao contrário dos comportamentos não proibidos de forma alguma. Não obstante, é unânime a opinião doutrinária no sentido de considerar esta lei como um marco na inscrição da droga num espaço de saúde e de descriminalização e no enlevo legislativo da perspectiva do tratamento do toxicodependente. Neste sentido, CARLOS POIARES, *Quadro legislativo português sobre o consumo de drogas: perspectiva biopsicossociológica e abordagem juspsicológica,* Toxicomanias, Climepsi Ed., Lisboa, 2002, 335 ss, 338, adianta que a criação das comissões para a dissuasão da toxicodependência, criadas pelo DL 130-A/2001, de 23/4, reforçou a vertente psicológica da Lei 30/2000 que permite que o indivíduo se confronte com a situação e opte por um modo de vida mais saudável. Em *Variações sobre a droga,* Toxicodependências, vol. 7, n.º 2, 2001, 67-76, 74, o mesmo autor acrescenta que esta finalidade última de tratamento e de não exclusão, indicam que estas comissões deverão funcionar em um registo psicossocial e não jurídico nem criminal.

também à luz do dever de colaboração do trabalhador na obtenção de maior produtividade da empresa, previsto no art. 119.º, n.º 2, do Código do Trabalho,[55] mas nasce da figura da boa fé no cumprimento e execução do contrato de trabalho, constante do art. 119.º, n.º 1, que apela ao circunstancialismo específico de cada caso real e à ponderação de todos os interesses em presença, seguindo ditames de proporcionalidade e adequação.

A apresentação ao serviço de um trabalhador toxicodependente pode, por conseguinte, representar a violação destes deveres sempre que, atendendo às funções que exerce, às tarefas que lhe estão distribuídas, ao grau hierárquico do posto de trabalho que ocupa, ou a qualquer especial natureza da prestação, o trabalhador possa ser considerado responsável (na medida em que conhece o seu vício e as suas potenciais consequências na execução da relação laboral) por colocar em perigo efectivo e iminente o futuro bom cumprimento do contrato de trabalho e, em consequência, valores patrimoniais e não patrimoniais da empresas, dos colegas e dos superiores hierárquicos.[56]

Este risco assume gravidade suficiente, por exemplo, em funções especializadas e/ou com autonomia técnica, deontológica, artística; em tarefas que exigem especial destreza e/ou concentração física e/ou intelectual;[57] em categorias que implicam a guarda, o manuseamento, a utilização ou o acesso a dinheiro ou a bens valiosos; em regimes de isenção ou flexibilidade de horários e presenças físicas efectivas, nomeadamente com um alargado âmbito geográfico contratual; em relação a quadros de chefia, directivos ou de administração; no âmbito de sectores de actividade sensíveis aos valores em causa;[58] e em geral relativamente ao

---

[55] Todos os preceitos adiante referidos sem indicação do diploma legal em que se integram, consideram-se preceitos do Código do Trabalho.

[56] Admitindo, a propósito do alcoolismo, que este constitui um factor de risco de incumprimento contratual e que a justa causa pondera também meras consequências potenciais, AMADEU DIAS, cit., 121, entende que, por isso, devem ser adoptadas medidas cautelares e não disciplinares, salvos casos de maior gravidade provocada pelas consequências ou reiteração do comportamento.

[57] Como acontece com pilotos, motoristas, e em geral condutores de aeronaves ou de máquinas de peso ou de precisão; profissionais do desporto; médicos e enfermeiros; tesoureiros e caixas; advogados e consultores ou assessores pessoais.

[58] Como, por exemplo, o sector bancário no que respeita a valores pecuniários; ou o sector da saúde em geral, no que respeita ao valor vida e integridade das pessoas; ou o sector dos transportes, no que respeita a ambos simultaneamente.

exercício da actividade contratada ao abrigo de um forte investimento de confiança.

2.3) *Como acto culposo*

O consumo de droga constituirá um acto culposo em termos laborais, sempre que, nos casos em que detectámos uma ilicitude laboral, se identifique uma ligação psicológica relevante entre o agente e o facto praticado, susceptível de consubstanciar a formulação de um juízo de censurabilidade disciplinar. O trabalhador toxicodependente, tendo capacidade para avaliar a ilicitude do facto praticado e sendo livre de se autodeterminar de acordo com a avaliação feita, opta por agir contra o direito em geral e contra o direito do trabalho em particular, conformando-se com os riscos potenciais resultantes do seu comportamento de apresentação ao serviço e de execução do trabalho sob o efeito das drogas, para a relação laboral, para a empresa, para os colegas e para si.

Tem sido defendida a exclusão da culpa dos toxicodependentes na prática de crimes com base na sua alegada inimputabilidade determinada pelos efeitos físicos e psíquicos da absorção do abuso de droga pelo organismo no momento da prática do facto ilícito. No entanto, essa inimputabilidade não pode ser invocada porque legalmente esta só assenta na anomalia psíquica e na idade, mantendo-se a responsabilização desses autores.[59]

É um facto que os sintomas de privação da droga provocam um descontrolo que afecta a capacidade de o trabalhador se autodeterminar normalmente, o que fica reforçado pelas alterações de personalidade sofridas a longo prazo. Não obstante, ainda que em teoria a censurabilidade se possa por isso considerar diminuída, ela não se encontra afastada. Muito pelo contrário, ela pode considerar-se até agravada por força do grau de responsabilidade que caracteriza a categoria do trabalhador em questão e que reforça as exigências de bom cumprimento contratual.

---

[59] CURADO NEVES, *Toxicodependência e inimputabilidade penal*, Problemas Jurídicos da Droga e da Toxicodependência, vol. I, RFDUL, Coimbra Ed., Coimbra, 2003, 139, 145, que explica as várias fases do consumo e que conclui no sentido de apenas em situações em que a embriaguez assume proporções psicótica.

Toxicodependência, Justa Causa e Direitos de Personalidade

No ponto mediano da moldura possível dos graus de culpa inerentes ao facto praticado pelo trabalhador, a meio caminho entre a negligência e o dolo, são pesadas as diversas circunstâncias do caso *sub judice*, agravantes e atenuantes, que justificam o avanço no sentido da mínima culpa ou a aproximação a valores mais graves de censurabilidade.[60] Ponderando os dois vectores de sentido contrário e admitindo uma força equilibrada de ambos, é de concluir, na ausência de mais dados e perante a hipótese considerada, que em regra as funções típicas desta anulam por completo a desculpação provocada em geral pelos efeitos do consumo, na medida em que invertem o raciocínio e imputam ao trabalhador a directa responsabilização pelo próprio vício. O investimento de confiança feito pelo empregador em trabalhadores que ocupam certos cargos, justifica maiores exigências de responsabilização e torna injustificável a colocação do trabalhador em estado de alegada inimputabilidade. Assim sendo, na nossa hipótese, a culpa encontra-se em regra verificada em grau elevado, em jeito de dolo indirecto ou pelo menos eventual.[61]

2.4) A impossibilidade de subsistência da relação laboral como resultado do acto voluntário ilícito e culposo

A impossibilidade da subsistência da relação laboral provocada pelo consumo abusivo de drogas, não deixará de ser ponderada como resultante deste de forma imediata e de ser analisada numa perspectiva prática do contexto laboral em aquele se verificou, como exige o art. 396.º, n.º 2. A toxicodependência praticada em contextos como os já delimitados a propósito da hipótese supra descrita e da ilicitude e da

---

[60] Seguimos na ponderação da culpa e da ilicitude, uma perspectiva de direito penal, tal como já explicámos no nosso *Concretização do conceito de justa causa de despedimento no sector bancário: análise da jurisprudência publicada*, 102, nota 169, aderindo também à razão adiantada anteriormente por Palma Ramalho, *Os limites do poder disciplinar laboral*, Estudos de Direito do Trabalho, Almedina Ed., Coimbra, 2003, 179-193, 189: a essência punitiva do poder disciplinar que obriga a uma "ponderação da infracção, em termos relativos, à maneira penal".

[61] Na verdade, o trabalhador toxicodependente tem consciência dos riscos que corre e dos prejuízos que pode causa ao apresentar-se ao serviço e ao desenvolver a sua actividade sob o efeito do consumo abusivo de drogas. Não obstante, prossegue os seus intentos, pelo menos conformando-se com essa possibilidade.

102 IX Congresso Nacional de Direito do Trabalho

culpa, implica para qualquer empregador médio colocado na mesma situação do empregador em concreto, uma automática valoração extremamente negativa da conduta do trabalhador.

Para o primeiro esta é de tal modo grave que compreensivelmente altera por completo a situação que até aí sustentava e explicava a contratação, porquanto para o empregador foi como se tivesse ocorrido uma metamorfose da pessoa do trabalhador.[62] Após e por causa do consumo, aquele passou a ter características diferentes das pressupostas aquando da contratação e a estas diametralmente opostas. O *novo* trabalhador não só já não apresenta garantias de bom cumprimento contratual, como se transformou em uma ameaça para a boa execução do contrato. O seu comportamento de toxicodependência coloca-o em manifesta situação de risco de iminência de violação contratual na medida em que a qualquer momento as características físicas, psicológicas e de probidade que lhe são exigidas pelo exercício da profissão podem simplesmente desaparecer, pressionadas pelo poder de manutenção do vício, que passa a dominar também esse espaço da vida do trabalhador consumidor.

A manutenção da execução contratual pelo trabalhador apesar da toxicodependência, gera assim uma crise de confiança tão intensa no contrato que, à luz da boa fé e dos elementos essenciais do contrato de trabalho,[63] não se revela exigível ao empregador mantê-lo ao serviço, justificando-se a cessação contratual por sua exclusiva iniciativa. Efectuado um juízo de prognose sobre o futuro da manutenção da relação laboral após o conhecimento de que o trabalhador é toxicodependente, é

---

[62] Como refere SILVESTRE SOUSA, *Problemática da embriaguez e da toxicomania em sede de relação de trabalho*, RDES, ano XXIX, II, 1987, n.º 3, 399, a toxicodependência afecta as qualidades e inteligência do indivíduo, alterando inevitavelmente a sua personalidade e o seu carácter. CURADO NEVES, cit., 147, explica o fenómeno da alteração da personalidade e como este dificulta a motivação do indivíduo pelo imperativo de respeitar as normas jurídicas.

[63] Designadamente o "carácter *intuitus personae*", que constitui um elemento essencial não distintivo do tipo contrato de trabalho relativo à posição jurídica do trabalhador denominado. Para maiores desenvolvimentos, cfr. os nossos *Do tipo legal contrato de trabalho – Características, tipos e subtipos, elementos, critério, índices, métodos de aplicação e qualificação* (dissertação de mestrado apresentada em 2002 na Faculdade de Direito da Universidade de Lisboa, sob a orientação do Prof. Doutor Pedro Romano Martinez, em consulta na Biblioteca daquela faculdade); e *Algumas reflexões sobre o tipo, a propósito dos tipos legais contratuais*, Homenagem ao Prof. Doutor André Gonçalves Pereira, Coimbra Ed., Coimbra, 2006, 981-1007, 1004.

Toxicodependência, Justa Causa e Direitos de Personalidade 103

possível concluir-se como saturado o padrão normal de resistência psicológica do empregador, porque este ficou com o legítimo receio de que o trabalhador não mais venha a cumprir bem o contrato, tal como já supra desenvolvemos.[64] A confiança do empregador no trabalhador foi por este traída porque o trabalhador continuou a vir trabalhar consciente do perigo de lesão do contrato.

2.5) Relação de causalidade entre o acto voluntário ilícito e culposo e a impossibilidade de subsistência da relação laboral

A impossibilidade da manutenção da relação laboral tem que ter sido provocada pelo acto ilícito e culposo do consumo ilícito de drogas pelo trabalhador, à luz de uma causalidade adequada que, nos termos do art. 563.º do Código Civil, é típica, normal e previsível. Não existem dúvidas de que na nossa hipótese o consumo é, para o empregador, a causa exclusiva da impossibilidade de manter o vínculo, mas por outro lado não foi exactamente o consumo que provocou a impossibilidade mas o conhecimento deste por parte do empregador. Na realidade, o consumo não teve ainda consequências efectivas na relação como relevámos supra, provocando apenas a quebra de confiança. Esta ocorreu, contudo, na medida em que se verificou um perigo de lesão e não exactamente uma lesão efectiva como é habitual e havido como pressuposto das infracções disciplinares.

Deste modo, não há que aferir apenas da adequação da causalidade entre o consumo e a impossibilidade, mas também da adequação da causalidade entre o consumo, o perigo de lesão contratual, a quebra de confiança e a impossibilidade da manutenção do contrato. Em boa

---

[64] O empregador receia legitimamente que o trabalhador consumidor possa a qualquer momento violar vários deveres laborais fundamentais, sobretudo se estiverem presentes as especiais funções já acima relevadas: o dever de zelo e diligência, executando mal a prestação de modo a provocar prejuízos patrimoniais sérios para a empresa; o dever de assiduidade e de pontualidade, começando a chegar atrasado ou faltar em ocasiões importantes; o dever de urbanidade e respeito, injuriando superiores e colegas e gerando conflitos no ambiente de trabalho; o dever de obediência, violando ordens expressas; o dever de lealdade, vendendo informações sigilosas; quase todos os deveres, ao desviar dinheiro ou furtar bens, quer do empregador, quer de colegas, quer de clientes.

verdade, deve ser explicada toda a relação de sucessão que liga os quatro pontos do raciocínio do empregador: impõe-se demonstrar que no caso concreto o consumo constitui um perigo de lesão do contrato, que esse perigo determina a quebra da confiança investida, e que esta traição fundamenta aquela impossibilidade. Sendo certo que a jurisprudência tem defendido de forma quase unânime que a quebra de confiança justifica a justa causa de despedimento, cabe apenas ponderar mais cuidadosamente as outras ligações lógicas. Presentes as explicações que acima já fomos adiantando sobre o circunstancialismo em que o consumo abusivo de drogas duras se insere e tal como iremos de seguida desenvolver, pensamos que a toxicodependência na hipótese considerada representa um risco sério e imediato de futuro e grave incumprimento contratual e entendemos que este risco provoca no espírito do empregador uma compreensível quebra da confiança no trabalhador.[65]

Para tanto, importa ponderar a gravidade do comportamento e as consequências deste na relação de trabalho, como segue.

2.5.1) A gravidade como factor de determinação da causalidade

a) A gravidade do ilícito

Esta gravidade encontra-se levemente atenuada na medida em que a lesão dos deveres laborais ainda não se efectivou porque existe apenas o perigo de incumprimento.

Mas encontra-se suficientemente agravada pela importância e amplitude dos valores em risco e dos deveres em iminente violação, já que a toxicodependência arrisca a origem de todos os actos porque actua na pessoa autora dos comportamentos causadores dos danos e obriga à convivência com a marginalidade que facilita a adesão ao ilícito;[66] pela natureza fiduciária e de responsabilidade das funções exercidas, que implicam um dever mais consistente de adopção da conduta devida e de omissão das condutas desconformes; pelo sector de actividade onde se insere o contrato de trabalho, que pode exigir especial confiança ou envolver valores e riscos especialmente elevados; pela reiteração do comportamento e repetição diária do risco.

---

[65] Este risco justifica-se pelas razões que se adiantam a propósito dos factores de determinação da causalidade.

Toxicodependência, Justa Causa e Direitos de Personalidade 105

A gravidade encontra-se ainda intensificada pelo facto de o consumo de drogas implicar a prática de um ilícito contra-ordenacional, como já acima tínhamos focado e porque o trabalhador consumidor pode ser por isso punido em outra sede.

b) A gravidade da culpa

É certo que toxicodependência pode diminuir a capacidade de auto-determinação do indivíduo e a censurabilidade do acto do trabalhador continuar a apresentar-se ao serviço arriscando valores vários. Porém, como já concluímos supra, a culpa na nossa hipótese encontra-se em regra agravada pelo dolo eventual, porque o trabalhador admite a possibilidade da violação grave de deveres laborais com consequências graves e conforma-se com essa possibilidade. Acresce, ainda, como agravante, a facilidade com que o dever de o trabalhador se abster de consumir podia ser cumprido: o perigo poderia ser simplesmente evitado através da suspensão do contrato por baixa ou outro motivo válido relacionado com o consumo. Isso exigiria ao trabalhador apenas um comportamento de honestidade e transparência em aplicação do princípio da boa fé: contar a verdade ao empregador.[67]

---

[66] São bem conhecidas as consequências físicas, psicológicas e comportamentais da toxicodependência sobre o organismo do trabalhador, provocando afectações graves da capacidade profissional e do são convívio com colegas e clientes; a usual proximidade do toxicodependente a situações de deliquência e criminalidade, o que facilita a possibilidade de repetição de actos idênticos e a potencial afectação de valores pessoais relacionados com a honestidade e probidade; a necessidade constante e crescente de quantias sempre mais elevadas na tentativa de evitar ou atenuar o sindroma de abstinência, o que pressiona o trabalhador ao ilícito.

[67] Podem ainda actuar no caso em concreto e a propósito da gravidade em termos gerais, circunstâncias atenuantes ou agravantes relacionadas com o passado disciplinar, as motivações pessoais, as condições sociais e económicas do trabalhador, etc. Cfr. o nosso *Concretização do conceito de justa causa de despedimento no sector bancário: análise da jurisprudência publicada*, cit., 120-124.

2.5.2) As consequências como factor de determinação da causalidade

a) O perigo da ocorrência de danos concretos

Como relevámos acima a propósito da definição da hipótese a considerar no nosso ensaio, o trabalhador consumidor ainda não provocou a ocorrência de consequências concretas na relação ou fora desta em público. Inexistem, portanto, danos concretos e efectivos, patrimoniais e não patrimoniais, provocados sobre o vínculo laboral contratado, o que poderia arriscar a adequação da causalidade em análise. Todavia, verifica-se um fenómeno que se contrapõe a essa atenuação da causalidade e que, invertendo os sentido, a reforça pelo menos na mesma medida: a verificação de um perigo objectivo e sério desses danos concretos acontecerem de forma particularmente grave. Um perigo de lesão que entendemos dever ser acolhido pela ilicitude laboral.[68]

Os valores laborais fundamentais do contrato de trabalho, como sejam os que por força da quebra de confiança se violam e justificam o despedimento, encontram-se fortemente protegidos pela lei a ponto de esta recorrer a conceitos indeterminados e a cláusulas gerais na definição do critério da justa causa de despedimento. Essa segura protecção só faz sentido se implicar o afastamento e a cautela, não apenas em relação às lesões efectivas desses bens, como também dos actos que criem o perigo da efectivação do dano.

A tutela afirmada através do perigo estende-se, pois, à antecipação da violação e pressupõe a existência de um dever como aquele que a doutrina penalista designa "cuidado-de-perigo".[69] Neste sentido, sempre

---

[68] A ilicitude deste perigo parece ter sido já acolhida pelo direito disciplinar da função pública, atento o disposto no art. 24.º/1 do DL 24/84, de 16/1, que prevê a aplicação de uma pena de suspensão em caso de comparecimento ao serviço: "em estado de embriaguez ou sob o efeito de estupefacientes ou drogas equiparadas". No direito espanhol, MARTÍN VALVERDE, GUTIÉRRES e GARCÍA MURCIA, Derecho del Trabajo, 10ª ed., Tecnos Ed., Madrid 2001, 716, refere-se à criação de situações de risco ou perigo, deixando em aberto se estas necessitam de se ter já verificado em concreto.

[69] São conclusões e observações realizadas no âmbito de estudos de direito penal, mas que, pesando a tipicidade fechada que caracteriza este ordenamento jurídico em comparação com a cláusula geral que prevê a noção legal de justa causa de despedimento, podem ser transportado parcialmente para o direito do trabalho, utilizando raciocínios de

Toxicodependência, Justa Causa e Direitos de Personalidade 107

seria possível integrar o ilícito de colocação em perigo na figura da violação por negligência: o dever de cuidado aqui omitido já abrangeria também o dever de assegurar o afastamento das hipóteses de perigo, pelo que o perigo de lesão representaria uma violação directa por omissão. Temos então presente a ideia de perigo como um estado que permite prever como possível, num campo minado pela alternatividade, o desencadear de um dano ou violação para com um bem jurídico protegido pelo direito do trabalho, destacando-se dois elementos essenciais: a probabilidade de um acontecer e o carácter danoso desse acontecer.[70] Concretizando, a toxicodependência representa um perigo de violação contratual desde que exista uma probabilidade dessa ofensa se efectivar e se esta ofensa for suficientemente prejudicial e grave.

Não obstante na nossa hipótese ainda não ter a toxicodependência provocado danos concretos na relação, é elevado e muito provável o perigo da sua ocorrência, se bem repararmos nos efeitos que a dependência provoca no organismo humano e que se apontam de seguida. Acresce o notório agravamento destas consequências perante o exercício, por parte do trabalhador, de funções de confiança, em face da elevação do grau de responsabilidade, do aumento de poderes subdelegados ou do acesso e manuseamento de valores importante da empresa, patrimoniais ou não patrimoniais.[71]

---

maioria de razão. Cfr., vg., FARIA COSTA, *O perigo em Direito Penal*, Coimbra Ed., Coimbra, 1992, 363 ss, 472-473, 485 e FIGUEIREDO DIAS, *Para uma dogmática do direito penal secundário*, RLJ, 116-7, 1983-1985, 264.

[70] Neste sentido, a propósito do direito penal, cfr. FARIA COSTA, *O perigo em Direito Penal*, cit., 584.

[71] Referindo a ideia de perigo através da possibilidade de afectação da relação laboral, vd. Ac. STJ, 7/12/94, CJSTJ, II, III, 1994; e Ac. STJ, 31/10/86, BMJ, 360, 1986, 468, bem como as observações de MENEZES CORDEIRO, *O respeito pela esfera privada do trabalhador*, I Congresso Nacional de Direito do Trabalho, Memórias, Almedina Ed., Coimbra, 1998, 37. AMADEU GUERRA, *A privacidade no local de trabalho*, Almedina Ed., Coimbra, 2004, 264, também entende, perante a legitimidade ou ilegitimidade do empregador exigir ao trabalhador a realização de testes ao consumo de droga, que estes se justificam sempre que "perspectivem riscos" para o trabalhador ou terceiros. Já em 1988 LOBO XAVIER, *Prescrição da infracção disciplinar (art. 27.º, n.º 3, da LCT)*, RDES, Ano XXXII, n.ºs 1-4, 1990, 225-267, 238, escrevia que o conceito de justa causa abrangia todo "o facto capaz de perigar o fim do contrato ou de dificultar a obtenção desse fim; qualquer conduta que possa fazer desaparecer pressupostos, pessoais ou reais, essenciais ao desenvolvimento da relação.

Nestes casos, o risco surge porque a empresa pode perder milhões num negócio mal gerido ou mal negociado pelo trabalhador responsável, seja por causa de uma pontual incapacidade ou diminuição das capacidades exigidas, seja porque o trabalhador viciado sucumbiu finalmente à pressão de ganhar mais dinheiro para adquirir mais droga, não resistindo à tentação de desviar fundos da empresa. O empregador pode ver afectado gravemente o seu prestígio e a sua imagem caso o trabalhador não se consiga controlar em espaços público e permita que o seu vício seja conhecido por colegas e clientes, através do acto de consumir ou de actos praticados sob esse efeito. Esta situação também pode provocar um péssimo e conflituoso ambiente de trabalho, agravado em casos de furtos ou de ofensas, verbais ou físicas a colegas e superiores hierárquicos. Sempre que o trabalhador execute tarefas de precisão, de grande concentração ou de sérias exigências intelectuais ou físicas, como a condução de aviões, de navios, de barcos, e até de automóveis, está também em risco o bem jurídico fundamental da vida humana de colegas e clientes, além dos prejuízos materiais avultados que a empresa pode sofrer.

Como efeitos comuns da toxicodependência que justificam o perigo da lesão contratual, sublinhamos em primeira linha o valor das circunstâncias normalmente associadas ao consumo habitual de drogas ilícitas, como as actividades e os comportamentos menos lícitos, bem como os juízos sociais de censura e de reprovação que lhes estão associados. A toxicodependência consubstancia um fenómeno criminógeno, porquanto, em média: provoca alterações de *performance* ao nível das funções cognitivas e psicomotoras; retarda ou acelaramento da capacidade de desempenho; provoca falhas de atenção, de memória, em reacções motoras e na incapacidade de programar e de executar as respostas; do círculo de consumo e obtenção de meios financeiros visando a obtenção de substâncias, resulta a condução do toxicodependente para um modo de vida marginal.[72]

Por outro lado, as normais mas repentinas mudanças de personalidade que podem atingir o trabalhador em qualquer estádio da sua dependência, provocam uma alteração de posicionamento em relação à sociedade e aos seus valores, comparável a distúrbios de personalidade ou a psicopatias, tornando o trabalhador imprevisível e transformando-o numa

---

[72] Cfr., Curado Neves, cit., 135-150, 138, 147, sobre os efeitos que ora se descrevem e sublinham.

Toxicodependência, Justa Causa e Direitos de Personalidade

pessoa completamente diferente e até praticando valores opostos. O risco agrava-se pela possibilidade de ocorrerem síndromas de amotivacionalidade, que comportam estados de indiferença onde desaparecem os valores e os interesses pessoais, a capacidade de crítica e de julgamento, e qualquer referência a valores e a normas colectivas. Importam também os já referidos efeitos perniciosos sobre a saúde física e psíquica que se prolongam no tempo, como a diminuição de capacidades intelectuais e a atrofia cerebral; as perturbações psicológicas como alucinações ou paranóias; o envelhecimento precoce com manifestações de demência em casos agudos e prolongados.

Sobretudo, importa o facto de o consumo consistir num hábito caro para o qual são cada vez mais necessárias quantias importantes A habituação, a abstinência e a utilização compulsiva, de que resulta a necessidade de aquisição a todo o custo de mais quantidades da substância consumida, leva frequentemente à prática de crimes patrimoniais acompanhados de crimes contra as pessoas.

Sendo certo que o universo laboral representa o ponto de partida e de chegada dos efeitos da toxicodependência por força da sua essência conflitual multi e bipolar,[73] são já conhecidos os especiais efeitos do consumo abusivo na execução da relação de trabalho: o absentismo, a falta de zelo e diligência, os acidentes de trabalho;[74] a diminuição do limiar de atenção;[75] os atrasos e a falta de pontualidade; a redução das

---

[73] Conflito com uma grande multiplicidade de facetas porque são vários os núcleos problemáticos no local de trabalho, assumindo relevo o bipolar que opõe os interesses objectivos de lucro do empregador (que pedem mais produtividade por menor preço) aos interesses particulares, pessoais e familiares do trabalhador (que exigem menor trabalho, maior retribuição e mais disponibilidade). Existe uma diária competição entre as pessoas que constituem a organização, o que gera problemas de reacção negativa a comportamentos e a decisões dos superiores e dos colegas, muitas vezes mal ou não resolvidos pelos trabalhadores que não aguentam a pressão. É o novelo interrelacional do centro do trabalho: o relacionamento próximo de várias pessoas com interesses individuais diversos e muitas vezes opostos, num mesmo local onde se exerce uma actividade que, ao mesmo tempo, beneficia directamente uma grande variedade de clientes com quem se contacta e a quem se pretende agradar, mas visa promover o enriquecimento do empregador através do lucro que encontra na diminuição da retribuição uma das vias de aumentar. Por isso, como refere MEGÍAS VELENZUELA, cit., 61, o trabalho é um risco e por isso os trabalhadores consumem abusivamente.

[74] Como relata o *Health Promotion in the Workplace: alcohol and drugs abuse – Report of a WHO Expert Committee*, WHO Ed., Geneva, 1993, 5.

[75] P. ANGEL, cit., 289.

referências em temos de urbanidade e respeito para com os outros, verbal e comportamental; a perda do respeito pelos valores, nomeadamente de honestidade e lealdade; a violação de ignoradas expectativas, a falta de colaboração e solidariedade pela supremacia do egoísmo da exclusiva satisfação das necessidade relacionadas com o consumo.[76]

Sendo o perigo sério, objectivo, iminente, compreensível, e os valores em risco sempre importantes, de índole patrimonial e não patrimonial, existem na nossa hipótese condições mais do que suficientes para se considerar verificada uma adequada causalidade entre a toxicodependência e a impossibilidade da manutenção da relação laboral, designadamente através da ideia de quebra de confiança, que se analisa de seguida.

b) A quebra de confiança

O raciocínio pressuposto da aplicação desta expressão jurisprudencial, pressupõe uma série de considerações essenciais que se reportam em geral ao papel do elemento *confiança* no contrato de trabalho. Desde logo, a admissão de que a relação laboral é sempre, na posição jurídica do trabalhador, *intuitae personae*, e de que essa característica constitui um elemento essencial do tipo contrato de trabalho. Depois, a defesa de que o contrato de trabalho implica sempre um investimento de confiança, técnica mas também pessoal, no trabalhador aquando da sua contratação, bem como a consciência de que esse investimento essencializa e justifica o vínculo jurídico e domina o seu desenvolvimento. Em consequência, a constatação da negação da razão de ser do contrato sempre que a quebra dessa confiança for provocada por um comportamento do trabalhador, bem como a conclusão de que, não sendo o trabalhador responsável por essa quebra, não é mais exigível ao empregador manter um vínculo descaracterizado no essencial, à luz da boa fé.

É seguro que a ordem jurídica admite actividades perigosas porque a imprevisibilidade e a incerteza do devir caracterizam o mundo onde o homem actua, mas exactamente por esse motivo é que o comportamento

---

[76] Cfr. também o relatório *Management of alcohol and drugs related issues in the workplace*, cit., 19; WILLIAM HOUSHAM, cit., 268; JORGE NEGREIROS e JOSÉ MARQUES, cit., 19-22. Por isso COOK e SCHLENGER, *Prevention of substance abuse in the workplace: review of research on the delivery of services*, The Journal of primary Prevention, vol. 23, n.º 1, 2002, 115-138, focam a necessidade de proteger dos efeitos, não apenas o indivíduo, como também o ambiente de trabalho, mutuamente.

Toxicodependência, Justa Causa e Direitos de Personalidade 111

deste se deve compreender à luz de um princípio geral de confiança. No seio das inúmeras possibilidades de afectação que constantemente ameaçam os valores laborais através da integração dos seus agentes na sociedade e da perspectivação destes enquanto pessoas com defeitos e fraquezas,[77] bem como por via da perigosidade inerente ao exercício da função que exige o manuseamento de máquinas ou de certos bens, todas as pessoas membros de organizações produtivas confiam umas nas outras e no cuidado de prevenir riscos e de evitar danos.[78] Em especial, o empregador confia no trabalhador porque a perigosidade inerente ao desenvolvimento da actividade profissional obriga a que a contratação pressuponha tal investimento. O perigo geral exige a confiança no cumprimento pelo trabalhador dos necessários deveres de cuidado que visam evitá-lo, mas se o trabalhador coloca em perigo a prestação, viola esse dever de cuidado-de-perigo quebrando a confiança nele investida.

Este vector da confiança consubstancia na prática uma forma jurisprudencial de testar a verificação de um perigo capaz de afectar irremediavelmente a continuação do contrato. Demonstrada a existência de um perigo nos termos descritos no ponto anterior, a ponderação sobre se o mesmo determina uma quebra de confiança confirma o efeito irreversível da violação praticada e explica a fundamentação para despedir legitimamente. É sempre possível o perigo de lesão contratual surgir de uma forma menos intensa que não determina necessariamente a quebra da confiança depositada no trabalhador.

Portanto, em última análise, a expressão "quebra de confiança" significa a valorização do perigo de lesão contratual sentido pelo empre-

---

[77] PALMA RAMALHO, cit., 158, e *Da Autonomia Dogmática do Direito do Trabalho*, Almedina Ed., Coimbra, 2001, 753 e 764 ss, entende que a particular tutela dos direitos fundamentais no contrato de trabalho justifica-se exactamente por aquilo que designa como "envolvimento integral da personalidade do trabalhador no vínculo laboral", que decorre de três factores: grau de indeterminação da actividade laboral, a inseparabilidade da actividade laboral em relação à pessoa do trabalhador, e a componente organizacional do próprio contrato de trabalho. Também são estas as razões que justificam a eficácia directa dos direitos fundamentais no domínio laboral, sustentada por JOÃO ABRANTES, *Contrato de trabalho e direitos fundamentais,* II Congresso Nacional de Direito do Trabalho, Memórias, Almedina Ed., Coimbra, 1999, 105-114, 107. Por estes motivos, o direito à reserva da intimidade da vida privada do trabalhador sempre se imporia por aplicação do art. 26.º/1 da Constituição da República Portuguesa e do art. 80.º do Código Civil.

[78] Neste sentido, cfr. FARIA COSTA, *O perigo em Direito Penal*, cit., 488.

gador: o receio legítimo da futura violação, eminente e intensa, de deveres laborais fundamentais na actividade contratada.[79]

O empregador tem legítimas expectativas de que o trabalhador vá cumprir bem, confia porque acredita. Esta confiança varia de intensidade consoante a função desempenhada pelo trabalhador, crescendo com, vg., a especialização das funções, a responsabilização do cargo, o aumento de poderes subdelegados, a autonomia técnica e deontológica, a diminuição de poderes de controlo do empregador. As razões pelas quais o empregador entende que a confiança foi traída prendem-se com todas as circunstâncias que se relacionam e envolvem o fenómeno social e pessoal da toxicodependência e que já referimos no ponto anterior a propósito da explicação do perigo de lesão contratual.

A quebra de confiança funciona assim, como uma segunda consequência que explica a causalidade exigida pela lei e justifica que o consumo de droga seja causa adequada da impossibilidade da manutenção da relação laboral.

3) Conclusões

Resumidamente, pensamos que o trabalhador toxicodependente pode ser despedido legitimamente com justa causa, sempre que, cumulativamente: a) seja consumidor habitual de drogas duras ou ilícitas fortes, como os opiáceos e a cocaína; b) seja desse vício dependente, física e psicologicamente, com sintomas de privação graves, portanto com um consumo abusivo; c) exerça funções de confiança; d) se apresente ao serviço ou execute a prestação laboral consciente dessa toxicodependência e dos riscos que esta representa para si e para a empresa, e apesar disso.

Podem ser consideradas funções de confiança, nomeadamente, as seguintes: a) de responsabilidade, de chefia, de direcção, que exijam especiais capacidades intelectuais e de elevada concentração; b) com autonomia técnica ou deontológica ou artística, que exigem especiais capacidades físicas, intelectuais, criatividade, dedicação e concentração;

---

[79] Esta a nossa conclusão em *A quebra de confiança como critério de concretização da justa causa de despedimento,* cit.; e *Concretização do conceito de justa causa de despedimento no sector bancário: análise da jurisprudência publicada,* cit., 131-133.

Toxicodependência, Justa Causa e Direitos de Personalidade 113

c) que impliquem o relacionamento com o público e a representação da imagem do empregador perante terceiros, porque nestes casos os actos do trabalhador são normalmente associados directamente ao prestígio da empresa; d) que impliquem a condução de máquinas, porque esta exige especiais capacidades físicas, de concentração e destreza fina;[80] e) relacionadas com a prática desportiva, pois esta implica a manutenção de especiais capacidades físicas, como é o caso do regime do contrato do praticante desportivo; f) que impliquem o acesso, o manuseamento e/ou a utilização de valores pecuniários da empresa ou de terceiros, na medida em que são cargos que exigem uma incorruptível honestidade e onde já os tribunais têm entendido que a simples prática de crimes em contexto extra-contratual importa juízos válidos de censura laboral.[81]

III) TOXICODEPENDÊNCIA, JUSTA CAUSA E DIREITOS DE PERSONALIDADE

1) A impossibilidade de prova resultante do regime dos direitos de personalidade

O regime dos direitos de personalidade previsto no Código do Trabalho reduz o âmbito das finalidades lícitas de acesso e utilização de dados pessoais previstas no Código Civil e na Lei de Protecção de Dados Pessoais, especializando-as no universo laboral. Consciente de que a relação de trabalho nasce e desenvolve-se num espaço conflitual por natureza onde o trabalhador se defronta constantemente com ameaças à sua esfera privada e íntima, o Código preocupou-se em proteger esse campo pessoal o mais longe possível da possibilidade de ingerência do empregador, reduzindo a amplitude inicial do regime comum. Em consequência, ficou impossibilitada em termos práticos a prova da toxicode-

---

[80] Aviação: pilotos, controladores de tráfego, condutores de autocarros nas pistas, pessoal de manutenção; transporte rodoviário: condutores; transporte fluvial e comboios: maquinistas e controladores de tráfego.

[81] Como acontece no sector bancário da forma como desenvolvemos em *Concretização do conceito de justa causa de despedimento no sector bancário: análise da jurisprudência publicada*, cit..

pendência nos termos em que a definimos na hipótese considerada e, por conseguinte, a viabilidade processual da sua qualificação como justa causa de despedimento.

2) O acesso e a utilização de dados sobre toxicodependência

2.1) A toxicodependência como situação relativa ao estado de saúde

Por força do exposto e como já supra foi adiantado, a toxicodependência implica a competente ponderação de uma situação complexa que caracteriza um certo estado do indivíduo designado, para a qual se revelam imprescindíveis a realização de exames, de testes e de diagnósticos, sempre com conhecimentos e opiniões médicas.[82] Os efeitos laborais pertinentes do consumo abusivo de drogas, são os efeitos físicos, psicológicos e comportamentais de uma forma específica de absorção de determinada substância no organismo de um certo trabalhador. A específica análise do caso concreto visando a construção da prognose póstuma

---

[82] Neste sentido, defendendo que a despistagem, controlo e acompanhamento dos efeitos do consumo de drogas em meio laboral é da competência dos serviços de Medicina no Trabalho e não da prevenção de riscos profissionais, AMADEU DIAS, cit., 134. R. TAVARES, *Detecção de drogas ilícitas – recomendações para a detecção segura de drogas ilícitas na urina na comunidade europeia, com especial atenção ao local de trabalho (Dezembro 1996)*, Revista da Ordem dos Farmacêuticos, ano IV, 1997, n.º 17, 42-43, esclarece que os métodos mais usados na despistagem são os testes de urina, que permitem aferir se o trabalhador consumiu drogas em um período anterior à colheita da amostra. Como refere T. WHITE, *Drug testing at work: issues and perspectives,* Substance Use & Misuse, vol. 38, n.ºˢ 11-13, 2003, 1891-1902, esta é uma área onde os interesses da segurança colectiva não se podem sobrepor às liberdades civis individuais que os trabalhadores, apesar de inseridos em um local de trabalho, nunca perdem enquanto pessoas e cidadãos. PHILIPPE AUVERGNON, *Poder de dirección y respeto a la persona asalariada, El poder de dirección del empresario: nuevas perspectivas*, LA Ley Ed., 2005, 33-58, 42, 46-47, sublinhando que o local de trabalho é um lugar simbólico por excelência da intimidade da vida privada do trabalhador, informa que os tribunais espanhóis têm decidido que os testes de alcolémia não podem ser usados como norma geral mas apenas com uma fundamentação ligada à natureza do trabalho, nomeadamente em casos em que o estado de embriaguez seja de forma a expor as pessoas e os bens a um perigo incontrolado.

Toxicodependência, Justa Causa e Direitos de Personalidade 115

essencial à concretização da justa causa, não pode ser alcançada, nem de forma imediata, automática ou simples, nem por quem não tenha comprovados conhecimentos médicos, como o empregador.

Assim sendo, a toxicodependência não pode deixar de integrar a reserva da intimidade da vida privada do trabalhador prevista no art. 16.º, e dentro desta a sua esfera íntima e pessoal na estreita medida em que se considera, senão uma doença sem mais, um aspecto ou um conjunto de aspectos relacionados com o estado de saúde do trabalhador. A aplicação dos arts. 17.º e 19.º é portanto, incontornável.

2.2) A aplicação conjunta do Código do Trabalho e da Lei 67/98

a) A aplicação dos arts. 17.º, n.º 2, e 19.º, n.º 1, do Código do Trabalho

O n.º 2 do art. 17.º regula a legitimação do acesso do empregador a informação sobre a saúde do trabalhador, e o n.º 3 exige a intermediação de um médico na prestação das informações licitamente exigidas e prestadas. O n.º 4 do mesmo preceito atribui ao trabalhador que tenha prestado informações nos termos dos preceitos anteriores, o direito ao controlo dos respectivos dados pessoais, e o n.º 5 prevê a sujeição do tratamento desses dados pelo empregador à legislação em vigor sobre protecção de dados pessoais.

Por sua vez, o n.º 1 do art. 19.º, regula a legitimação da realização ou apresentação de estes ou exames médicos ao trabalhador, e o n.º 3 exige a intermediação de um médico responsável por esses actos e determina que este só pode comunicar ao empregador a aptidão ou inaptidão do trabalhador para o trabalho. Como naturalmente os resultados destes testes e exames médicos constituem informação sigilosa, também se lhes aplicam a legislação sobre protecção de dados, por remissão feita nos n.ºs 4 e 5 do art. 17.º.

Estes preceitos devem, contudo, ser entendidos e aplicados de forma conjunta e conjugada quando se trata da solicitação de informação sobre toxicodependência feita pelo empregador ao trabalhador. Com efeito, como a toxicodependência exige a realização de exames e testes médicos, dificilmente o seu diagnóstico pode ser obtido após uma simples consulta ou em poucas horas de mera observação, salvo se já existirem opiniões médicas recentes sobre o caso do trabalhador e estas sejam devidamente documentadas. Enquanto no primeiro caso a aplicação do art. 19.º conjugar-se-á sempre necessariamente com a do art. 17.º, nas situações referidas a seguir poder-se-á admitir apenas a aplicação do art. 17.º, sem prejuízo da opcional aplicação de ambos os preceitos para actualizar a informação e adaptá-la ao caso concreto dos efeitos laborais.

Portanto, repetimos, a conclusão sobre se o trabalhador é ou não toxicodependência é necessariamente um acto médico, cuja prova razoável em qualquer instância, disciplinar interna ou judicial, só pode ser efectuada através de um médico e de exames médicos.[83]

b) A aplicação directa da Lei n.º 67/98

A Lei 67/98, de 26/10, prevê o regime geral sobre protecção de dados pessoais e é aplicável, não apenas às informações e aos exames solicitados ao abrigo dos arts. 17.º e 19.º do Código do Trabalho, necessários à demonstração da toxicodependência, como a todo o processo de recolha e utilização dessas informações, entendidas como dados referentes à saúde do trabalhador.[84]

Com efeito, nos termos da al. a) do art. 3.º desta Lei 67/98, as informações sobre a saúde do trabalhador são consideradas "dados pessoais"; conforme dispõe o n.º 1 do art. 4.º, a Lei 67/98 aplica-se ao tratamento destes dados pessoais por meios não automatizados contidos em ficheiros manuais ou a estes dirigidos; e, de acordo com a al. b) do art. 3.º do mesmo diploma, a noção de "tratamento" abrange qualquer

---

[83] Concluindo que o empregador só pode realizar os exames necessários à detecção do consumo de droga exclusivamente através de médico e dos serviços de medicina no trabalho, AMADEU GUERRA, cit., 267; JORGE LEITE, *Direito do Trabalho e de Segurança Social*, Lições, Faculdade de Direito da Universidade de Coimbra, Coimbra, 1982, 289.

[84] Neste sentido, cfr. MENEZES LEITÃO, cit., 39-40. Este foi já o entendimento da Comissão Nacional de Protecção de Dados Pessoais, nomeadamente na autorização n.º 479/2003, onde foi legitimado, com algumas correcções, o controlo de consumo de drogas em meio laboral requerido pela Associação Industrial Portuguesa / Câmara Portuguesa de Comércio e Indústria no âmbito do designado "Programa Solidariedade", disponível em www.cnpd.pt. No mesmo sentido, referindo expressamente que o tratamento de dados relativos a gestão de processos de averiguação e disciplinares deve ser antecedido de uma autorização requerida à CNPD, AMADEU GUERRA, cit., 84 ss e 151 ss. SILVESTRE SOUSA, cit., 417, entende que o trabalhador deve ser acompanhado pelos SSHST.

Toxicodependência, Justa Causa e Direitos de Personalidade　　　117

operação sobre dados pessoais, incluindo, nomeadamente, a recolha, a utilização, a comunicação por transmissão ou qualquer outra forma de colocar à disposição. Portanto, para a Lei 67/98, tratamento de dados significa recolha e utilização, independentemente de o seu registo ser ou não automatizado. Como toda a informação necessária sobre a toxicodependência implica registo, ainda que manual,[85] a Lei 67/98 aplica-se a toda a utilização que o empregador pretenda fazer das informações sobre toxicodependência, ainda que o acesso possa ter sido válido à luz dos arts. 17.º e 19.º do Código do Trabalho.

À informação sobre toxicodependência aplica-se ainda o regime especial previsto no art. 7.º da Lei 67/98, com a epígrafe "Tratamento de dados sensíveis", porque aquela informação se reporta à saúde do trabalhador, afastando-se o regime geral das "Condições de legitimidade do tratamento de dados", mais flexível, previsto no art. 6.º.

Conjugando a Lei 67/98 com o Código do Trabalho, entendemos que este limitou para os trabalhadores subordinados as condições gerais em que podem ser legitimamente tratados os dados relativos à saúde dos cidadãos, porquanto, comparando o regime previsto no art. 7.º daquela lei com os arts. 17.º e 19.º, foi reduzido o espaço de actuação do empregador. Esta limitação ocorre por duas vias: uma directa, através da previsão imperativa dos dois fundamentos taxativos referidos nos arts. 17.º e 19.º;[86] e uma outra indirecta, através da imperativa intervenção necessária do médico, só prevista no art. 7.º, n.º 4, da Lei 67/98..

Ao contrário do art. 7.º da Lei 67/98, o Código exige sempre a presença da intermediação médica e de um de dois fundamentos determinados para o tratamento de dados sensíveis, não referidos expressamente naquele preceito. A remissão do Código para a lei geral, constante dos n.ºˢ 4 e 5 do art. 17.º, traduz a aplicação das restantes regras

---

[85] Designadamente para o processo disciplinar, o registo na nota de culpa e nos restantes documentos integrantes dos procedimentos consequentes e necessários legalmente.

[86] A justificação por "particulares exigências inerentes à natureza da actividade profissional" e o fornecimento "por escrito a respectiva fundamentação", no caso da prestação de informações relativas à saúde do trabalhador (art. 17.º/2). A finalidade de "protecção e segurança do trabalhador ou de terceiros" ou a justificação por "particulares exigências inerentes à actividade", e o fornecimento por escrito da respectiva fundamentação, no que se refere à realização ou apresentação de testes ou exames médicos", de qualquer natureza, para comprovação das condições físicas ou psíquicas (art. 19.º/1).

118   *IX Congresso Nacional de Direito do Trabalho*

previstas na Lei 67/98, que apenas acrescem a estas normas especiais, mas que as não podem substituir. Todavia, não acontece a situação inversa, isto é, não pode ser legítimo o tratamento de dados à luz do Código do Trabalho, se não estiverem preenchidos os requisitos previstos nos arts. 17.º e 19.º, ainda que estejam verificados os fundamentos da Lei 67/98. Este raciocínio decorre da lógica de especialidade ou da relação entre comum e especial: o especial contém todos os dados do comum, mas acrescenta alguns dados diferentes e são estes que, originais, desenham o motor da especialização e justificam a criação de um "modelo regulativo próprio".[87]

A questão é na prática pertinente porque o n.º 3 do art. 7.º da Lei 67/98, prevê outros fundamentos para o tratamento válido de dados relativos à saúde das pessoas em geral, como o constante da sua al. d) sobre "ser o tratamento necessário à declaração, exercício ou defesa de um direito em processo judicial e for efectuado exclusivamente com essa finalidade". Porque este fundamento não corresponde aos constantes dos arts. 17.º e 19.º e na medida em que os requisitos exigidos por estes últimos preceitos não estejam também preenchidos no caso concreto, a referida al. c) não pode ser invocada pelo empregador.

De qualquer modo e à cautela sempre se dirá que, mesmo considerando lícita a invocação pelo empregador dessa norma da Lei 67/98, nomeadamente relevando os efeitos disciplinares e a necessidade de prova judicial do despedimento como a única adequada ao exercício do poder disciplinar do empregador, nunca se poderia afastar a necessidade de intermediação do médico apenas prevista nos arts. 17.º e 19.º e não para o caso do art. 7.º, n.º 3, al. d), da Lei 67/98. Como por força dessa intermediação médica o empregador só pode saber da inaptidão do trabalhador e não do seu estado de saúde em concreto, mesmo que aquele a este possa fazer perguntas sobre toxicodependência, o empregador a final nunca pode ter a certeza desse facto ou a respectiva prova, necessariamente médica: a resposta só pode ser dada pelo médico e este não pode consistir na afirmação ou negação da toxicodependência. E mesmo que o empregador consiga essa informação por vias irregulares, nunca a

---

[87] Para ulteriores desenvolvimentos sobre contratos comuns e especiais em direito do trabalho e sobre tipos e subtipos, ligados por uma relação de comum especial, cfr. o nosso *Do Tipo Legal Contrato de Trabalho*, cit., vol. I, 110-149, vol. II, 283-297.

Toxicodependência, Justa Causa e Direitos de Personalidade 119

pode usar porque esse uso integra o protegido tratamento de dados sensíveis e como a lei não foi respeitada, qualquer utilização, nomeadamente probatória, é ilícita e de nenhum efeito.

3) O acesso válido à informação pelo empregador

Vamos ver quais os passos que o empregador deve seguir para conhecer legitimamente da situação do trabalhador relativa à sua toxicodependência, no Código do Trabalho e na Lei 67/98 sobre Protecção de Dados Pessoais.[88]

3.1) Pressupostos de facto

    a) Desconhecimento da situação, suspeitas ou conhecimento irregular

Partimos do pressuposto de que o empregador desconhece sempre que o trabalhador é toxicodependente. Na realidade, o empregador pode ter várias graus de conhecimento, mas nenhum implica o acesso válido à informação sobre a toxicodependência do trabalhador se a lei não for respeitada e se não se recorrer à opinião médica. Qualquer tipo de conhecimento que o empregador tenha sobre o assunto apenas fundamentará uma suspeita e uma eventual justificação para a apresentação dos pedidos apresentados nos termos dos arts. 17.º e 19.º, mas não uma prova válida desse facto.

O adequado conhecimento completo e médico dessa toxicodependência implica sempre uma ingerência na vida privada do trabalhador porque se trata de uma situação atinente à saúde deste. Para tanto, o

---

[88] Como lembra AMADEU GUERRA, cit., 146, a aplicação da Lei 67/98 impõe-se porque, nos termos dos arts. 7.º/2, 28.º/1/a) e 27.º/1 deste diploma, é à CNPD que cabe a apreciação da pertinência da matéria para efeitos da protecção de dados e salvaguarda da esfera privada do trabalhador, requerida pelo empregador ao abrigo do art. 17.º do Código. Desse modo, segundo o autor, evitam-se discriminações mesmo se indirectas e travam-se certas arbitrariedades. Um exemplo da utilidade da aplicação conjugada da Lei 67/98 reside no direito de oposição ao tratamento dos seus dados, que assiste ao trabalhador verificados os requisitos do art. 12.º/a) daquela Lei.

empregador terá que obedecer ao disposto nos arts. 17.º e 19.º. independentemente do tipo de procedimento onde pretenda utilizar essa informação. Se as respectivas provas forem obtidas através da violação das regras legais, serão sempre ilícitas porque a ilicitude dos meios transmite-se aos fins por estes obtidos. Procedendo em nosso entender a aplicação analógica do art. 32.º, n.º 8 da CRP, a ilicitude das provas utilizadas determina a declaração de ilicitude do despedimento que nelas se funda.

3.2) Informações ou testes e exames médicos: arts. 17.º e 19.º

Para que o empregador possa recorrer à prova lícita da toxicodependência, terá sempre que solicitar ao trabalhador, cumulativamente: a) as informações sobre o seu estado de saúde actual relacionadas com esse consumo abusivo, ao abrigo do art. 17.º, n.º 2; b) a apresentação ou a realização de testes e exames médicos, nos termos do art. 19.º, n.º 1, porque a prova da toxicodependência é um acto médico. Para tanto, necessita de respeitar requisitos legais.

3.3) Requisitos de validade previstos expressamente no Código do Trabalho

a) Redução a escrito do pedido

O pedido de informações e a solicitação de realização de exames e testes médicos tem que ser pelo empregador reduzido a escrito e comunicado ao trabalhador, nos termos dos arts. 17.º, n.º 2, e 19.º, n.º 1.

b) Redução a escrito da fundamentação legal do pedido

Nesse mesmo documento escrito, o empregador deve ainda discriminar a verificação em concreto da fundamentação legal do pedido, conforme dispõem os arts. 17.º, n.º 2, e 19.º, n.º 1. A indicação da fundamentação deve ser feita de modo a que os fins protegidos pela norma sejam atingidos e que o trabalhador possa perceber se a fundamentação é ou não

Toxicodependência, Justa Causa e Direitos de Personalidade 121

legítima. O empregador deve circunstanciar o mais possível a descrição da fundamentação, não se limitando a transcrever o texto legal e explicando como em concreto os requisitos legais se encontram verificados.

c) *Existência da fundamentação legal típica*

No que toca a requisitos substanciais, o empregador deve ainda invocar e reduzir a escrito e circunstanciadamente, uma das únicas duas fundamentações legais típicas: a) ou a justificação por "particulares exigências inerentes à natureza da actividade profissional" (no caso do art. 17.º, n.º 2) / por "particulares exigências inerentes à actividade" (art. 19.º, n.º 1); b) ou a finalidade de "protecção e segurança do trabalhador ou de terceiros" (no caso do art. 19.º, n.º 1). Portanto, o empregador só pode pedir ao trabalhador informações e testes para apurar o estado de saúde e a existência de uma situação de consumo abusivo de drogas, quando essa solicitação vise apurar as consequências desse estado do trabalhador na relação laboral, considerando as duas finalidades em alternativa: ou a satisfação de particulares exigências inerentes à actividade; ou a protecção e segurança do trabalhador ou de terceiros.[89]

Presente a hipótese prática considerada, é de concluir que sempre que a toxicodependência surge com as características adequadas ao preenchimento da noção legal de justa causa de despedimento, o pedido de informações e de realização de testes feito pelo empregador ao trabalhador ao abrigo dos arts. 17.º e 19.º, traduz a prossecução conjunta destas finalidades.[90] Na realidade, a natureza das actividades inerentes ao exercício das funções de confiança impõe a necessidade de aceder à informação, não apenas porque o exercício suficiente desta fica sempre afectada pela prática da toxicodependência, mas também para proteger a segurança do próprio trabalhador, dos seus colegas e de terceiros, contra as consequências de lapsos de capacidade física ou psicológica do trabalhador.

---

[89] Como notam ROMANO MARTINEZ e outros, *Código do Trabalho anotado*, Almedina Ed., Coimbra, 2005, anotação ao art. 17.º, 107, o contexto especial do n.º 2 reporta-se a casos excepcionais relacionados com o tipo de actividade e o posto de trabalho. MENEZES LEITÃO, cit., 38, entende que este preceito adoptou a teoria das três esferas, reportando a esfera íntima ou secreta ao n.º 2.

[90] Nesse sentido, concretizando estes requisitos, cfr. a autorização n.º 479/2003 da CNPD, cit..

122   *IX Congresso Nacional de Direito do Trabalho*

Deste modo, o empregador pode exigir informações sobre a toxi-codependência, explicando a finalidade prosseguida e o preenchimento das fundamentações legais de forma circunstanciada, relevando, nomeadamente: a) qual a informação pretendida, os testes exigidos e os resultados possíveis; b) a relação entre essas informações e as funções exercidas pelo trabalhador; c) as finalidades concretas, mediatas e imediatas e todas as utilizações possíveis; d) os riscos da consequências do consumo no comportamento e na saúde dos trabalhadores; e) o risco dessas alterações comportamentais provocarem a incapacitação do trabalhador para o exercício das tarefas que lhe foram atribuídas, com prejuízos patrimoniais e não patrimoniais, materiais e pessoais; f) a relação concreta entre as consequências do consumo, a afectação das qualidades do trabalhador que são exigíveis no exercício concreto das suas funções.

d) Intermediação de médico

O quarto requisito, simultaneamente formal e material, consiste na necessidade de prestação das informações recolhidas e dos resultados obtidos, exclusivamente a um médico, que se limitará a comunicar ao empregador apenas se o trabalhador está, ou não, apto para trabalhar, conforme disposto nos arts. 17.º, n.º 3, e 19.º, n.º 3.

3.4) Requisitos de validade previstos na Lei 67/98

Na sequência do que atrás se relevou, aplicam-se às situações previstas nos arts. 17.º e 19.º, outros requisitos exigidos pela Lei 67/98 e aplicáveis a todas as formas de tratamento de dados sensíveis. Todavia, em termos práticos, esta aplicação da Lei 67/98 não é muito útil no que se refere aos requisitos substanciais porque é sempre necessário verificar--se um dos dois fundamentos previstos nos arts. 17.º e 19.º como já explicámos. Não interessa, pois, concluir que a Lei 67/98 prevê requisitos diferente, se aqueles outros não estiverem verificados no caso concreto, porque nessa hipótese os constantes daquela Lei não servem a licitude do tratamento de dados.

De qualquer modo, pensamos que os fundamentos típicos previstos nos arts. 17.º e 19.º preenchem e consomem as previsões legais exigidas pelos arts. 7.º, n.os 2 e 4, da Lei 67/98.

Toxicodependência, Justa Causa e Direitos de Personalidade   123

A regra do n.º 2 prevê que, mediante disposição legal, possa ser permitido o tratamento dos dados sensíveis, quando esse tratamento for indispensável ao exercício das atribuições legais ou estatutárias do seu responsável por motivos de interesse público importante. Estas situações acontecem sempre que o empregador tenha o dever legal de interesse público de evitar os riscos provocados pela toxicodependência na relação de trabalho, nomeadamente, na condução de máquinas em geral e em todas as situações previstas no RSSHST. A regra prevista no n.º 4, que expressamente exige a intermediação médica, considera o fundamento relativo à necessidade de tratamento de dados na medicina preventiva, de diagnóstico médico, de prestação de cuidados ou tratamentos médicos, ou de gestão de serviços de saúde, incluídas já no referido RSSHST. Deste modo, pode ser seguro concluir que o regime dos arts. 17.º e 19.º consubstancia a aplicação que o legislador criou da previsão legal prevista genericamente nos arts. 7.º, n.ᵒˢ 2 e 4, da Lei 67/98. Consequentemente, o regime do Código do Trabalho explicar-se-á por referência aos princípios e interesses aí pressupostos: no art. 7.º, n.º 2, da Lei 67/98, quando por "motivos de interesse público importante esse tratamento for indispensável aos exercício das atribuições legais ou estatutárias do seu responsável"; no art. 7.º, n.º 4, para efeitos de "medicina preventiva, de diagnóstico médico, de prestação de cuidados ou tratamentos médicos ou de gestão de serviços de saúde".

e) Notificação da CNPD

Acresce aos anteriores um quinto requisito previsto no art. 7.º, n.º 4, da Lei 67/98, mas de natureza meramente eventual porque só se aplica se o tratamento dos dados for automatizado, ainda que parcialmente: "a notificação à CNPD, nos termos do art. 27.º".

f) Garantia da segurança dos dados recolhidos

O mesmo art. 7.º, n.º 4, da Lei 67/98, impõe como sexto requisito que o tratamento de dados relativos à saúde do trabalhador deva ainda ser feito de modo a serem garantidas medidas adequadas de segurança da informação – estas previstas nos arts. 14.º e 15.º daquele diploma. O empregador deve reduzir a escrito a demonstração e explicação do cumprimento destas medidas, no próprio pedido escrito de acesso à informação.

124 · IX Congresso Nacional de Direito do Trabalho

g) Qualidade dos dados como condições da formulação do pedido

O art. 5.º da Lei 67/98, sobre a qualidade dos dados objecto de tratamento, prevê um conjunto de requisitos cuja indicação de cumprimento deve constar também do pedido escrito de informações feito ao trabalhador pelo empregador.

Os dados devem ser: a) tratados licitamente e com respeito pela boa fé; b) recolhidos para finalidades determinadas, explícitas, não podendo ser posteriormente tratados de forma incompatível com essas finalidades; c) exactos e actualizados; d) conservados apenas durante o período necessário às finalidades; e) adequados, pertinentes e não excessivos relativamente às finalidades para que são recolhidos ou tratados.

Em relação a esta última necessidade, pensamos que as perguntas sobre a toxicodependência do trabalhador não podem ser feitas a todos os trabalhadores indiscriminadamente sob o risco de se revelarem excessivas e por isso ilícitas. As questões podem surgir na sequência de suspeitas concretas, desde que não potenciem a identificação e a discriminação de certos trabalhadores.[91] Aconselha-se a realização de uma selecção aleatória nas funções de risco da empresa, intermediada pelo médico do trabalho que atenderá os trabalhadores para todas as situações, a fim de serem evitadas marginalizações causadas pela utilização do serviço direccionado a um problema específico.

h) Direito de acesso e informação do titular dos dados

Por remissão do art. 17.º, n.º 4, o empregador é ainda obrigado a cumprir um oitavo conjunto de requisitos previstos nos arts. 10.º e 11.º

---

[91] AMADEU DIAS, cit., 135, entende que o empregador não pode proceder ao controlo regular e colectivo do consumo de drogas na empresa, pois esta implica uma invasão injustificada da privacidade e integridade física do trabalhador, e defende que os exames podem ser exigidos a certos trabalhadores, mas só pelo médico e em casos pontuais como a sinistralidade e a ocorrência de comportamento que provoquem suspeitas de exercício de funções sob o efeito de droga. Este autor considera válidos os exames se exigidos a candidatos a emprego, situação que nós afastamos porque entendemos que se encontram verificadas as mesmas razões de privacidade que acontecem quanto aos trabalhadores e porque assim o entendeu também o legislador. No mesmo sentido, TOM MELLISH, *Dépistage des drogues au travail*, La Toxicomanie, Conseil d'Europe Ed., Estrasburgo, 2005, 107-118, escreve que os médicos devem adoptar o método menos invasivo possível para as despistagens da droga, porque estas podem ser humilhantes, inconfortáveis e embaraçantes se conhecidas pelos colegas.

Toxicodependência, Justa Causa e Direitos de Personalidade 125

da Lei 67/98. Estes relacionam-se com os direitos de acesso e de informação do trabalhador enquanto titular dos dados, sendo que a maior parte dos requisitos exigidos pelo art. 10.º sobre informação já decorrem de outras previsões e devem constar do pedido inicial escrito de informações.

4) As finalidades do acesso e da utilização de dados relativos à saúde do trabalhador e a aplicação do regime de SHST

Tal como já adiantámos supra, são também duas as grandes finalidades que explicam a criação do regime dos arts. 17.º e 19.º e justificam os seus fundamentos taxativos para o tratamento lícito de dados pessoais (estes últimos referentes à natureza da actividade e à protecção e segurança dos trabalhadores e terceiros). As finalidades encontram-se previstas no art. 7.º, n.ᵒˢ 2 e 4, da Lei 67/98, resultando a primeira da necessidade do empregador cumprir um dever legal de interesse público, mas a segunda também já do regime geral dos serviços de Segurança, Higiene e Saúde no Trabalho.[92]

Entendemos, por conseguinte, que o direito do empregador aceder e utilizar as informações referentes à toxicodependência, enquanto um dado sobre a saúde do trabalhador e tal como acontece com todos estes dados, respeitando os referidos limites legais, deve considerar-se enquadrado no RSSHST (arts. 272.º a 280.º; arts. 211.º ss da Regulamentação do Código do Trabalho[93]), e em especial nos Serviços de Saúde no Trabalho (arts. 244.º a 250.º Reg.).[94]

Esta conclusão resulta do facto de os referidos arts. 17.º, n.º 2, e 19.º, n.º 1, na parte em que respeitam à saúde do trabalhador, imporem a necessária intermediação médica que se deverá pautar necessariamente

---

[92] Regime geral dos serviços de Segurança, Higiene e Saúde no Trabalho, adiante designado de forma abreviada por RSSHST.

[93] Ou Legislação Especial do Código do Trabalho, aprovada pela Lei n.º 35/2004, de 29/07 e alterada pela Lei n.º 9/2006, de 20/03, adiante designada de forma abreviada por Reg..

[94] No mesmo sentido, AMADEU GUERRA, cit., 153. A partir do momento em que a toxicodependência também pode determinar a "privação permanente ou acidental do uso da razão do sinistrado", será de admitir a sua relevância em sede de descaracterização de acidentes de trabalho (art. 7.º da Lei 100/97, de 13/9).

126 *IX Congresso Nacional de Direito do Trabalho*

pelo referido regime na medida em que o médico do trabalho é o responsável pelos serviços de saúde no trabalho (art. 244.º Reg.). Portanto, a decisão final médica sobre a aptidão do trabalhador regulada nos arts. 17.º e 19.º, deverá também respeitar as regras previstas no RSSHST, incluindo o respeito pela prossecução das respectivas finalidades legais: a) a promoção e a vigilância da saúde dos trabalhadores [arts. 272.º, n.º 3, al. e); e arts. 239.º, al. a), 240.º, n.os 1 e 2, al. e) Reg.]; b) a promoção da segurança dos trabalhadores pela eliminação dos factores de risco e de acidente [arts. 272.º, n.º 3, al. b); e 240.º, n.º 1, Reg.].

Não obstante, como entendemos que o regime dos arts. 17.º e 19.º nasceu concretizando os princípios previstos no art. 7.º, n.º 2, da Lei 67/98, pensamos que os fundamentos do Código do Trabalho referentes à natureza da actividade e à protecção e segurança dos trabalhadores e terceiros, podem ser importantes para justificar o tratamento lícito de dados pessoais, não apenas no âmbito da saúde e segurança dos trabalhadores como decorre do RSSHST, mas por causa da outra finalidade: o interesse público e a sua indispensabilidade ao exercício de funções legais ou estatutárias do empregador.[95]

Porém, esta é uma ponderação que deve orientar a decisão do médico: sempre que a análise das condições físicas e psicológicas do trabalhador suscite alguma dúvida na sua relação com as funções a exercer, deve ser também considerada a capacidade do trabalhador para se autodeterminar de acordo com todos os deveres importantes, como o dever de honestidade. Isso acontecerá ainda que os riscos da sua violação não importem directamente o prejuízo da saúde ou da segurança física dos colegas ou do próprio, como em regra decorre, por exemplo, da utilização de máquinas perigosas. Bastará, nesse outro caso, que os prejuízos prejudiquem o cumprimento das atribuições legais ou estatutárias do empregadores, por motivos de interesse público.[96] Pensamos que isso acontece, por exemplo, relativamente aos empregadores no sector

---

[95] AMADEU GUERRA, cit., 267, refere que o direito à privacidade pode nesta matéria ser limitado se estiverem em causa a protecção da saúde pública ou a segurança do próprio e, especialmente, de terceiros.

[96] Apelando aos princípios e orientações do Tribunal Constitucional na matéria, os serviços de medicina do trabalho devem exercer as suas funções com discrição, respeito pela dignidade do trabalhador, sem discriminação, e em sigilo profissional. Cfr., vg., Ac. TC, 20/6/95, DR, II, 2/11/95, 13095; Ac. TC, 23/9/02, DR, II, 2/11/95, 17788.

Toxicodependência, Justa Causa e Direitos de Personalidade 127

bancário, a quem se impõe o dever de proteger o dinheiro dos seus clientes, não apenas pelos interesses destes, como pelo interesse público da confiança e credibilidade das instituições e do próprio sector.[97]

Para o legislador, só se justifica a ingerência do empregador na vida íntima do trabalhador, quando isso resulte de deveres impostos ao empregador: seja no regime de RSSHST, seja por outros que o interesse público determine. Para o Código, a toxicodependência é tratada como relativa à saúde do trabalhador, pelo que só valerá como tal no contrato de trabalho em dois casos: através da promoção da saúde e da segurança, e como factor suspensivo ou justificativo de ausências ao trabalho.

Também por esta razão, na prática, o empregador não pode exigir do trabalhador informações relativas ao seu estado de saúde, se pretender prosseguir em exclusivo finalidades disciplinares assentes unicamente naquele estado de saúde. Nem estas constam dos arts. 17.º, n.º 2 e 19.º, n.º 1, ou do art. 7.º, n.ᵒˢ 2 e 4, da Lei 67/98; nem se justificariam na medida em que a saúde do trabalhador é tratada no direito do trabalho como uma situação não imputável ao trabalhador.

Ainda que se entendesse que seria possível pedir a informação ao trabalhador invocando as finalidades disciplinares considerando a necessidade do despedimento por força da afectação da empresa e dos interesses públicos, nunca estas poderiam ser prosseguidas efectivamente por falta de prova da toxicodependência, já que a única informação final que o empregador pode utilizar é sempre a referente à aptidão ou inaptidão dos trabalhadores em causa, ficando afastada qualquer imputação a título de culpa.

5) A intermediação do médico e a declaração de mera aptidão ou não aptidão

5.1) O dever de sigilo profissional e o desconhecimento do empregador

O médico responsável pela informação encontra-se sujeito ao sigilo profissional sobre todos os dados e informações recolhidas e tratadas (art.

---

[97] Cfr. o nosso *Concretização do conceito de justa causa de despedimento no sector bancário: análise da jurisprudência publicada*, cit., 82-89.

128   *IX Congresso Nacional de Direito do Trabalho*

17.º da Lei 67/98), sigilo que se alastra a todas as pessoas que tiveram funcionalmente acesso a tais informações.

É certo que muita informação pode ser recolhida no que se refere à saúde do trabalhador, designadamente a que for necessária à elaboração sustentada de um diagnóstico médico final, incluindo a realização de várias testes e exames, no respeito pelo regime dos RSSHST.[98] Porém, só o médico é o responsável por este procedimento, que escapa ao conhecimento e à intervenção do empregador.

Neste longo processo, o médico pode tomar várias iniciativas: exigir outros exames complementares; fazer entrevistas e acompanhamento psicológico; proceder à detecção de reincidências; avisar o trabalhador dos riscos decorrentes do consumo; viabilizar o encaminhamento do trabalhador para tratamento (art. 248.º, n.º 4, Reg.).

5.2) A declaração de aptidão do trabalhador e o dever de acompanhamento médico

Ainda que o médico possa declarar a aptidão do trabalhador na eventualidade de os testes terem sido positivos (porque, por exemplo, não se provou o consumo prolongado e habitual), ele tem o dever de acompanhar o trabalhador porque o facto de se ter detectado um consumo é razão suficiente para se apurar melhor a situação, à luz do RSSHST.

---

[98] O Ac. TC, n.º 368/02, de 25/9/02, decidiu que os médicos devem apenas ordenar a realização dos exames de saúde que se adequem com precisão ao fim prosseguido e que surjam por força dos riscos e patologias profissionais específicas da função concretamente desempenhada, não devendo promover a realização de testes que permitam uma apreciação global do trabalhador. Dessa forma, entende LOPES DO REGO, *Comentário ao Ac. n.º 368/02 do Tribunal Constitucional, de 25/9/02, sobre Higiene e Saúde no Trabalho, exames obrigatórios e reserva da vida privada,* RMP, ano 23, 2002, n.º 92, 117-157, 153-157, que o médico também se encontra obrigado a explicar a fundamentação médica de cada pedido de realização de exames, e que ao trabalhador assiste o direito de recusar a realização dos testes que não respeitem estes requisitos e de pedir a reapreciação das decisões médicas que determinem a sua inaptidão. Ainda em crítica a casos semelhantes, PALLA LIZARDO, *Exames médicos obrigatórios e direitos de personalidade – o Acórdão do Tribunal da Relação de Lisboa de 25/10/2000,* QL, XI, 2004, n.º 24, 215-224.

5.3) A declaração de inaptidão e responsabilidade médica

No caso de o médico detectar uma situação de toxicodependência do trabalhador, pode assumir várias actuações, no respeito pelo regime de RSSHST: a) tem a obrigação e a responsabilidade de declarar o trabalhador como não apto para o trabalho, caso a situação apurada, relacionada com as funções do trabalhador, afecte os valores de segurança e saúde tutelados pelo RSSHST ou os referidos no art. 7.º, n.º 2, da Lei 67/98; b) tem o dever de, nesse caso, encaminhar o trabalhador para um regime de tratamento; d) tem o dever de acompanhar o trabalhador, durante a inaptidão, de modo a aferir regularmente das alterações à sua capacidade para o trabalho; e) pode avisar os serviços de saúde do estado, nos termos do art. 3.º, n.º 2, da Lei 30/2000, sobre descriminalização do consumo de estupefacientes;[99] f) caso o trabalhador se trate e recupere, o médico é também o responsável por aferir da eficácia do tratamento, solicitando a realização de outros exames, já ao abrigo do RSSHST; g) Nesse caso, o médico pode declarar o trabalhador apto novamente e este regressa ao trabalho; h) Porém, nos meses seguintes, consciente do risco de reincidência, o médico deverá acompanhar com cuidado o risco grave de retoma do consumo.

6) A mera declaração médica de inaptidão do trabalhador e a impossibilidade de prova da toxicodependência

A ficha de aptidão não pode conter outros elementos que violem sigilo profissional (art. 248.º, n.º 1 e 3, Reg.). Por isso, o empregador não tem acesso à fundamentação médica dessa conclusão final e desconhece como entretanto o médico decidiu lidar com o trabalhador. Ainda que o médico declare que este está inapto para o trabalho, o empregador não sabe o porquê da declaração de inaptidão e desconhece qual a razão de saúde que levou a essa conclusão médica: não sabe se foi a toxicodependência ou outro aspecto desconhecido da saúde do trabalhador.

---

[99] Cfr. RUI PEREIRA, *o novo regime sancionatório do consumo de droga em Portugal,* Problemas jurídicos da Droga e da Toxicodependência, vol. I, RFDUL, Coimbra Ed., Coimbra, 2003, 151-162, 158, que conclui referindo que o novo regime determina que quem aceita ser tratado não é sancionado.

É natural que a razão da inaptidão seja a apurada na sequência dos resultados dos exames médicos efectuados, e que nessa decisão médica tenha sido ponderada a finalidade do acesso à informação que o empregador invocou, nomeadamente a toxicodependência e os riscos destas para a função. Mas a conclusão do médico pela inaptidão do trabalhador não significa que a causa da saúde que incapacitou temporariamente o trabalhador tenha sido a que justificou a suspeita e o pedido de exames, isto é, a toxicodependência. Na realidade, o médico pode ter apurado outras causas nos exames efectuados ou que entendeu vir a efectuar consequentemente na sequência dos primeiros, como os exames previstos no RSSHST que se afastam dos limites dos arts. 17.º e 19.º.

Deste modo, como o empregador não consegue provar a verificação de consumo habitual de drogas pelo trabalhador, não tem possibilidade de avançar com algum processo disciplinar. Isto acontece porque se trata de uma informação sobre a saúde, o que não se passa com todas as informações sobre a vida privada.

Por outro lado, como a prova médica só pode demonstrar factos ocorridos no futuro e não examinar estados de saúde retroactivos à data dos exames, as observações que justificam a declaração médica de inaptidão do trabalhador questionado sobre a toxicodependência, podem não ser suficientes à prova da ocorrência de uma situação anterior de toxicodependência. Mais uma vez, o empregador não consegue demonstrar uma situação prolongada. E só dessa forma o empregador poderia invocar que o trabalhador já há muito que era toxicodependente e que, no entanto, se tinha apresentado ao trabalho, arriscando a violação de deveres essenciais e a prática de comportamentos com prejuízos para a empresa, colegas e clientes, e colocando em perigo o bom cumprimento da prestação.

7) A declaração médica de inaptidão e os efeitos no contrato

Declarada pelo médico do trabalho a temporária não aptidão do trabalhador para o desempenho das suas funções, por motivos de saúde, considera-se comprovada uma impossibilidade do trabalhador prestar o trabalho, motivada por questões de saúde, não necessariamente doença. Verificam-se assim os pressupostos legais da suspensão do contrato de trabalho por razões atinentes ao trabalhador, previstos no art. 331.º, n.º 1. Se a inaptidão for inferior a 30 dias ou o médico não diagnosticar desde

Toxicodependência, Justa Causa e Direitos de Personalidade   131

logo uma incapacidade superior a este período, o trabalhador entra em faltas justificadas, nos termos do art. 225.°, n.ºˢ 1 e 2, al. d). Em ambos os casos, trata-se de uma vicissitude do contrato sem encargos remuneratórios para o empregador [arts. 333.°, n.° 1, e 230.°, n.° 2, al. a], além do dever de manter o lugar. O trabalhador poderá aceder ao subsídio de doença pago pela Segurança Social.[100]

IV) OBSERVAÇÕES FINAIS

No equilíbrio entre a vida privada do trabalhador, designadamente a saúde, e a liberdade de gestão empresarial que atribuiu ao empregador o direito de ingerência naquelas matérias, o legislador decidiu, através do regime dos direitos de personalidade previsto no Código, que a doença não pode ser tratada como imputável ao trabalhador quando apurada de forma exclusiva e sem consequências concretas. Mesmo detectando-se alguma ilicitude nas causas ou origens da doença, como é o caso da toxicodependência, o legislador parece entender que a situação deve ser sempre considerada como vida privada alheia a efeitos disciplinares, desde que o trabalhador se consiga controlar mantendo essa situação na sua esfera íntima, sem provocar qualquer efeito no contrato ou fora deste de forma visível. Deste modo, o acesso do empregador aos dados sobre a saúde do trabalhador só releva e é pela lei legitimado, quando esta se repercute na capacidade física e psíquica para trabalhar e sobretudo ocorra para efeitos do regime de RSSHST visando a promoção da saúde e da segurança dos trabalhadores.

É possível atenuar os efeitos aparentemente injustos deste entendimento que processualmente impede a qualificação da toxicodependência como justa causa de despedimento, sublinhando o facto de esta qualificação se revelar inútil porquanto a declaração final médica de inaptidão do trabalhador viabiliza a prossecução das mesmas finalidades de satisfação dos interesses protegidos do empregador. Na verdade, se a razão da acção disciplinar contra o trabalhador toxicodependente consiste

---

[100] Sobre esta matéria, vd., o nosso *O absentismo antes e depois do Código do Trabalho: o reforço de armas na luta do empregador contra as ausência ao trabalho*, Estudos de Direito do Trabalho em Homenagem ao Prof. Manuel Alonso Olea, Almedina Ed., Coimbra, 2004, 267-320, 270-284.

na protecção cautelar dos bens em relação aos quais o empregador é responsável (bens patrimoniais, saúde e segurança no trabalho), através da cessação do contrato, essa protecção é igualmente alcançada com a suspensão do contrato de trabalhador, revelando-se despiciendo o despedimento deste.

Ademais, o perigo de incumprimento em que se consubstancia a quebra de confiança, não seria neste caso verdadeiramente definitivo como o exige a lei, mas apenas temporário. Isto porque a toxicodependência e os respectivos efeitos sobre o trabalhador nem sempre são estados irreversíveis, embora muito provavelmente repetíveis. Assim que o trabalhador esteja recuperado, o perigo desaparece e aquele pode retomar a execução da prestação.

Por outro lado, sendo a situação inimputável ao trabalhador a título de culpa dado que este não se tornou toxicodependente nem consome com a finalidade de prejudicar a empresa, não existe infracção disciplinar. Como os eventuais efeitos disciplinares assentam no consumo neutro, no perigo de afectação da relação laboral e na omissão de preparação adequada do trabalhador para prestar trabalho, a situação acaba por ser tratada pelo legislador laboral da mesma forma como são tratadas todas as apresentações do trabalhador ao serviço em estado doente: como justificação de uma ausência ao trabalho, sem valorização ou desvalorização das causas que provocaram essa doença, mesmo se imputáveis ao trabalhador a título de culpa. Daí que o regime não seja o de faltas injustificadas mas o de faltas justificadas seguido de suspensão do contrato de trabalho.

Lembramos que na hipótese de consumo considerada que fundou as nossas conclusões, não existem consequências do consumo na relação laboral ou em público, e não se trata de um caso de actividade em que expressamente se permitem os testes específicos de droga ou outros, porque nestes casos existe um dever específico laboral de preparação para trabalhar e é esse dever que pode ser violado e o que é importante nessa violação é a ofensa ao dever e não a toxicodependência.[101]

---

[101] O que nestes casos afastados se prova não é a toxicodependência, mas um consumo pontual, corresponda, ou não, a uma consumo reiterado. Mesmo um não toxicodependente pode violar esses deveres pois estes implicam o consumo pontual. Se um toxicodependente violar este dever, é porque consumiu antes e não porque seja um toxicodependente.

Toxicodependência, Justa Causa e Direitos de Personalidade 133

A hipótese prática considerada exige uma análise mais complicada do que a suscitada pelas situações anteriores, porque não tarduz um teste ao consumo pontual mas uma prova da toxicodependência enquanto doença. Nestes casos, o consumo pontual pode não perigar a relação laboral – porque, por exemplo, não exige a condução de máquinas, apurada destreza física ou psicológica, ou não estão em causa valores elevados e bens fundamentais –, mas a toxicodependência sim.

Esta interpretação da toxicodependência enquanto doença e não como infracção ilícita, enquadra-se nas modernas políticas legislativos e sociais sobre a toxicodependência: na medida em que o meio laboral consubstancia o enquadramento mais adequado à recuperação e ressocialização do toxicodependente, além de o afastamento meramente temporário do trabalhador consumidor promover o tratamento e o incentivo da recuperação pela viabilização das possibilidades de regresso ao trabalho.[102]

A resolução do Conselho de Ministros n.º 46/99, de 22/4, que aprovou a estratégia nacional de luta contra a droga, refere expressamente a necessidade de adopção de medidas no domínio da prevenção das toxicodependências em meio laboral; a necessidade de formar gestores e quadros médios e superiores nas empresas no sentido de os preparar para a incidência da droga no meio laboral e de os sensibilizar para o apoio de que carecem esses trabalhadores, sobretudo em termos de encaminhamento dos trabalhadores para tratamento e posterior reenquadramento profissional.[103] As referidas preocupações são evidenciadas pelo Plano de

---

[102] As preocupações são internacionais. Nesse sentido, cfr. o código de prática criado pelo International Labour Office, *Management of alcohol and drug related issues in the workplace*, Geneva, 1996, 28, capítulos VII e VIII. Como alerta Tom Mellish, *Dépistage des drogues au travail*, La Toxicomanie, Conseil de l'Europe, Estrasburgo, 2005, 107-118, 108-109, 116, a propósito da promoção do tratamento no seio da empresa, a responsabilização dos superiores hierárquicos é importante, mas passa também por avisar os trabalhadores da sua vocação para a saúde e da exclusão dos efeitos disciplinares.

[103] E conclui, afirmando que: "este é um terreno onde as responsabilidades pertencem, sobretudo, à sociedade civil e de modo especial aos agentes económicos empregadores". A não previsão da toxicodependência enquanto vício como justa causa de despedimento pode muito bem constituir uma forma de fazer cumprir este ditame aparentemente programático: na impossibilidade de recorrer validamente à exclusão laboral, ficam empregadores e associações de trabalhadores *obrigados* a criar e promover meios adequados de resolução dos problemas relacionados com o consumo abusivo de drogas em meio laboral.

134   IX Congresso Nacional de Direito do Trabalho

Acção Nacional de Luta contra a Droga e a Toxicodependência – Horizonte 2004, aprovado pela Resolução do Conselho de Ministros n.º 39/ /2001, de 30/3. Aqui é realçada a necessidade de prevenção em relação a todos os trabalhadores de todos os sectores económicos, com especial prioridade para os trabalhadores em situação de risco e aqueles cuja actividade laboral pode pôr em risco terceiros, directa ou indirectamente, nomeadamente através de acções de despistagem.

Urge fazer um apelo constante à criação de mais programas de assistência ao trabalhador no âmbito da concertação social, com o apoio de várias instituições com autoridade e competência na matéria, como o Instituto da Droga e da Toxicodependência e dos serviços de saúde públicos, presente o sucesso dos já outorgados e executados[104] e sem desvalorizar as experiências já bem sucedidas em outras ordens jurídicas.[105]

---

[104] Como o Programa "Interacção" criado ao abrigo de um protocolo celebrado entre o Instituto da Droga e da Toxicodependência e a CGT-IN, procurando desenvolver estratégias de prevenção e de intervenção em meio laboral, instrumentos para diagnóstico de situações de risco, produção de materiais de sensibilização e de informação destinados a diversos contextos, definir objectivos e grupos alvo, elaborar planos e programas de formação, apoiar e supervisionar acções e projectos de intervenção a desenvolver em postos de trabalho, bem como desenvolver estratégias de inserção nas empresas onde o projecto estiver a decorrer. Disponível em www.drogas.pt, notícias IDT, n.º 3, Julho de 2004.

[105] É o caso dos EAP's (Employee Assistance Programes) ou Programas de apoio ao trabalhador, nascidos nos Estados Unidos e com provas dadas a ponto de serem já recomendados pela OIT no *Alcohol e drogas. Programas de asistencia a los trabajadores*, MTSS Ed., Madrid, 1989, 29-30. São gabinetes multidisciplinares que funcionam nas empresas e que promovem a saúde e o bem-estar no local de trabalho. Estes utilizam uma abordagem global, integrada e desestigmatizante de todos os problemas que podem assaltar o trabalhador e incluem os três estádios do modelo preventivo: a prevenção, o tratamento e a inserção. Com ou sem gabinetes técnicos paralelos de gestão do programa, a valorização das vertentes humana, social e económica, evita a marginalização, concretiza o problema e suscita mais e melhores soluções para cada empresa e para cada trabalhador. Como notam COOK e SCHLENGER, cit., 120, a necessidade de serviços internos de prevenção é muitas vezes afastada pelo estigma que provoca a sua utilização pelos trabalhadores. Sobre este assunto, cfr., vg., N. CISCART BEÀ, cit., 107-113; DUARTE VITÓRIA, *Uso e abuso de drogas em meio laboral,* cit.; e *Uso/Abuso de drogas em meio laboral: os programas de apoio ao trabalhador,* polic., Cascais, 1992; *Drug demand reduction in the workplace – Interim report,* cit., 18; ALBERTO POIARES, cit., 7; WILLIAN HOUSHAM, *Droga e meio profissional*, Colectânea de textos, Centro das Taipas Ed., vol. III, Lisboa, 1991, 275-277; MARGALHO CARRILHO, *ADM – Medicina da adicção*

Toxicodependência, Justa Causa e Direitos de Personalidade 135

A divulgação do assunto gera a desnecessidade de invocação dos arts. 17.º e 19.º porque incentiva a voluntária apresentação do trabalhador nos serviços de saúde do trabalho e potencia a suspensão do contrato prévia à efectivação dos danos que se visam acautelar.[106]

---

e programas de assistência a empregados ("E.A.P") – Introdução em Portugal, polic., Lisboa, 1992; e o nosso *O consumo de droga como concretização do conceito de justa causa de despedimento*, último capítulo.

[106] "O problema da droga é, porém, muito mais do que um tema legislativo. A palavra pertence à sociedade civil, na sua globalidade", conclui MENEZES CORDEIRO após descrever o, *Enquadramento legislativo do problema da droga*, polic., Lisboa, 1992, 26.

DIA 11 DE NOVEMBRO DE 2005

TEMA IV

FLEXIBILIDADE INTERNA OU NO CONTRATO DE TRABALHO. MOBILIDADE GEOGRÁFICA E MOBILIDADE INTERNACIONAL DE TRABALHADORES. TEMPO DE TRABALHO

Presidência
Conselheiro Dr. Pinto Hespanhol
Supremo Tribunal de Justiça

Prelectores
Mestre Albino Mendes Baptista
Universidade Lusíada de Lisboa
Mestre António Nunes de Carvalho
Universidade Católica Portuguesa
Dr. António Vilar
Universidade Lusíada do Porto
Advogado
Prof. Doutor António Garcia Pereira
Instituto Superior de Economia e Gestão e Advogado

A MOBILIDADE GEOGRÁFICA DOS TRABALHADORES – ALGUNS PONTOS CRÍTICOS

Albino Mendes Baptista

*Assistente da Faculdade de Direito
da Universidade Lusíada de Lisboa
Mestre em Direito*

A MOBILIDADE GEOGRÁFICA
DOS TRABALHADORES
– ALGUNS PONTOS CRÍTICOS

ALBINO MENDES BAPTISTA

Assistente da Faculdade de Direito
da Universidade Lusíada de Lisboa
Mestre em Direito

Em 1.º lugar, cumprimento os Srs. Prelectores desta sessão, bem como todos os Srs. Congressistas, e agradeço o convite que me foi dirigido para participar neste Congresso, felicitando os seus organizadores na pessoa do Professor António José Moreira por persistirem em levar a cabo esta importante iniciativa.

Foi-me atribuído o tema "Mobilidade Geográfica dos Trabalhadores". Não é a 1.ª vez que tal sucede. Por isso, a minha primeira preocupação é evitar ser repetitivo. Assim, procedi à selecção de temas que, embora abordados, ainda não tiveram o necessário eco em termos de reposicionamento jurisprudencial (distribuição do ónus da prova e avaliação do prejuízo sério), de matérias em relação às quais os trabalhadores ainda não tiraram inteiro proveito (refiro-me ao recurso ao procedimento cautelar comum como modo de reacção a uma ordem de transferência ilegítima), de questões potenciadas com o Código do Trabalho (cláusulas de mobilidade geográfica) e, finalmente, da necessidade de reavaliação de algumas regras procedimentais, mormente em sede de transferência colectiva.

1. A distribuição do ónus da prova e avaliação do prejuízo sério – necessidade de reposicionamento jurisprudencial

1.1. A distribuição do ónus da prova na transferência individual

O Código do Trabalho continua a consagrar, entre as garantias do trabalhador, a proibição do empregador o transferir para outro local de trabalho[2] [3].

Mas como, nos termos do n.º 3 do art.º 315.º do CT, por estipulação contratual as partes podem alargar (ou restringir) a faculdade conferida ao empregador de transferir o trabalhador, a doutrina tem questionado a existência de uma verdadeira garantia, discutindo, com inteiro propósito, o sentido útil da norma que consagra a referida garantia.

CATARINA CARVALHO, por exemplo, sustenta que um sentido útil que pode ser atribuído ao preceito legal será obstar à criação de uma sanção disciplinar, por convenção colectiva, que tivesse por objecto a transferência do trabalhador[4].

Para nós a norma tem, todavia, um outro sentido útil, e de grande relevância, a saber a sua repercussão em sede de repartição do ónus da prova na chamada transferência individual[5].

---

[1] Corresponde à intervenção feita no *IX Congresso Nacional de Direito do Trabalho*, que teve lugar em Lisboa, nos dias 10 e 11 de Novembro de 2005.

[2] Art.º 122.º, alínea *f)*, do Código do Trabalho, aprovado pela Lei n.º 99/2003, de 27 de Agosto (doravante CT), cujo conteúdo é o seguinte:
É proibido ao empregador transferir o trabalhador para outro local de trabalho, salvo nos casos previstos neste Código e nos instrumentos de regulamentação colectiva de trabalho, ou quando haja acordo.

[3] Remete-se para ALBINO MENDES BAPTISTA, *Estudos sobre o Código do Trabalho*, Coimbra, 2004, pp. 77 e ss.

[4] CATARINA CARVALHO, "A mobilidade geográfica dos trabalhadores no Código do Trabalho", *VII Congresso Nacional de Direito do Trabalho – Memórias*, Coimbra, 2004, p. 50. Relativamente à "transferência-sanção", e em sentido próximo, vd. ANTÓNIO MONTEIRO FERNANDES, *Direito do Trabalho*, 12.ª ed., Coimbra, 2004, p. 424, nota 1.

[5] Tem também um outro sentido útil de grande relevância, já que legitima o direito de resistência por parte do trabalhador (no caso da "transferência individual"), uma vez que a obediência às ordens do empregador tem como limite o respeito pelos seus direitos e garantias – art.º 121.º, n.º 1, alínea *d)*, do CT.

A *Mobilidade Geográfica dos Trabalhadores – Alguns Pontos Críticos*   143

Nesta modalidade de transferência, numa opinião que já tive a oportunidade de exprimir[6], cabe ao empregador o ónus da prova da inexistência de prejuízo sério, porque esse é o pressuposto constitutivo (negativo) do seu direito de mudar o local de trabalho (art.º 342.º, n.º 1, do Código Civil[7]).

Esta é a opinião defendida, desde há muito, por BERNARDO LOBO XAVIER[8] e JÚLIO GOMES[9].

Mas já para ANTÓNIO MONTEIRO FERNANDES e para PEDRO ROMANO MARTINEZ incumbe ao trabalhador provar os factos que integram o prejuízo sério, com fundamento, nomeadamente, de que "o empregador não pode conhecer da situação pessoal de todos os trabalhadores" [10].

Pois bem, na nossa opinião é aqui que entra a garantia legal. Se a regra de que se parte é a garantia de inamovibilidade, estabelecida, como vimos, em termos de proibição dirigida ao empregador, então o seu afastamento co-envolve a demonstração dos pressupostos em que a lei faz assentar a possibilidade, que é a excepção, de transferência. Na verdade, que garantia seria esta se o trabalhador tivesse, além de se confrontar com uma ordem dada pelo empregador, que significa, além do mais, um afastamento, no interesse da empresa, aos princípios contratuais, de demonstrar a existência de prejuízo sério. Seria a completa subversão de princípios.

Noutros termos, o problema deve ser centrado na garantia da inamovibilidade, **o que quer dizer que o *non liquet* probatório deve funcionar contra o empregador.**

---

[6] ALBINO MENDES BAPTISTA, *Estudos sobre o Código do Trabalho*, cit., pp. 89 e ss..

[7] Doravante CC.

[8] BERNARDO LOBO XAVIER, "O Lugar da Prestação do Trabalho", *Estudos Sociais e Corporativos*, n.º 33, 1970, p. 34.

[9] JÚLIO GOMES, com a colaboração de AGOSTINHO GUEDES, "Algumas considerações sobre a transferência do trabalhador, nomeadamente no que concerne à repartição do ónus da prova", *Revista de Direito e de Estudos Sociais*, Janeiro-Junho – 1991, pp. 77 e ss..

[10] Assim, PEDRO ROMANO MARTINEZ, *Direito do Trabalho*, Coimbra, 2002, p. 481. Com argumentação semelhante, vd. ANTÓNIO MONTEIRO FERNANDES, *Direito do Trabalho*, 12.ª ed., cit., p. 427.

ANTÓNIO MONTEIRO FERNANDES diz ainda que a "existência" de prejuízo sério constitui (para os efeitos do art.º 342.º do Código Civil) *facto impeditivo* do direito de alterar o local de trabalho no interesse da empresa – cabendo, pois, também neste caso o encargo probatório ao trabalhador (*Direito do Trabalho*, 12.ª ed., cit., p. 429).

Vd. as observações que fizemos a propósito destas posições em *Estudos sobre o Código do Trabalho*, cit., pp. 90-91.

144   *IX Congresso Nacional de Direito do Trabalho*

Julgamos que a afirmação feita por CATARINA CARVALHO de que a garantia de inamovibilidade desempenha uma função meramente "decorativa" não leva em linha de conta, a nosso ver, a circunstância de que a partir dessa garantia pode construir-se um "sistema interpretativo" em sede de controlo das medidas patronais e da própria licitude das cláusulas de mobilidade geográfica[11].

1.2. A avaliação do prejuízo sério

Uma matéria em que a jurisprudência continua a não demonstrar avanços prende-se com a avaliação do prejuízo sério, revelando-se em tal matéria muito permissiva, em prejuízo do trabalhador.

Persiste-se em distinguir "prejuízo sério" de "transtorno sério", sem que se proceda à delimitação dos conceitos, para a qual, aliás, os tribunais não fornecem quaisquer elementos.

Já tivemos a oportunidade de defender que a jurisprudência se deve reposicionar em matéria de transferências ocorridas nas grandes cidades. Deve ser abandonada a doutrina do acórdão do Supremo Tribunal de Justiça, de 23. 11.94.[12], nos termos da qual não é prejuízo sério, o facto de o trabalhador, passar a despender mais duas horas de transporte por dia, acusando – transcreve-se – os factos apurados uma mudança da qualidade de vida que se tem por negativa, mas que, perante o teor da vida urbana da generalidade dos trabalhadores das grandes cidades (as localidades em causa eram Lisboa e Baixa da Banheira), não assume outro relevo que não seja um transtorno sério, mas suportável, escapando ao interesse tutelado pela norma jurídica em questão. O trabalhador, afinal, diz-se ainda no aresto, continua a viver na zona da "Grande Lisboa"[13].

Não vamos repetir o que já antes escrevemos sobre esta decisão judicial[14].

---

[11] Vd., *infra*, ponto 3.

[12] *BMJ*, 441, 1994, 178. O acórdão encontra-se também publicado na nossa *Jurisprudência do Trabalho Anotada*, 3.ª ed. – reimpressão, Lisboa, 2000, pp. 185 e ss..

[13] Vd., no mesmo sentido, STJ, 26.5.93. (*CJ, acs. do STJ*, 1993, II, 290).

[14] A este propósito, remete-se para ALBINO MENDES BAPTISTA, *Estudos sobre o Código do Trabalho*, cit., pp. 86-87.

A *Mobilidade Geográfica dos Trabalhadores – Alguns Pontos Críticos*   145

Não se pode ignorar que se a preocupação, historicamente, tem sido diminuir o período normal de trabalho é certamente no pressuposto de que se aumente o tempo de auto-disponibilidade do trabalhador.

Cada vez mais, e bem, se encara o trabalhador como um cidadão que precisa de tempo para si, para a família, para os filhos e para os amigos. Atente-se no interessante debate que se está a fazer em França em torno da chamada **tele-disponibilidade**[15].

A realidade actual nada tem a ver com o que se passava há alguns anos, e que, porventura, tem servido de paradigma às decisões dos nossos tribunais superiores.

Hoje os trabalhadores procuram acompanhar com outra atenção a educação escolar dos filhos e são chamados a fazê-lo pelas escolas que apelam à participação da comunidade no processo educativo. Lembre-se, por exemplo, que passaram a ser justificadas, e bem, as ausências não superiores a quatro horas, uma vez por trimestre, para deslocação à escola tendo em vista inteirar-se da situação educativa do filho menor[16].

Por outro lado, partilham-se as responsabilidades familiares. As pessoas são ainda incentivadas a participar em causas cívicas e desenvolvem actividade política.

Para tudo isto precisam de tempo.

Reduzir esse tempo pode conduzir ao agravamento de um sentimento de culpa relativamente à falta de acompanhamento dos filhos e da família e ao aumento dos níveis de *stress*, já de si alarmantes[17].

O Código de Trabalho deu um sinal, ainda que incipiente, em matéria de relevância da vida familiar[18], e potenciou a invocação dos Direitos de Personalidade[19]. A jurisprudência tem de estar atenta a este reposicionamento legislativo e deve, em minha opinião, passar a considerar que

---

[15] JEAN-EMMANUEL RAY, "Les astreintes, un temps du trosiéme type", *Droit Social*, 1999, n.º 3, p. 250.

Vd., também, ALBINO MENDES BAPTISTA, "Tempo de trabalho efectivo, tempos de pausa e tempo de "terceiro tipo", *Revista de Direito e de Estudos Sociais*, Janeiro-Março – 2002, pp. 29 e ss..

[16] Art.º 225.º, n.º 2, alínea *f*), do CT.

[17] Remete-se para o excelente texto de NICOLE MAGGI-GERMAIN, "Travail e santé: le point de vue d´une juriste", *Droit Social*, 2002, n.º 5, pp. 485 e ss.

[18] Art. 149.º do CT.

[19] Arts. 15.º e ss. do CT.

duas horas a mais por dia em transportes, em regra, prejudicam gravemente o trabalhador em termos de disponibilidade pessoal, de tempo de dedicação à família e de convívio com os amigos.

Os tempos não são mais os mesmos...

Daqui decorre que transferências que afectem o tempo de auto-disponibilidade do trabalhador devem ser vistas com novos olhos.

Estas palavras pretendem chamar a atenção para a inevitabilidade de estabelecer a ligação entre o tempo de trabalho e o local de trabalho.

Ligação que permitirá uma análise da mobilidade geográfica em geral mais conforme aos novos tempos e aos novos direitos, mas que contribuirá igualmente para uma fiscalização mais conseguida das cláusulas de mobilidade geográfica[20].

Continuo, por isso, a entender que, em princípio, e para obstar à existência de prejuízo sério, o tempo despendido nas deslocações deve ser computado como tempo de trabalho.

2. O recurso ao procedimento cautelar comum como modo de reacção a uma ordem de transferência ilegítima

A propósito da "transferência individual", a doutrina italiana admite o recurso a uma providência cautelar não especificada para a apreciação liminar da legitimidade da transferência, permitindo suprir, do ponto de vista da atitude a tomar pelo trabalhador, as insuficiências do controlo judicial *a posteriori*[21].

Espera-se que as alterações que terão de ser feitas ao Código de Processo do Trabalho tragam algum sinal sobre a matéria.

É bom que se diga que já no domínio da actual legislação processual laboral é sustentável a possibilidade de recurso a uma providência cautelar no âmbito da transferência de local de trabalho.

---

[20] *Infra*, ponto 3.

[21] Assim, entre outros, LUIGI ANGIELLO, *Il Trasferimento dei Lavoratori*, Pádua, 1986, p. 99, com abundantes referências jurisprudenciais; e PATRIZIA TULLINI, "Il Trasferimento del Lavoratore: La Nozione e I Profili Applicativi", *Lo Statuto dei Lavoratore: Vent'Anni Dopo*, Turim, 1990, p. 12 e p. 177, onde se refere a posição concordante da jurisprudência e se apresenta vasta bibliografia sobre a aplicabilidade do art.º 700.º do Código de Processo Civil.

A Mobilidade Geográfica dos Trabalhadores – Alguns Pontos Críticos   147

Nós próprios já sustentamos que uma hipótese privilegiada de recurso a uma providência cautelar não especificada é a transferência do trabalhador[22].

É que, como se sabe, a desobediência, sendo possível, comporta um risco, uma vez que o tribunal pode vir a considerar que a transferência, afinal, não era susceptível de causar prejuízo sério ao trabalhador.

O recurso a uma providência cautelar inominada para a apreciação liminar da legitimidade da ordem do empregador, como é reconhecido no direito italiano, possibilidade que não tem tido exploração no direito português, evitaria que o trabalhador corresse o referido risco, ou que, ao invés, e como já tem sido afirmado pelos tribunais, a sua apresentação no novo local pudesse ser interpretada como uma aceitação tácita da transferência.

Acresce que as novas regras procedimentais (art.º 317.º do CT) constituirão um auxiliar muito relevante para substanciar o direito do trabalhador recorrer a este meio processual.

Continua, todavia, a faltar sinais mais claros por parte do legislador processual.

Porque não criar, por exemplo, um procedimento cautelar especificado nesta matéria?[23]

Por um lado, verifica-se um estranho e enigmático não uso desta providência por parte dos trabalhadores, não obstante a mesma constituir uma arma poderosa de reacção urgente à ameaça de lesão de interesses seus.

3. As cláusulas de mobilidade geográfica[24]

A garantia de inamovibilidade é agora, como vimos, assumidamente supletiva[25].

---

[22] ALBINO MENDES BAPTISTA, *Código de Processo do Trabalho Anotado*, 2.ª ed. – reimpressão, 2002, pp. 92-93.

[23] Naturalmente acompanhado da criação de outros procedimentos cautelares especificados para outras matérias.

[24] Reproduz-se em larga medida o nosso texto "Considerações a propósito das cláusulas de mobilidade geográfica", publicado na *Revista do Ministério Público*, n.º 104, 2005, pp. 153 e ss.

[25] Vd., *supra*, ponto 1.1.

148   IX Congresso Nacional de Direito do Trabalho

Julgamos que as cláusulas de mobilidade não devem ser vistas como não "garantindo o trabalhador contra mudanças arbitrárias de local de trabalho" ou como o exercício de um "puro critério do empregador"[26], podendo antes satisfazer necessidades objectivas da empresa[27].

Relativamente a pessoal dirigente, quadros superiores, trabalhadores que exercem cargos de confiança, ou que desempenhem funções que por natureza exigem mobilidade espacial, como é o caso da construção civil, numa economia com as características das actuais, pensada no quadro comunitário, que é por essência um quadro geograficamente flexível, pode justificar-se a inserção nos seus contratos de trabalho de cláusulas de mobilidade. São nestas "categorias" de trabalhadores que as cláusulas de mobilidade mais se justificam, como sustenta ISABELLE DAUGAREILH[28].

ROLF BIRK liga justamente a temática da mobilidade geográfica ao *status* do trabalhador[29].

Isto equivale a dizer que em relação à maioria dos trabalhadores não se justificam cláusulas de mobilidade. Caso contrário, estariam criadas as condições para a transformação das cláusulas de mobilidade em "cláusulas de estilo", para usar a terminologia de JOÃO LEAL AMADO[30].

***

O afastamento da garantia legal por convenção colectiva suscita, certamente, e em princípio, menores objecções. Mas, mesmo por esta via, não podem deixar de se definir as respectivas balizas, em termos que se exporão, como não se pode deixar de ter presente que há matérias inapropriáveis pela contratação colectiva, como as relativas às transferências que obriguem a mudanças de residência. Como veremos, a matéria de liberdade de escolha de domicílio[31] constitui um direito pessoal, de que só o trabalhador pode dispor.

---

[26] JOÃO LEAL AMADO, "Inamovibilidade: uma garantia supletiva?", *Questões Laborais*, n.º 3, 1994, pp. 175-176.

[27] Remete-se, de novo, para ALBINO MENDES BAPTISTA, *Estudos sobre o Código do Trabalho*, cit., pp. 93 e ss..

[28] ISABELLE DAUGAREILH, "Le Contrat de Travail à l'Épreuve des Mobilités", *Droit Social*, 1996, n.º 2, p. 132.

[29] ROLF BIRK, "Competitividade das Empresas e Flexibilização do Direito do Trabalho", *Revista de Direito e de Estudos Sociais*, Julho-Setembro – 1987, p. 300.

[30] JOÃO LEAL AMADO, *Temas Laborais*, Coimbra, 2005, p. 80.

A Mobilidade Geográfica dos Trabalhadores – Alguns Pontos Críticos

Mais preocupações geram as cláusulas de mobilidade insertas em contrato individual de trabalho.

Existem todas as razões para que o Direito do Trabalho continue a desconfiar do contrato individual[32].

Se é certo que o Direito do Trabalho tem de ser pensado também para os trabalhadores altamente qualificados ou que ocupam cargos de direcção, estabelecendo níveis de protecção mais reduzidos, não se pode esquecer que a maioria dos trabalhadores não se insere neste tipo.

Para nós vai uma longa distância entre, por exemplo, um director da empresa e um caixa de supermercado. No primeiro caso, há, em princípio, negociação individual. No segundo caso, há, em regra, mera adesão do trabalhador. O que não é, nem pode ser, despiciendo na abordagem da matéria em análise[33].

Neste contexto, justifica-se uma particular atenção do julgador relativamente ao alargamento por contrato individual da faculdade de transferência do trabalhador, *maxime* nos casos em que não tenha havido negociação individual.

***

MARIA DO ROSÁRIO PALMA RAMALHO alude a "esvaziamento sistemático" da garantia da inamovibilidade "sem qualquer controlo, justamente porque se processa ao nível do contrato de trabalho."[34]

Se para nós existem motivos ponderosos de preocupação relativamente às cláusulas de mobilidade insertas em contratos individuais, não nos parece, de todo, que se possa falar em esvaziamento da garantia "sem qualquer controlo".

---

[31] Nos termos do art.º 82.º, n.º 1, do CC, a pessoa tem domicílio no lugar da sua residência habitual.

[32] Vd., entre outros, JOSÉ JOÃO ABRANTES, *Estudos sobre o Código do Trabalho*, Coimbra, 2004, p. 139.

[33] CATARINA CARVALHO aceita a validade das cláusulas de mobilidade desde que as mesmas sejam negociadas individualmente, em particular relativamente a trabalhadores qualificados ("A mobilidade geográfica dos trabalhadores no Código do Trabalho", *cit.*, p. 51).

[34] MARIA DO ROSÁRIO PALMA RAMALHO, *Estudos de Direito do Trabalho*, Vol. I, Coimbra, 2003, p. 59.

150 IX Congresso Nacional de Direito do Trabalho

Em primeiro lugar, porque se tem de verificar determinabilidade dos limites geográficos[35], conforme resulta do art.º 280.º do Código Civil. Não são admissíveis cláusulas de mobilidade imprecisas, que prevêem simplesmente que no decurso do seu contrato o trabalhador pode ser mudado de local[36].

Entendemos que se deverá especificar, de forma clara, o âmbito geográfico em questão, que deve ter, ainda assim, uma extensão adequada.

A cláusula de mobilidade deve também observar o **princípio da proporcionalidade.**

Tal como defende RAYMOND VATINET, justifica-se em particular a extensão do controlo de proporcionalidade às cláusulas de mobilidade que pela importância da distância geográfica gerem o risco de constituir um atentado à vida privada do trabalhador, incluindo a livre escolha do domicílio e o direito a uma vida familiar normal[37]. Voltaremos ao ponto.

Naturalmente que nesta ponderação há que tomar em consideração os meios de transporte existentes e postos à disposição do trabalhador.

Depois, a utilização da faculdade de alargar os pressupostos da transferência tem de corresponder a um exercício funcional[38]. Na sua base têm de estar presentes necessidades organizativas da empresa.

Do princípio da boa fé, devem também ser tiradas balizas precisas para a utilização da referida faculdade[39].

---

[35] Neste sentido, PEDRO MADEIRA DE BRITO, "O local de trabalho", *Estudos do Instituto de Direito do Trabalho*, vol. I, Coimbra, 2001, pp. 370-371; JOÃO LEAL AMADO, *Temas Laborais*, cit., p. 69 e pp. 78-79; CATARINA CARVALHO, "A mobilidade geográfica dos trabalhadores no Código do Trabalho", *cit.*, p. 51; e ALBINO MENDES BAPTISTA, *Estudos sobre o Código do Trabalho*, cit., pp. 93 ss..

[36] Assim, no direito francês, MARIE-CÉCILE ESCANDE-VARNIOL, "Pour une évolution de la qualification juridique des changements d'horaires ou de lieu de travail", *Droit Social*, 2002, n.º 12, pp. 1068-1069.

[37] RAYMOND VATINET, "Contrat de travail. Clause de mobilité. Délai contractuel de réflexion et délai de prévenance. Intérêt de l'entreprise", *Droit Social*, 2002, n.º 11, p. 998.

[38] Na terminologia do Decreto-Lei n.º 446/85, de 25 de Outubro, que estabelece o regime das cláusulas contratuais gerais, tem de existir uma "razão atendível" que as partes tenham convencionado – art.º 22.º, n.º 1, alínea *c)*.

Vd., a este propósito, JOÃO LEAL AMADO, *Temas Laborais*, cit., p. 80; e CATARINA CARVALHO, "A mobilidade geográfica dos trabalhadores no Código do Trabalho", *cit.*, pp. 53-54.

[39] Vd. o art.º 15.º do referido Decreto-Lei n.º 446/85, de 25 de Outubro.

A Mobilidade Geográfica dos Trabalhadores – Alguns Pontos Críticos

Importa ainda estar atento à utilização de cláusulas de mobilidade como forma de encapotar sanções disciplinares (reclamação de direitos, exercício do direito à greve[40], etc.) ou como modo de mascarar atitudes discriminatórias (pense-se, em particular na trabalhadora grávida, puérpera ou lactante). A actuação de uma cláusula de mobilidade nesta última situação, por exemplo, deve merecer uma atitude especialmente vigilante.

Finalmente, em conformidade com o que antes se expôs, tem inteira justificação potenciar o recurso ao regime das cláusulas contratuais gerais, que, não obstante já julgarmos aplicável ao contrato individual de trabalho no domínio da anterior legislação[41], ganha agora uma outra projecção com a sua previsão expressa no art.º 96.º do CT[42]. Cabe aos tribunais potenciá-lo[43].

Tudo dito e somado, os tribunais passam a dispor de um campo de intervenção muito alargado, cabendo-lhes estar atentos a cláusulas abusivas[44] (entre as quais se encontram as indetermináveis) que representem uma utilização contratual de evidente supremacia, que não obedeçam à

---

[40] Merecem, por isso, inteiro aplauso decisões como a do Supremo Tribunal de Justiça, de 8.3.95. (*BMJ*, 445, 1995, 221), onde se considerou nula e de nenhum efeito a ordem de mudança de local de trabalho dada pela entidade patronal ao trabalhador, contra os seus interesses pessoais, **exclusivamente por motivo de adesão a uma greve**. E, no caso, não havia tão pouco cláusula de mobilidade...

[41] Vd. a nossa *Jurisprudência do Trabalho Anotada*, 3.ª ed. – reimpressão, cit., p. 56.

[42] O conteúdo do art.º 96.º do CT é o seguinte:

O regime das cláusulas contratuais gerais aplica-se aos aspectos essenciais do contrato de trabalho em que não tenha havido prévia negociação individual, mesmo na parte em que o seu conteúdo se determine por remissão para cláusulas de instrumento de regulamentação colectiva de trabalho.

Criticando a solução legal por limitar a aplicabilidade do regime das cláusulas contratuais gerais aos aspectos essenciais do contrato de trabalho, vd. CATARINA CARVALHO, *"A mobilidade geográfica dos trabalhadores no Código do Trabalho", cit.*, 53.

Remete-se, também, para ALEXANDRE MOTA PINTO, "Notas sobre o Contrato de Trabalho de Adesão", *Questões Laborais*, n.º 21, 2003, pp. 34 e ss..

[43] A este propósito convém lembrar que uma vez invocada a aplicação do regime das cláusulas contratuais gerais passa a caber ao empregador provar que a cláusula contratual em causa resultou de negociação prévia (art.º 1.º, n.º 3, do Decreto-Lei n.º 446/85, de 25 de Outubro), o que se traduz num importante reforço, *in casu*, da posição do trabalhador.

[44] Assim, também, JOÃO LEAL AMADO, *Temas Laborais*, cit., p. 80; e CATARINA CARVALHO, "A mobilidade geográfica dos trabalhadores no Código do Trabalho", *cit.*, pp. 54-55.

prossecução de um interesse empresarial merecedor de tutela e que atropelem de modo intolerável direitos fundamentais dos trabalhadores.

***

Uma matéria a merecer particular ponderação e tratamento prende--se com a cláusula de mobilidade cuja execução obrigue o trabalhador a mudar de residência. A questão tem sido muito discutida, por exemplo, em França.

A liberdade de escolha de domicílio releva do direito à intimidade da vida privada[45].

Estamos no domínio dos direitos, liberdades e garantias pessoais. Mais: a liberdade em causa constitui um direito pessoalíssimo.

Interessa, por isso, e aqui de modo acrescido, estar vigilante à utilização destas cláusulas de forma abusiva, potenciar a utilização da boa fé e o recurso a juízos de proporcionalidade.

Sendo a escolha do lugar de residência um direito da pessoa do trabalhador, as restrições têm de ser proporcionais ao fim pretendido, devendo estas ser aferidas no plano de uma dada realidade existente à data da aceitação da respectiva cláusula.

Em França, por exemplo, dá-se crescente relevância, e bem, às implicações das cláusulas de mobilidade na organização da vida familiar. Traz-se à colação o direito a uma *vida familiar normal*[46] e à livre escolha de domicílio (invocando-se o art.º 8.º da Convenção Europeia dos Direitos do Homem), como expressão de direitos fundamentais[47] [48].

Curiosamente, no direito francês, verifica-se um controle crescente das cláusulas de mobilidade, ao ponto de já se ter dito que isso parece

---

[45] Art.º 26.º da Constituição Portuguesa, e art.º 80.º do CC.

[46] Vd. JEAN EMMANUEL RAY, "Contrat de travail. Libre choix du domicile. Clause particuliére. Conditions de licéité", *Droit Social*, 1999, n.º 3, p. 289, aproximando os "limites geográficos" dos "limites temporais".

[47] ANTOINE MAZAUD critica o legislador francês por se ter ocupado do tempo e não do espaço ("Modification du contrat, changement des conditions de travail et vie personnelle", *Droit Social*, 2004, n.º 1, p. 81).

[48] Sobre os direitos fundamentais em geral, e entre nós, remete-se para a obra nuclear de JOSÉ JOÃO ABRANTES, *Contrato de Trabalho e Direitos Fundamentais*, Coimbra, 2005.

A Mobilidade Geográfica dos Trabalhadores – Alguns Pontos Críticos 153

paradoxal face a um menor controlo da medida patronal na ausência de cláusula de mobilidade[49].

Da nossa parte, propendemos para entender que a cláusula aceite quando o trabalhador é solteiro e não tem filhos, terá de ser analisada a outra luz se o trabalhador entretanto casar e passar a ter filhos. Julgo, em conformidade, que para adequar a cláusula de mobilidade a alterações da situação pessoal do trabalhador deveria apontar-se para um prazo de eficácia com a consequente reavaliação no final desse período.

O que pretendemos dizer, e a questão está ausente do debate jurídico nacional, é que estas matérias, e quanto a isso provavelmente todos estaremos de acordo, são de extrema relevância.

Em França certas convenções colectivas exigem negociações entre empregador e trabalhador como procedimento prévio à implementação de uma cláusula de mobilidade[50]. Trata-se de um exemplo a reter...

Choca-nos, por exemplo, a execução de uma cláusula de mobilidade 15 ou 20 anos depois da sua aceitação quando nesse período de tempo o trabalhador exerceu sempre a sua actividade no mesmo local.

Na abordagem desta matéria importa ponderar aspectos como a necessidade de transferência de escola dos filhos do trabalhador.

Depois não se pode ignorar que hoje, em regra, ambos os cônjuges trabalham pelo que a transferência de um deles pode gerar consequências graves para o outro (particularmente no caso, que estamos a seguir, de mudança de residência), e gerar, por isso, perturbações muito sérias na vida familiar[51].

---

[49] PAUL BOUAZIZ e ISABELLE GOULET, "À propos de la modification du lieu de travail et de la clause de mobilité", *Droit Social*, 2005, n.º 6, pp. 634-635. Trata-se de um texto cuja leitura vivamente se recomenda.

[50] Traga-se também à colação a Lei de 18 de Janeiro de 2005 para a coesão social, que introduziu no Código do Trabalho francês um novo artigo (art.º L 320-2) que prevê doravante que nas empresas e grupos que ocupem pelo menos 300 trabalhadores, assim como nas empresas e grupos de dimensão comunitária que tenham pelo menos um estabelecimento ou uma empresa de 150 trabalhadores em França, o empregador é obrigado a implementar todos os 3 anos uma negociação "sobre a implementação dum dispositivo de gestão previsional dos empregos e das competências (...), bem como sobre o acompanhamento da mobilidade profissional e geográfica dos trabalhadores.". Vd., a este propósito, PAUL BOUAZIZ e ISABELLE GOULET, "À propos de la modification du lieu de travail et de la clause de mobilité", *cit.*, p. 637.

[51] Vd. JOÃO LEAL AMADO, *Temas Laborais*, cit., p. 67, embora sem se centrar no problema da mudança de residência.

A transferência pode traduzir-se, em casos assim configurados, numa autêntica **convulsão na vida do trabalhador.**

***

Pelo exposto, é possível concluir, com relativa tranquilidade, que a matéria da mudança de residência do trabalhador não mereceu atenção por parte do legislador. O Código do Trabalho nada diz, por exemplo, sobre uma coisa tão simples quanto o tempo que a empresa devia conceder ao trabalhador para este organizar a mudança de residência.

Refira-se que em Espanha, por exemplo, a lei fixa um dia de licença por "transferência de domicílio habitual"[52], que ainda assim, na nossa opinião, é muito pouco.

***

Julgamos também ser de equacionar a validade de uma cláusula de mobilidade relativamente à qual o trabalhador não retire qualquer benefício. Esse benefício pode, por exemplo, surgir de imediato como contrapartida retributiva (uma espécie de "preço da disponibilidade espacial") ou resultar de um aumento da retribuição, previamente definido, em situação de implementação da cláusula de mobilidade (que poderemos chamar "preço de actuação geográfica").

Situações que apresentem constrangimentos graves para os trabalhadores, que vão ao ponto, como vimos, de poder afectar a própria escolha de domicílio, sem existência de contrapartidas, merecem-nos sérias reservas.

Como se sabe, o pacto de não concorrência[53] ou as cláusulas de exclusividade são acompanhados de contrapartidas económicas.

---

[52] Art.º 37, n.º 3, alínea *c)*, do Estatuto dos Trabalhadores.

[53] Art.º 146.º, n.º 2, alínea *c)*, do CT.

[54] ANTÓNIO MENEZES CORDEIRO, *Tratado de Direito Civil, I – Parte Geral*, t. I, 3.ª ed., Coimbra, 2005, p. 416. Para este autor uma das grandes vias de realização do princípio da materialidade subjacente é, ao lado da conformidade material das condutas e da idoneidade valorativa, o equilíbrio no exercício das prestações.

[55] Somos, por isso, favoráveis à autonomização da "transferência colectiva" relativamente à "transferência individual".

A Mobilidade Geográfica dos Trabalhadores – Alguns Pontos Críticos   155

O intérprete deverá utilizar critérios de razoabilidade, procurar situações de equilíbrio das posições jurídicas, apelar a juízos de boa fé, introduzir um controle de funcionalidade, deve, em suma, fazer apelo ao sistema. Nas palavras de ANTÓNIO MENEZES CORDEIRO: "O equilíbrio no exercício de posições jurídicas recorda a permanente necessidade de sindicar, à luz da globalidade do sistema, as diversas condutas, mesmo permitidas."[54].

***

Parece-nos que as cláusulas de mobilidade não fazem sentido no caso da "transferência colectiva", porque aí a valoração a fazer é completamente distinta quando confrontada com a "transferência individual"[55]. As cláusulas de mobilidade aplicadas nestes casos serviriam para que os empregadores se furtassem ilegitimamente aos custos de um acto de gestão empresarial. A mudança do local de funcionamento da empresa constitui um risco da empresa que não cabe ao trabalhador suportar.

Por idênticas razões, dever-se-ão reputar de ilícitas as "cláusulas de sedentarização" invocadas em cenários de "transferência colectiva", na medida em que tal actuação representaria violação do direito à iniciativa económica privada, que pressupõe liberdade de escolher a localização da empresa[56].

***

As situações de exclusividade, negociadas e objecto de compensação económica, permitem um controlo menos intenso das cláusulas de mobilidade. Isto equivale a dizer que na ausência de pacto de exclusividade, o controlo dessas cláusulas deve ser mais intenso, atendendo, nomeadamente, a eventuais situações de pluriemprego.

Também no trabalho a tempo parcial a matéria deve ter uma abordagem diferente. As exigências do empregador a este propósito, nos casos em que o trabalhador optou por esta modalidade de contratação

---

[56] Assim, também, JOÃO LEAL AMADO, *Temas Laborais*, cit., p. 78. No mesmo sentido, mas com dúvidas, CATARINA CARVALHO, "A mobilidade geográfica dos trabalhadores no Código do Trabalho", *cit.*, p. 52.

156   *IX Congresso Nacional de Direito do Trabalho*

para obter maior disponibilidade para si e /ou para a família[57], devem ser mais limitadas, pois uma cláusula de mobilidade pode inviabilizar o resultado pretendido pelo trabalhador.

4. A necessidade de definição de outras regras procedimentais

O Código do Trabalho, e muito bem, criou regras procedimentais a observar pelo empregador em caso de mobilidade geográfica.

Assim, salvo motivo imprevisível, a decisão de transferência de local de trabalho tem de ser comunicada ao trabalhador, devidamente fundamentada **e por escrito**, com **30 dias de antecedência**[58], nos casos de transferência, ou com **8 dias de antecedência**, nos casos de deslocação[59].

A inobservância desta norma gera a ilicitude da transferência.

Julgo que na aludida comunicação o trabalhador deverá ser informado sobre as **condições da transferência**, assistindo-lhe o direito de, em caso negativo, exigir esse esclarecimento. Caso contrário, o trabalhador não poderá avaliar as consequências práticas da modificação contratual para si e para a sua família.

Os **8 dias de antecedência**, nos casos de "transferência temporária", constitui um prazo muito rígido, que nalguns casos se pode revelar insuficiente. Por exemplo, para uma deslocação de seis meses (ou mais) de, por exemplo, Lisboa para Bragança, dever-se-ia exigir um pré-aviso mais dilatado.

O "motivo imprevisível" a que alude o art.º 317.º pressupõe circunstâncias excepcionais e terá de observar os parâmetros da boa fé. Por exemplo, não é aceitável uma ordem de transferência de Lisboa para Bragança (ou mesmo uma deslocação, por exemplo, por três meses) dada na 6.ª feira para ser executada na 2.ª feira subsequente. Por outro lado, dificilmente o motivo imprevisível se verificará na "transferência colectiva".

---

[57] Vd. os arts. 43.º, n.º 1, alínea *b)*, 45.º, n.º 1 e 2, e 183.º, n.º 1, todos do CT.

[58] A mesma solução é adoptada em Espanha – art.º 40.º, n.º 1, do Estatuto dos Trabalhadores.

[59] Em Espanha, o pré-aviso não pode ser inferior a 5 dias úteis em caso de deslocação de duração superior a 3 meses – art.º 40.º, n.º 4, do Estatuto dos Trabalhadores.

Julgo ainda que, ao contrário do que sustenta CATARINA CARVALHO[60], o "motivo imprevisível" isenta o empregador não só da observância do pré-aviso, mas também da fundamentação escrita. Caso contrário a locução "motivo imprevisível" não seria inserta no início da norma.

Trata-se, por isso, de um preceito também a rever, exigindo-se pelo menos justificação do "motivo imprevisível", de forma a permitir-se ao trabalhador aferir do preenchimento deste conceito perigosamente indeterminado. Lembre-se, por exemplo, que nesta circunstância o recurso a um procedimento cautelar não se afigura fácil, o que redundará em prejuízo, também a este nível, para o trabalhador.

Devemos ir até um pouco mais longe: compreendemos o "motivo imprevisível" sobretudo em caso de "transferência temporária".

∗∗∗

O Código do Trabalho nada diz, mas devia dizer, quanto ao tempo que empresa deve conceder ao trabalhador para organizar a mudança de residência.

Em Espanha, por exemplo, como se disse *supra*[61], a lei fixa um dia de licença por "transferência de domicílio habitual", que ainda assim, na minha óptica, é muito pouco.

∗∗∗

O Código do Trabalho talvez pudesse ter ido um pouco mais longe na definição de outras regras procedimentais em matéria de transferência colectiva.

O seu regime deveria ser aproximado do regime do despedimento colectivo[62], dada a projecção da medida, em regra, num conjunto de trabalhadores e a necessidade de encontrar mecanismos de adequada protecção das respectivas posições. É, aliás, o que sucede em Espanha, em França e na Alemanha, onde a intervenção dos trabalhadores nesse

---

[60] CATARINA CARVALHO, "A mobilidade geográfica dos trabalhadores no Código do Trabalho", *cit.*, p. 58.

[61] Ponto 3.

[62] No mesmo sentido, CATARINA CARVALHO, "A mobilidade geográfica dos trabalhadores no Código do Trabalho", *cit.*, p. 61, nota 60.

processo é mais intensa, procurando-se por essa via, nomeadamente, atenuar os efeitos da medida para os trabalhadores.

O seu regime deveria ser aproximado do regime do despedimento colectivo, dada a projecção da medida num conjunto de trabalhadores e a necessidade de encontrar mecanismos de adequada protecção das respectivas posições. É, aliás, o que sucede em Espanha, em França e na Alemanha, onde a intervenção dos trabalhadores nesse processo é mais intensa, procurando-se por essa via, nomeadamente, atenuar os efeitos da medida para os trabalhadores. Por exemplo, uma norma similar à do art.º 399.º (um crédito de horas de 2 dias de trabalho por semana), prevista em sede de despedimentos colectivos, poderia fazer sentido na "transferência colectiva".

***

Sabemos que na "transferência colectiva", nos interesses em confronto, deu-se prevalência, como escreve ANTÓNIO MONTEIRO FERNANDES, à mudança geográfica do estabelecimento[63].

Acresce que nesta forma de mobilidade geográfica, desapareceu a presunção *juris tantum* do prejuízo sério para o trabalhador, deixando de se impor ao empregador o ónus de provar a inexistência de prejuízo sério para o trabalhador. O legislador continua, neste caso, a partir do pressuposto da licitude da ordem de transferência, e talvez para não dificultar a adopção da medida de gestão empresarial libertou o empregador do ónus da prova.

Tudo somado existem boas razões para se reverem as regras procedimentais existentes, reforçando a tutela do trabalhador nas situações de transferência colectiva.

Deixaram-se algumas ideias expostas cujas dúvidas partilho com os Srs. Congressistas. Procurei situações que provocassem o debate para o qual fico inteiramente disponível.

Muito obrigado pela atenção que me quiseram dispensar.

---

[63] ANTÓNIO MONTEIRO FERNANDES, *Direito do Trabalho*, 12.º ed., cit., p. 421.

DIA 11 DE NOVEMBRO DE 2005

TEMA V

FLEXIBILIDADE DE SAÍDA DO MERCADO DE TRABALHO. TELETRABALHO

Presidência
Dr. Fernando Ribeiro Lopes
Director-Geral do Emprego e das Relações de Trabalho

Prelectores
Mestre Catarina Carvalho
Universidade Católica Portuguesa – Porto
Mestre Luís Miguel Monteiro
Instituto Superior de Ciências Sociais e Políticas
Advogado
Prof. Doutor Pedro Bettencourt
Universidade Lusíada de Lisboa e Advogado

NOTAS SOBRE ARTICULAÇÃO ENTRE DIREITO NACIONAL E DIREITO COMUNITÁRIO A PROPÓSITO DA NOÇÃO DE DESPEDIMENTO COLECTIVO

Luís Miguel Monteiro

Instituto Superior de Ciências Sociais e Políticas

NOTAS SOBRE ARTICULAÇÃO ENTRE DIREITO NACIONAL E DIREITO COMUNITÁRIO A PROPÓSITO DA NOÇÃO DE DESPEDIMENTO COLECTIVO[*]

Luís Miguel Monteiro

*Instituto Superor de Ciências Socias
e Políticas*

Sumário: §1. Introdução. §2. As noções comunitária e nacional de despedimento colectivo. §3. A recepção interna da noção comunitária de despedimento colectivo antes do Código do Trabalho. §4. A recepção da noção comunitária de despedimento colectivo pelo Código do Trabalho. §5. O "despedimento por equiparação". §6. Interpretação conforme à Directiva do conceito de despedimento colectivo.

§1. Introdução

Em estudo publicado em 2002, Bernardo Lobo Xavier perguntava(-se) por que razão, sendo o despedimento colectivo a forma mais fácil de despedir, havia em Portugal tão poucos destes despedimentos[1].

---

[*] O texto corresponde, com alterações, à intervenção feita no IX Congresso Nacional de Direito do Trabalho, realizado em Lisboa, nos dias 10 e 11 de Novembro de 2005, sob a organização da Editora Almedina e coordenação científica do Professor Doutor António Moreira, a quem se reitera o agradecimento pelo convite formulado para a participação nos trabalhos e se saúda por mais esta relevante iniciativa. A intervenção então feita teve por título "O despedimento colectivo".

[1] "A crise na empresa e o despedimento colectivo", *Scientia Iuridica*, tomo LI, n.º 292, Janeiro-Abril, 2002, p. 119.

Sem prejuízo desta interrogação se afigurar, ainda hoje, pertinente, acumulam-se os indícios que permitem antecipar alteração significativa da situação descrita.

Para além dos dados disponíveis[2] mostrarem acréscimo significativo de todos os parâmetros de medida da realidade do despedimento colectivo – número de empresas envolvidas, universo de trabalhadores afectados, número de trabalhadores abrangidos e número de efectivos despedimentos – afigura-se provável que a conjugação de diversos outros factores possa redundar em presença mais visível deste fenómeno entre nós.

De facto, continuam reservadas as perspectivas de crescimento da economia portuguesa. Sobretudo, mostram-se inevitáveis fenómenos de transferência para o exterior de projectos de produção caracterizados pela exploração intensiva de mão-de-obra de baixo custo (as designadas "deslocalizações"), de resto aqueles cujo fim tem maior impacto social, por factores tão diversos como a relevância na taxa local ou regional de emprego, a inexistência de alternativas ocupacionais, o número de trabalhadores envolvidos, a diminuta habilitação escolar ou qualificação profissional destes.

Não conhecendo o nosso ordenamento jus-laboral a cessação *ad nutum* ou imotivada do contrato de trabalho por iniciativa do empregador, os fenómenos de cessação em massa de contratos de trabalho só podem ser juridicamente enquadrados nas modalidades da revogação consensual ou do despedimento colectivo.

Ora, não só a disciplina legal do despedimento colectivo conheceu alterações que, para além de a clarificarem, tornam o instituto solução mais acessível e mais célere de resolução contratual, como a anunciada reforma da legislação sobre protecção no desemprego reduzirá o alcance de vantagem patrimonial que constituía aliciante da cessação negociada do contrato de trabalho.

No que respeita à revisão do regime do despedimento colectivo, recorde-se que o Código do Trabalho[3] acolheu como "motivo de mer-

---

[2] Os quais podem ser compulsados no sítio da Direcção-Geral do Emprego e Relações de Trabalho na *Internet*, com o endereço *www.dgert.msst.gov.pt*. Na preparação da intervenção que esteve na origem do presente texto foram compulsados dados actualizados até Setembro de 2005.

[3] A este diploma pertencem todas as disposições legais citadas sem indicação de origem.

Notas Sobre Articulação entre Direito Nacional e Direito Comunitário 165

cado" justificativo do despedimento colectivo a previsibilidade da diminuição da actividade da empresa[4] [cfr. art.º 397.º/2, a)], enquanto o direito anterior exigia a comprovação daquela diminuição[5] [Regime jurídico da cessação do contrato individual de trabalho e da celebração e caducidade do contrato a termo (LCCT), aprovado pelo DL 64-A/89, de 27 de Fevereiro, art.ºs 16.º e 27.º/2, a)]. Por outro lado, a reestruturação da organização produtiva surge agora como fundamento estrutural autónomo do despedimento [art.º 397.º/2, b)].

Já quanto à futura reforma do regime da protecção no desemprego[6], atente-se na significativa redução da possibilidade de obtenção de subsídio de desemprego pelo trabalhador quanto o contrato de trabalho cessar por acordo. A reestruturação, viabilização ou recuperação da empresa continuam a constituir causas idóneas de revogação contratual com direito à percepção do subsídio de desemprego, mas aqueles conceitos conhecerão definição rigorosa, deixando de poder ser concretizados por multiplicidade de situações diversas. Já os acordos fundados em motivos que, não fora a cessação negociada do contrato, teriam permitido o despedimento colectivo, só permitirão o acesso ao mesmo subsídio até determinados limites quantitativos, dependentes da dimensão da empresa, contrariamente ao que agora acontece.

É de esperar, assim, que as adesões – por vezes maciças – de trabalhadores a acordos revogatórios dos respectivos contratos de trabalho, em alternativa a procedimentos de resolução contratual por despedimento colectivo, conheçam forte desincentivo, por já não permitirem beneficiar de prestação assistencial substitutiva do salário, a qual constitui, em muitos casos, uma das razões para a adesão do trabalhador à proposta de cessação contratual. A confirmar-se este cenário, o que antes se obtinha por acordo passará a alcançar-se por despedimento (colectivo), com o consequente incremento destes procedimentos.

---

[4] Constituem motivos de mercado para efeitos de despedimento colectivo "a redução da actividade da empresa provocada pela diminuição previsível da procura de bens ou serviços ou impossibilidade superveniente, prática ou legal, de colocar esses bens ou serviços no mercado" [art.º 397.º/2, a)]. Mostrando-se suficiente que a diminuição da procura de bens ou serviços seja previsível, o efeito de redução da actividade da empresa não tem de ser actual, mas meramente futuro ou potencial, isto é, consequência expectável daquela diminuição. Sublinhando a importância desta alteração do texto legal no modo de apreciar os motivos do despedimento, Pedro Romano Martinez, *Apontamentos sobre a Cessação do Contrato de Trabalho à Luz do Código do Trabalho*, AAFLD, Lisboa, 2004, p. 115.

A análise do instituto do despedimento colectivo e, em concreto, do respectivo âmbito de aplicação reveste, por isso, crescente importância prática e igual interesse dogmático.

O presente estudo não pretende reflectir sobre todos os problemas suscitados pela noção de despedimento colectivo, mas tão só tecer algumas considerações sobre a forma como é construída no direito interno, à luz dos contributos proporcionados pelo ordenamento jurídico comunitário. Em concreto, analisar-se-á a interacção do ordenamento comunitário com o Direito nacional para extrair algumas conclusões sobre o modo de computar o número de trabalhadores abrangidos, para efeitos de aplicação da modalidade de cessação do contrato de trabalho que é o despedimento colectivo.

§2. As noções comunitária e nacional de despedimento colectivo

Como se sabe, a Directiva 98/59/CE do Conselho, de 20 de Julho de 1998[7] (doravante, a "Directiva"), estabelece regras de protecção dos trabalhadores em caso de despedimento colectivo. *Grosso modo*, são instituídos procedimentos de informação e consulta dos representantes dos trabalhadores (art.º 2.º), de notificação e intervenção de autoridade pública com competência na matéria (art.º 3.º) e de diferimento da cessação contratual (art.º 4.º).

Para este efeito, despedimento colectivo é o efectuado pelo empregador, por um ou vários motivos não inerentes à pessoa dos trabalhadores, quando o número de contratos a cessar atinja determinados limites,

---

[5] A lei anterior designava por "motivos económicos ou de mercado" a "<u>comprovada</u> redução da actividade da empresa provocada pela diminuição da procura de bens ou serviços ou impossibilidade superveniente, prática ou legal, de colocar esses bens ou serviços no mercado" (sublinhado nosso).

[6] O projecto do diploma foi publicado, para apreciação pública, na separata n.º 6 do *Boletim do Trabalho e Emprego*, de 28 de Junho de 2006. O actual regime do subsídio de desemprego consta do DL 119/99, de 14 de Abril, estando concretamente em causa, para a questão referida no texto, o regime do art.º 7.º/1 e 5, regulamentado pelo Despacho n.º 18.080/99 do Secretário de Estado da Segurança Social e das Relações Laborais, de 30 de Agosto de 1999 (*Diário da República*, IIª Série, de 17 de Setembro de 1999).

[7] Esta Directiva, publicada no *Jornal Oficial das Comunidades Europeias*, L 225, p. 16, consolidou a Directiva 75/129/CEE do Conselho, de 17 de Fevereiro de 1975 (*Jornal Oficial*, L 48, p. 29), alterada pela Directiva 92/56/CEE do Conselho, de 24 de Junho de 1992 (*Jornal Oficial*, L 245, p. 3).

Notas Sobre Articulação entre Direito Nacional e Direito Comunitário

alternativos, fixados em função do intervalo temporal em que os despedimentos ocorrem, o número de trabalhadores abrangidos pela cessação contratual e o número de empregados a prestar serviço nas relevantes empresas ou estabelecimentos [Directiva, art.º 1.º/1, a)].

Assim, os Estados-membros devem qualificar como despedimento colectivo o procedimento que num período de trinta dias, abranja *(i)* no mínimo dez trabalhadores, em estabelecimentos com habitualmente mais de vinte e menos de cem empregados, *(ii)* no mínimo 10% do número de trabalhadores, em estabelecimentos com um número habitual de trabalhadores igual ou superior aos cem mas inferior a trezentos, ou *(iii)* no mínimo trinta trabalhadores, em estabelecimentos com, pelo menos, trezentos trabalhadores habituais. Em alternativa, deve ser havido como despedimento colectivo o procedimento que num período de noventa dias, abranja no mínimo vinte trabalhadores, qualquer que seja o número dos habitualmente empregados nos estabelecimentos em questão [Directiva, art.º 1.º/1, a)].

No Direito português, o preceito legal em vigor qualifica como despedimento colectivo "a cessação de contratos de trabalho promovida pelo empregador e operada simultânea ou sucessivamente no período de três meses, abrangendo, pelo menos, dois ou cinco trabalhadores, conforme se trate, respectivamente, de microempresa e de pequena empresa, por um lado, ou de média e grande empresa, por outro, sempre que aquela ocorrência se fundamente em encerramento de uma ou várias secções ou estrutura equivalente ou redução de pessoal determinada por motivos de mercado, estruturais ou tecnológicos" (art.º 397.º/1).

§3. A recepção interna da noção comunitária de despedimento colectivo antes do Código do Trabalho

Debruçando-se sobre a noção legal de despedimento colectivo anterior ao Código do Trabalho[8], o Tribunal de Justiça das Comunidades

---

[8] O art.º 16.º da LCCT definia despedimento colectivo como "a cessação de contratos individuais de trabalho promovida pela entidade empregadora operada simultânea ou sucessivamente no período de três meses, que abranja, pelo menos, dois ou cinco trabalhadores, conforme se trate, respectivamente, de empresas com 2 a 50 ou mais de 50 trabalhadores, sempre que aquela ocorrência se fundamente em encerramento definitivo da empresa, encerramento de uma ou várias secções ou redução de pessoal determinada motivos estruturais, tecnológicos ou conjunturais".

Europeias (TJCE) decidiu, por acórdão de 12 de Outubro de 2004, que "ao restringir a noção de despedimentos colectivos a despedimento por razões estruturais, tecnológicas ou conjunturais e ao não alargar esta noção a despedimentos por todas as razões não inerentes à pessoa dos trabalhadores, a República Portuguesa não cumpriu as obrigações que lhe incumbem por força dos artigos 1.º e 6.º da directiva (...)"[9].

Em causa estavam determinados factos extintivos da relação de trabalho subordinado que a lei portuguesa então vigente não subsumia à noção de despedimento colectivo, nem submetia ao regime deste, mas que a Directiva mencionada considerou deverem beneficiar do sistema de protecção dos trabalhadores previsto para os casos "clássicos" de reso-lução contratual promovida pelo empregador por razões atinentes à actividade da empresa[10].

Em concreto, foi apontada a desconformidade com a Directiva das soluções previstas no ordenamento jurídico português para a cessação do contrato de trabalho *(i)* em situação de declaração de falência, em pro-cessos de liquidação ou outros de natureza análoga, *(ii)* em caso de expropriação, *(iii)* por facto fortuito ou de força maior ou *(iv)* em resul-tado do falecimento do empregador.

§4. **A recepção da noção comunitária de despedimento colectivo pelo Código do Trabalho**

Estes específicos fundamentos da decisão condenatória do Tribunal de Justiça das Comunidades perderam actualidade face à disciplina do Código do Trabalho[11].

---

[9] *Jornal Oficial das Comunidades Europeias*, C 300, de 4 de Dezembro de 2004, p. 4. As conclusões do advogado-geral neste processo, apresentadas em 11 de Março de 2004, podem ser compulsadas na *Colectânea de Jurisprudência*, 2004, p. I-9387.

[10] A transposição da Directiva pelo Reino Unido, operada pelo "Employment Protection Act" de 1975, foi igualmente objecto da censura do Tribunal de Justiça das Comunidades Europeias, por acórdão de 8 de Junho de 1994 (*Colectânea de Jurispru-dência*, 1994, p. I-2479). Para além de questões relativas à representação dos trabalha-dores e às obrigações de consulta visando a obtenção de acordo ou tendentes a evitar ou reduzir os despedimentos, o Tribunal concluiu mostrar-se contrária à Directiva a limitação, decorrente do Direito britânico, da tutela dos trabalhadores aos despedimentos por motivos económicos.

[11] Contra, Paula Quintas, "A *dificultosa* transposição da Directiva 98/59/CE, do Conselho, de 20 de Julho de 1998 (despedimentos colectivos)", *Scientia Iuridica*, tomo LIV, n.º 302, Abril-Junho, 2005, *maxime*, p. 335 e ss.

Notas Sobre Articulação entre Direito Nacional e Direito Comunitário 169

No que respeita ao primeiro deles, há que ter em conta que a insolvência do empregador não gera, como efeito directo e imediato, a cessação dos contratos de trabalho de que aquele seja parte (art.º 391.º/1). Mediatamente, a insolvência pode gerar a caducidade dos contratos de trabalho, por impossibilidade de recebimento da prestação resultante do encerramento definitivo do estabelecimento (art.º 391.º/1 e 4). Antes deste encerramento, pode verificar-se outra causa de cessação que, apesar de regulada em secção dedicada à caducidade do contrato de trabalho, está materialmente próxima do despedimento colectivo[12], embora com fundamento autónomo[13] – a dispensabilidade da colaboração dos trabalhadores para a manutenção do funcionamento da empresa (cfr. art.º 391.º/2).

Em ambos os casos, são aplicáveis as regras procedimentais do despedimento colectivo (art.º 391.º/3), mostrando-se quanto ao mais irrelevante, para efeitos de ordenamento comunitário, a modalidade de cessação contratual adoptada em concreto. Abre-se excepção para as micro-empresas (art.º 391.º/3), a qual é admitida pela própria Directiva [cfr. art.º 1.º/1, a)].

Por seu turno, a liquidação da empresa determina o seu encerramento definitivo, que o nosso Direito trata como situação de caducidade contratual (art.ºs 390.º/3 ou 391.º/1 e 4), mas a que manda aplicar o procedimento de despedimento colectivo (art.ºs 390.º/3 ou 391.º/3).

No que respeita os efeitos da expropriação sobre a subsistência das relações laborais, se aquela atingir a totalidade da unidade produtiva, há caducidade dos correspondentes contratos de trabalho, sujeita porém à aplicação do procedimento de despedimento colectivo (art.º 390.º/3). Se a expropriação afectar apenas parte da empresa ou estabelecimento, constituirá, em abstracto, fundamento para o despedimento colectivo dos trabalhadores a ela afectos (cfr. art.º 397.º/1).

Factos fortuitos ou de força maior, como a destruição das instalações por catástrofe natural, também podem estar na origem da cadu-

---

[12] Trata-a expressamente como causa de caducidade do contrato de trabalho Romano Martinez, *est. cit.*, p. 51 e ss., *maxime* p. 55.

[13] No sentido da autonomia deste fundamento de cessação face aos motivos comuns de cessação do contrato por iniciativa do empregador, Maria do Rosário Palma Ramalho, "Aspectos laborais da insolvência. Notas breves sobre as implicações laborais do regime do Código da Insolvência e da Recuperação de Empresas", *Questões Laborais*, n.º 26, 2005, pp. 157 e 158.

cidade dos contratos de trabalho dos que nelas prestam serviço, se o empregador decidir pela não prossecução da laboração; porém, a caducidade sempre estará sujeita à prévia observância das regras do despedimento colectivo (art.º 390.º/3). Se os mesmos factos apenas parcialmente atingirem a empresa, pondo em causa a subsistência dos contratos de trabalho, são uma vez mais as regras do despedimento colectivo – na dupla dimensão de fundamento e de procedimento – que o empregador deve observar para resolver aqueles contratos (art.º 397.º/1).

O falecimento da pessoa física e a extinção da pessoa colectiva que sejam partes, como empregadores, na relação de trabalho, podem constituir causa de caducidade dos respectivos contratos de trabalho. Porém, isso apenas acontece quando a actividade não deva prosseguir, assumida pelos herdeiros do empregador falecido ou em resultado da transmissão *inter vivos* da empresa ou estabelecimento (art.º 390.º/1 e 2).

Por isso, embora sejam formas específicas de caducidade, ambas exigem o encerramento definitivo da actividade da empresa, sendo por isso defensável a aplicação do procedimento regulado no art.º 419.º e seguintes, aplicado *ex vi* art.º 390.º/3 e com as adaptações que a situação exige. De todo o modo, o legislador prevê expressamente o efeito compensatório emergente destas causas de caducidade (art.º 390.º/5).

Não obstante estas considerações, a adequação do direito nacional ao direito comunitário exige interpretação conforme a este de alguns conceitos empregues pelo legislador nacional.

Assim, nos casos de caducidade referidos, a remissão para as regras procedimentais do despedimento colectivo deve abranger as relativas ao aviso prévio a que fica sujeita a eficácia extintiva da declaração do empregador (art.º 398.º), obrigando a leitura correctiva dos art.ºs 390.º/3 e 391.º/3, pois estes preceitos remetem apenas para a aplicação dos art.ºs 419.º e seguintes[14].

Na mesma linha, a noção de "empresa" utilizada no artigo 397.º do Código do Trabalho não pode lida como sinónimo de organização pro-

---

[14] Neste sentido, Catarina Carvalho, *Intervenção no IX Congresso Nacional de Direito do Trabalho*, Lisboa, 11 de Novembro de 2005. De todo o modo, as normas que sujeitam a cessação contratual a aviso prévio são, materialmente, também normas procedimentais (cfr. Pedro Romano Martinez e Outros, *Código do Trabalho Anotado*, Almedina, Coimbra, 2005, nota III. ao art.º 398.º, p. 660).

Notas Sobre Articulação entre Direito Nacional e Direito Comunitário   171

dutiva com fim lucrativo[15], pois a tutela assegurada pela Directiva também contempla as resoluções contratuais operadas por entidades sem fins lucrativos, *v.g.*, sindicatos, outras associações, fundações, cooperativas ou organizações não governamentais.

Já a falta de referência aos grupos de empresas na actual e na anterior disciplina do despedimento colectivo tem sido entendida por alguma doutrina como manifesta deficiência na transposição do texto comunitário em apreço[16].

O art.º 2.º/4 da Directiva estatui que "as obrigações previstas nos n.ºs 1, 2 e 3 [de informação e consulta aos representantes dos trabalhadores] são aplicáveis independentemente de a decisão dos despedimentos colectivos ser tomada pelo empregador ou por uma empresa que o controle. Quanto às alegadas infracções às obrigações de informação, consulta e notificação previstas na presente directiva, não será tomada em consideração qualquer justificação do empregador fundamentada no facto de as informações necessárias não lhe terem sido fornecidas pela empresa cuja decisão deu origem dos despedimentos colectivos".

Como melhor se verá *infra*, em §6., interpretação do Direito nacional conforme à Directiva exige que seja havido como despedimento qualquer cessação contratual não pretendida pelo trabalhador. Daí que mesmo sem referência expressa à realidade do grupo económico, empresarial ou societário, a circunstância de a decisão de despedir ter origem em iniciativa da entidade que controla o empregador e não deste, não descaracteriza como colectivo o despedimento. De resto, o centro de imputação da

---

[15] A limitação das obrigações de informação e consulta em matéria de despedimento colectivo aos empregadores com fins lucrativos determinou a condenação da Itália por deficiente transposição da Directiva (acórdão do Tribunal de Justiça das Comunidades Europeias de 16 de Outubro de 2003; *Jornal Oficial das Comunidades Europeias*, C 289, de 29 de Novembro de 2003, p. 6).

[16] Catarina Carvalho, "Cessação do contrato de trabalho promovida pelo empregador com justa causa objectiva no contexto dos grupos empresariais", AAVV, *Estudos de Direito do Trabalho em Homenagem ao Professor Manuel Alonso Olea*, Almedina, Coimbra, 2004, pp. 236 e 237. A mesma lacuna fora apontada, ainda a propósito da Directiva 92/56/CEE, por Jorge Leite, *in* "A transposição das Directivas comunitárias sobre despedimento colectivo", *Prontuário de Direito do Trabalho*, Actualização n.º 55, Abril-Junho, 1998, pp. 49 e 50. Contra, Bernardo Lobo Xavier, *O Despedimento Colectivo no Dimensionamento da Empresa*, Verbo, Lisboa, 2000, p. 471, nota 243.

vontade juridicamente apta a fazer cessar os contratos de trabalho é a pessoa do empregador; neste sentido, a decisão de despedir é *sempre* tomada pelo empregador.

A questão suscitada reduz-se, por isso, à extensão do dever de informar, sendo que "não será tomada em consideração qualquer justificação do empregador fundamentada no facto de as informações necessárias não lhe terem sido fornecidas pela empresa cuja decisão deu origem dos despedimentos colectivos" (Directiva, art.º 2.º/4, 2.º§).

O dever de informar cumpre-se pela prestação da informação disponível, designadamente sobre os motivos (de mercado, estruturais ou tecnológicos) da resolução contratual. O cumprimento daquele dever não exige a revelação de todo o percurso decisório que conduziu ao anúncio da intenção de despedir, mas tão só dos factos que, em concreto, integram os elementos que acompanham a comunicação inicial do despedimento (art.º 419.º/2). Assim, ressalvados os casos em que o empregador omite por completo a prestação das informações expressamente referidas no texto legal (art.º 419.º/2) ou não promove a fase de informações e negociação com a estrutura de representação colectiva dos trabalhadores abrangidos pelo despedimento (art.º 420.º), afigura-se difícil – mesmo à luz do critério com que o mesmo dever é construído no texto comunitário – reconhecer na prestação pelo empregador de informação insuficiente ou deficiente, causa para a invalidade do despedimento.

De resto e sem prejuízo da necessidade de dar a conhecer os elementos referidos no art.º 419.º/2, entre eles os "motivos invocados para o despedimento colectivo", o dever de informação respeita em larga medida, no Código do Trabalho como na Directiva, a momentos posteriores à decisão de despedir e respectiva fundamentação – estão em causa a "dimensão", os "efeitos" e as alternativas àquela decisão (cfr. art.º 420.º/1).

Por tudo isto se entende que da falta de referência aos grupos empresariais não decorre deficiente transposição da Directiva[17].

---

[17] Questão distinta é a de saber se na avaliação da dimensão do "estabelecimento" para efeitos de cálculo do limite mínimo de cessações contratuais a partir do qual há despedimento colectivo, devem ser levados em conta apenas os trabalhadores da empresa ou também o número total dos empregados pelo grupo empresarial correspondente. No acórdão de 7 de Dezembro de 1995, proferido no processo Rockfon A/S c. Specialarbejderforbundet i Danmark (*Colectânea de Jurisprudência*, 1995, p. I-4291), o Tribunal

Notas Sobre Articulação entre Direito Nacional e Direito Comunitário   173

§5. O "despedimento por equiparação"

Não obstante, a latitude da noção comunitária de despedimento colectivo continua a suscitar algumas dúvidas, particularmente pertinentes num ordenamento jurídico como o português.

A Directiva trata como despedimento qualquer cessação contratual não pretendida pelo trabalhador[18]. Entre nós, a prática ensina que muitas cessações contratuais que requerem a participação do trabalhador ocorrem por iniciativa do empregador, a que o primeiro adere tendo designadamente em vista a atribuição de benefício, em regra pecuniário. É o caso, óbvio, da revogação por acordo das partes[19].

Por resultarem da iniciativa do empregador, *maxime* por razões atinentes à actividade da empresa, poder-se-ia entender serem também estas ocorrências subsumíveis à noção de despedimento colectivo, para efeitos da Directiva em análise. O que levaria a concluir pela persistência de deficiente adaptação do direito nacional ao texto comunitário, pois, entre nós, a revogação consensual e a denúncia do contrato pelo trabalhador não constituem formas de despedimento promovido pelo empregador, nem lhes é aplicável o procedimento do despedimento colectivo.

A dúvida não tem, neste plano, razão de ser. O consentimento do trabalhador, isto é, a manifestação de vontade relevante para efeitos de cessação contratual, descaracteriza necessariamente a extinção da relação de trabalho como despedimento colectivo, mesmo na acepção da Directiva. Há (pode haver) despedimento colectivo ainda que as respectivas causas não correspondam ou não sejam domináveis por acto de vontade do empregador; não há despedimento se a cessação do contrato envolve a participação da vontade ou o consentimento do empregado. Esta tem

---

de Justiça das Comunidades Europeias considerou que a circunstância de a empresa (ou estabelecimento) estar integrada num grupo empresarial carecia de relevância para a avaliação da respectiva dimensão, pelo que para esta não podia ser computado o número total de trabalhadores afectos ao grupo.

[18] "O referido conceito [de despedimento] deve ser interpretado no sentido de que engloba qualquer cessação do contrato de trabalho não pretendida pelo trabalhador e, consequentemente, sem o seu consentimento. Não exige que as causas subjacentes correspondam à vontade do empregador" (acórdão do Tribunal de Justiça das Comunidades Europeias de 12 de Fevereiro de 2004 *cit.*, §52).

[19] Mas podia igualmente ser o da denúncia do contrato por iniciativa do trabalhador, com respeito pelo período de aviso prévio ou com dispensa deste pelo empregador.

sido jurisprudência pacífica do Tribunal de Justiça, de resto reiterada no citado acórdão de 12 de Fevereiro de 2004, que condenou o Estado português por deficiente transposição do texto comunitário[20].

Porém, as situações de cessação por acordo de contratos de trabalho não são irrelevantes para o regime jurídico do despedimento colectivo, pois são acolhidas na Directiva sob o conceito de "despedimento por equiparação" (cfr. art.º 1/1, 2.º§), com relevância na aplicação do critério quantitativo presente na noção de despedimento.

Dito de outro modo: os "despedimentos por equiparação", designadamente as revogações de contratos de trabalho por acordo das partes, se em número mínimo de cinco e fundadas na iniciativa do empregador, não constituem "despedimento" na acepção da Directiva, mas entram para o cômputo do número de despedimentos necessários para a aplicação do conceito comunitário de despedimento.

De modo a tornar mais explícita esta ideia, tome-se como hipótese de trabalho empresa que pretende diminuir em trinta os cem trabalhadores que emprega. Como habitualmente acontece, inicia contactos para obter dos trabalhadores a adesão a soluções consensuais de ruptura contratual, o que consegue com vinte e seis trabalhadores.

À luz da Directiva, a resolução dos restantes (quatro) contratos de trabalho exige o cumprimento dos deveres de informação e consulta que seriam aplicados caso os trabalhadores a despedir ainda fossem trinta. Ou seja, há que fazer cessar por despedimento colectivo os contratos ainda subsistentes, não obstante o número destes ser inferior àquele a partir do qual há despedimento colectivo, mesmo na acepção comunitária.

Sublinhe-se que não se trata de cumprir os procedimentos previstos na Directiva relativamente aos contratos de trabalho que terminaram por acordo, mas tão só manter a tutela proporcionada pelo regime do despedimento colectivo quanto à ruptura contratual com os trabalhadores remanescentes, os quais, de outro modo, dela não beneficiariam, atento o seu reduzido número.

O Direito comunitário não se alheia do processo de formação da decisão de despedir. Reconhece dimensão colectiva à decisão que revela determinada potencialidade de eliminação de emprego, ainda que

---

[20] "O referido conceito [de despedimento] deve ser interpretado no sentido de que engloba qualquer cessação do contrato de trabalho não pretendida pelo trabalhador e, consequentemente, sem o seu consentimento" (acórdão *cit.*, §50, com sublinhado nosso).

Notas Sobre Articulação entre Direito Nacional e Direito Comunitário 175

superior à que acaba por provocar. É a natureza unitária da decisão do empregador que está em causa, não obstante as vicissitudes que a sua aplicação possa conhecer.

A aplicação estrita dos preceitos do Direito nacional conduziria a decisão diferente. Tomando o mesmo exemplo, a cessação dos quatro contratos remanescentes seria promovida ao abrigo das normas que regulam os efeitos contratuais da extinção de postos de trabalho – se verificados os respectivos pressupostos (art.º 401.º) – e já não nos termos do regime do despedimento colectivo.

Esta diferença não corresponde necessariamente a desconformidade material entre Direito nacional e Direito comunitário, se se constatar que o regime português de despedimento por extinção de posto de trabalho oferece aos trabalhadores garantia idêntica à proporcionada pela disciplina aplicável ao despedimento colectivo – obviamente, não a de Direito português, mas a de Direito comunitário. O que permitiria concluir que a transposição da Directiva comunitária teria sido feita, pelo legislador português, a "dois tempos" – através do instituto do despedimento colectivo e por via do regime do despedimento por extinção de postos de trabalho.

Afigura-se duvidoso que assim seja. Desde logo, no que respeita à informação transmitida às estruturas representativas dos trabalhadores[21]

---

[21] Em primeira linha, a comissão de trabalhadores (CT, art.º 419.º/1), representante de todos os empregados da empresa (art.º 461.º). Na falta desta, a comissão [ou comissões – cfr. art.º 476.º/g)] intersindical ou as comissões sindicais, que, na empresa, representam os trabalhadores a abranger pelo despedimento (art.º 419.º/1). Esta formulação explicita o que já era verdadeiro à luz da legislação anterior ao CT: os sindicatos – e, consequentemente, as estruturas através das quais a acção sindical é exercida nas empresas (art.º 496.º) – apenas representam os trabalhadores neles filiados, pelo que a existência de comissões intersindicais ou sindicais não dispensa o empregador que promove o despedimento de comunicar, individualmente, aos trabalhadores não filiados nos sindicatos assim organizados ou mesmo não sindicalizados, a intenção de proceder ao respectivo despedimento (art.º 419.º/4). A estes trabalhadores a lei faculta a designação de comissão representativa, a qual pode, por isso, intervir na fase de informações e negociação do *mesmo* despedimento colectivo, a par de comissões intersindicais ou sindicais. Não sendo constituída aquela comissão *ad hoc*, o empregador deve mesmo assim enviar a cada trabalhador os demais elementos que acompanham a decisão de despedir (cfr. 419.º/2), elementos através dos quais se concretiza, neste domínio particular, o dever geral do empregador informar o trabalhador sobre aspectos relevantes do contrato de trabalho (art.º 97.º/1). Embora com dúvidas, entende-se que a falta de estrutura representativa dos

com legitimidade para intervirem no procedimento de cessação contratual. A informação a prestar no início do procedimento de despedimento colectivo, definida por preceito (art.º 419.º/2) que praticamente reproduz a Directiva (art.º 2.º/3), é substancialmente mais exigente da prevista no procedimento de despedimento por extinção de posto de trabalho (art.º 423.º/3).

A isto acresce o regime de intervenção pública, que a Directiva também impõe. Segundo esta, o empregador deve comunicar à autoridade pública competente o projecto de cessação contratual (art.º 3.º/1), como se encontra previsto entre nós (art.º 419.º/3). Porém, em sede de extinção de posto de trabalho, a informação obrigatoriamente a comunicar aos serviços competentes do Ministério responsável pela área laboral é apenas a da decisão fundamentada do despedimento (art.º 425.º/2, *in fine*).

Mais relevante ainda se afigura o facto de, subjacente ao regime contido na Directiva, se encontrar um apelo a verdadeira negociação entre empregador e representantes dos trabalhadores, naquilo que é "um *procedimento de autocomposição de interesses (...) publicamente assistido*"[22]. Este objectivo encontra-se plasmado no Direito português a propósito do despedimento colectivo (art.º 420.º), mas não está, minimamente reflectido no procedimento do art.º 423.º e seguintes do Código.

Se o procedimento de despedimento por extinção de posto de trabalho previsto na lei portuguesa não assegura – em termos de informação, consulta e participação dos trabalhadores e seus representantes, bem como de intervenção de entidade pública[23] – o mesmo nível de protecção dos trabalhadores envolvidos reclamada pela Directiva comunitária, não é possível considerar que a transposição desta também se fez por via daquele procedimento.

---

trabalhadores desonera o empregador do dever de prestar as informações adicionais e de promover a negociação a que alude o art.º 420.º do CT, por se tratar de fase do procedimento assente no carácter supra-individual dos interesses a prosseguir e que, em termos práticos, só é viável com número restrito de interlocutores.

[22] Jorge Leite, *est. cit.*, p. 43.

[23] O problema não reside na circunstância de o despedimento por extinção de posto de trabalho ser de maior ou menor dificuldade de verificação que o despedimento colectivo. O objectivo da Directiva não é, pelo menos directamente, limitar os despedimentos, mas introduzir mínimo denominador comum às legislações de todos os Estados-membros, cujo acento tónico reside nos mecanismos de informação dos trabalhadores e seus representantes e de tutela daqueles, *caso seja iniciado procedimento com vista ao despedimento colectivo.*

§6. Interpretação conforme à Directiva do conceito de despedimento colectivo

A protecção acrescida resultante da directriz comunitária não pode ser invocada por trabalhador português perante o seu empregador. Fazê--lo, equivaleria a reconhecer que as normas constantes de directivas comunitárias poderiam, por si só, criar obrigações para particulares e, por isso, ser invocadas nas relações entre eles. O mesmo é dizer que produziriam o *efeito directo horizontal* que lhes tem sido negado de forma reiterada[24].

Isso não obsta, porém, a que deficiente transposição das directivas comunitárias assuma relevância no Direito interno, mesmo no plano das relações entre particulares.

Verificada a desconformidade entre solução normativa constante de directiva comunitária e preceito equivalente do Direito português, este último não deveria ser aplicado na medida em que conduzisse a resultado contrário ao pretendido pelo instrumento de Direito comunitário em causa. É o que comummente se designa por "efeito de exclusão".

No caso concreto, chamado a pronunciar-se sobre a qualificação de determinada modalidade de cessação contratual e não obstante o alcance residual apontado à diferença entre as noções comunitária e nacional de despedimento colectivo, o juiz nacional não deveria aplicar a norma do art.º 397.º/1 do CT, na medida em que desta resultasse solução oposta à ditada pela norma comunitária equivalente.

A recusa de aplicação da norma de Direito interno contrária ao preceito comunitário pode conduzir ao reconhecimento de lacuna, presumivelmente a integrar de harmonia com a solução material constante da norma que impôs aquela recusa, por ser – atento o primado do Direito comunitário – "a norma que o próprio intérprete criaria, se houvesse de legislar dentro do espírito do sistema" (Código Civil, art.º 10.º/3).

Pode, porém, entender-se que na parte em que refere os trabalhadores "abrangidos" pelo despedimento e ainda que de modo imperfeitamente expresso, a letra do preceito do CT em causa (art.º 397.º/1) comporta sentido coincidente com o resultante da norma comunitária

---

[24] Cfr., *v.g.*, o acórdão do Tribunal de Justiça das Comunidades Europeias no processo Faccini Dori c. Recreb (*Colectânea de Jurisprudência*, 1994, p. I-3325).

178   *IX Congresso Nacional de Direito do Trabalho*

referida. O que permitiria atribuir àquela regra do art.º 397.º/1 conteúdo coincidente, nesta parte, com o decorrente do preceito comunitário (Código Civil, art.º 9.º).

Afigurando-se possível, por uma das vias referidas, adequar ambos os regimes jurídicos, da interpretação do Direito nacional conforme ao Direito comunitário resultará, no que respeita ao concreto problema em apreço, que sempre que *(i)* o número de trabalhadores a despedir seja inferior a cinco ou a dois, conforme os casos[25], mas *(ii)* no período de três meses, *(iii)* outros trabalhadores tenham já acordado a cessação dos respectivos contratos de trabalho, no âmbito de processo negocial impulsionado pelo empregador, e *(iv)* se mostrem *verificados os restantes elementos constitutivos da noção comunitária de despedimento colectivo,* o procedimento a adoptar para fazer cessar aqueles contratos de trabalho é o do despedimento colectivo. Voltando à hipótese de trabalho que se vem utilizando, é ao despedimento colectivo que deve recorrer-se para extinguir os quatro contratos de trabalho remanescentes, alcançada que foi a adesão dos restantes vinte e seis trabalhadores para cessações consensuais dos respectivos vínculos.

Os restantes elementos constitutivos da noção comunitária de despedimento colectivo são, por um lado, a celebração de pelo menos cinco acordos de cessação contratual recondutíveis à mencionada categoria de "despedimento por equiparação" e, por outro, a ocorrência de despedimentos em número suficiente para que sejam qualificados como colectivos à luz dos critérios da Directiva (Directiva, art.º 1.º/1).

Sublinhou-se este aspecto porquanto a adequação do regime constante do CT à Directiva não se faz através da aplicação cumulativa dos elementos constitutivos dos dois conceitos de despedimento colectivo – o nacional e o comunitário. Se é da Directiva comunitária o conceito de despedimento por equiparação, este apenas é relevante para aferir se o número de cessações contratuais preenche o critério quantitativo da noção comunitária de despedimento colectivo. Se o número daquelas cessações, resultantes quer de despedimento *stricto sensu,* quer de despedimento por equiparação, ficar aquém do limite comunitário, a mencionada equiparação torna-se irrelevante.

---

[25] Consoante se trate, respectivamente, de média e grande empresa, por um lado, ou de microempresa e de pequena empresa, por outro (art.º 397.º/1).

Notas Sobre Articulação entre Direito Nacional e Direito Comunitário

Regresse-se ao exemplo dado: há que lançar mão do procedimento de despedimento colectivo, em empresa com cem trabalhadores, para extinguir os últimos quatro contratos de trabalho de um conjunto de trinta, uma vez obtido o acordo dos restantes vinte e seis trabalhadores para a revogação dos respectivos contratos. Mas apenas na medida em que há despedimento colectivo nos termos da Directiva comunitária, seja porque num período de trinta dias cessaram pelo menos dez contratos de trabalho (10% dos cem), seja porque o mesmo aconteceu com vinte ou mais trabalhadores num período de noventa dias [art.º 1.º/1, a)].

Porém, estando somente em causa, em empresa da mesma dimensão, a cessação de nove contratos de trabalho e havendo apenas que promover o despedimento de quatro trabalhadores por cinco deles já terem acordado na revogação dos respectivos contratos, o procedimento a seguir já não seria o de despedimento colectivo, nem face à letra do artigo 397.º/1 do CT, pois o despedimento abrange menos de cinco trabalhadores, nem computando para este limite os cinco contratos que terminaram por acordo, pois o número total de trabalhadores em causa (nove) não atinge o limite mínimo a partir do qual há despedimento colectivo no critério comunitário.

Lisboa, Outubro de 2006

DIA 11 DE NOVEMBRO DE 2005

TEMA VI

DIÁLOGO SOCIAL, CONCERTAÇÃO, NEGOCIAÇÃO E CONTRATAÇÃO COLECTIVA. ÂMBITO DE APLICAÇÃO DAS CONVENÇÕES. INTERPRETAÇÃO. NEGOCIAÇÃO COLECTIVA EUROPEIA

Presidência
Prof. Doutor Mário Pinto
Universidade Católica Portuguesa
Presidente da Associação Portuguesa de Direito do Trabalho

Prelectores
Dr. Fernando Ribeiro Lopes
Universidade Autónoma e Director-Geral da DGERT
Prof. Doutor Júlio Gomes
Universidade Católica Portuguesa – Porto
Mestre Luís Gonçalves da Silva
Faculdade de Direito da Universidade Clássica de Lisboa
Prof. Doutora Sabina Santos
Instituto Politécnico de Castelo Branco

DIA 11 DE NOVEMBRO DE 2005

SESSÃO SOLENE DE ENCERRAMENTO

Presidência
Conselheiro Dr. António da Costa Neves Ribeiro
Vice-Presidente do Supremo Tribunal de Justiça

Mesa
Director-Geral da DGERT
Presidente da Academia Ibero-Americana de Direito do Trabalho
Prof. Doutor Júlio Gomes
Coordenador do Congresso

PALAVRAS DO COORDENADOR

O Congresso já vai longo. É altura de formular as devidas palavras de agradecimento:

– Ao Senhor Vice-Presidente do Supremo Tribunal de Justiça, Conselheiro Dr. António da Costa Neves Ribeiro, em representação do Senhor Presidente, para nos presentear com a sua presença e o seu saber;

– Aos vinte e cinco prelectores, pelos brilhantes contributos para o aprofundamento e clarificação do Direito do Trabalho, cobrindo as mais diversas áreas que este ramo do Direito comporta, clarificando, propondo, pensando e reflectindo o futuro Direito do Trabalho;

– Aos congressistas, pela disponibilidade e por algumas questões reflexivas, embora poucas, que trouxeram a este Congresso, assim contribuindo para o seu enriquecimento.

Em jeito de balanço cumpre-me dizer que o Congresso merece ser repensado, não quanto ao seu pluralismo e total abertura, mas quanto ao alinhamento e distribuição temática.

Agradecendo mais uma vez a todos o empenho, a dedicação e o entusiasmo, aproveito para anunciar o X Congresso Nacional de Direito do Trabalho, que se realizará neste mesmo local, nos dias 16 e 17 de Novembro de 2006.

Muito obrigado.

António Moreira

X CONGRESSO NACIONAL
DE DIREITO DO TRABALHO

COM O ALTO PATROCÍNIO
DE SUA EXCELÊNCIA
O SENHOR PRESIDENTE DA REPÚBLICA

X CONGRESSO NACIONAL DE DIREITO DO TRABALHO

MEMÓRIAS

Coordenação
PROF. DOUTOR ANTÓNIO MOREIRA

Colaboração
MESTRE TERESA COELHO MOREIRA

NOTA PRÉVIA

O X Congresso Nacional de Direito do Trabalho teve lugar no Hotel Altis, em Lisboa, nos dias 16 e 17 de Novembro de 2006. Quanto aos temas pretendeu-se a abordagem autonomizada de novos filões dou- trinários: é o caso, nomeadamente, da Boa Fé no Direito do Trabalho, do Novo Mercado de Trabalho, *da* Fraude à Lei *e da* Democracia Empre- sarial.

Com uma Comissão do Livro Branco constituída, presidida pelo Professor António Monteiro Fernandes, com trabalhos a serem concluí- dos muito em breve, é de crer que, a exemplo da Reforma que se concre- tizou no Código do Trabalho, também a que ora está em curso possa receber contributos interessantes destes Congressos. Além do mais, vários dos seus membros têm sido prelectores muito activos. Pensa-se que os Congressos, além do congraçamento conseguido quanto a jus- laboralistas que têm diversas formas de pensar *o mesmo, têm contribuído para a construção e clarificação do Direito do Trabalho.*

O XI Congresso Nacional de Direito do Trabalho, para não variar, concretizar-se-á no Hotel Altis, em Lisboa, nos próximos dias 15 e 16 de Novembro.

Canelas, 14 de Outubro de 2007

António Moreira

COMISSÃO DE HONRA

Presidente da República
Presidente da Assembleia da República
Primeiro Ministro
Presidente do Supremo Tribunal de Justiça
Ministro do Trabalho e da Solidariedade Social
Provedor de Justiça
Vice-Presidente do Supremo Tribunal de Justiça
Bastonário da Ordem dos Advogados
Presidente da C.I.T.E.
Inspector-Geral do Trabalho
Director-Geral do Emprego e das Relações de Trabalho

DIA 16 DE NOVEMBRO DE 2006

9h 30m

SESSÃO SOLENE DE ABERTURA

Presidência
Dr. Vieira da Silva
Ministro do Trabalho e da Solidariedade Social

Mesa de Honra
Conselheiro Dr. José António Mesquita
Representante da República para a Região Autónoma dos Açores
Conselheiro Dr. Fernandes Cadilha
Presidente da Secção Social do STJ
Conselheiro Dr. Pinto Hespanhol
Supremo Tribunal de Justiça
Dr. Paulo Morgado de Carvalho
Inspector-Geral do Trabalho
Prof. Doutor António Monteiro Fernandes
Presidente da Comissão do Livro Branco
Prof.ª Doutora Maria do Rosário Ramalho
Prof. Doutor António Moreira
Coordenador do Congresso

PALAVRAS DO COORDENADOR

Em nome de Sua Excelência o Senhor Ministro do Trabalho e da Solidariedade Social declaro aberto o X Congresso Nacional de Direito do Trabalho.

- Senhor Ministro
- Senhor Representante da República para a Região Autónoma dos Açores, Juiz Conselheiro Dr. José António Mesquita
- Senhor Juiz Conselheiro Dr. Fernandes Cadilha, Presidente da Secção Social do Supremo Tribunal de Justiça
- Senhor Juiz Conselheiro Dr. Pinto Hespanhol
- Senhor Inspector-Geral do Trabalho, Dr. Paulo Morgado de Carvalho
- Senhor Presidente da Comissão do Livro Branco, Prof. Doutor António Monteiro Fernandes
- Senhora Prof.ª Doutora Maria do Rosário Ramalho
- Entidades oficiais, conferencistas, congressistas:

O privilégio auto-atribuído de usar da palavra em primeiro lugar destina-se, desde logo, a dirigir os melhores cumprimentos a todos e a agradecer a presença e participação nos trabalhos deste evento a muitos dos mais distintos cultores do Direito do Trabalho português.

Uma palavra especial de agradecimento é devida a todas as entidades e individualidades que integram a Comissão de Honra, a que empresta o seu aval S. Ex.ª o Senhor Presidente da Republica. Está em causa, numa altura em que tudo é avaliado, a acreditação do Congresso.

Os Congressos Nacionais de Direito do Trabalho são um ponto de encontro aberto, plural, onde tem primado a *circulação plural de vozes*.

Neste Congresso marcam presença:
– as Faculdades de Direito da Universidade Clássica de Lisboa, da Universidade Nova de Lisboa, da Universidade de Coimbra, da Universidade do Porto, da Universidade do Minho, da Universidade Católica, da Universidade Lusíada, o ISCTE, o ISEG, o ISCSP;
– os três poderes, na acepção de Charles Louis de Sécondat, barão de la Brède e de Montesquieu, estão representados: o legislativo, através de três deputados e presidentes de três comissões parlamentares; o executivo, através do Ministro do Trabalho; o judicial, pelo Vice-Presidente do Supremo Tribunal de Justiça, Juízes Conselheiros e Desembargadores;
– a Ordem dos Advogados pelo seu Bastonário e distintos causídicos.

Os elementos integrantes das diversas comissões de reforma, embora em nome individual, têm marcado presença neste espaço de debate, neste tempo de partilha, onde as salutares divergências e os consensos vão acontecendo.

Como alguém dizia, o Direito do Trabalho é uma espécie de sismógrafo que regista os abalos telúricos e tenta ver as réplicas que se lhe seguem. Essa instabilidade marca as nossas preocupações, determina o acordar de vulcões adormecidos, regista as ameaças constantes de lavas capazes de fazerem perigar quem vive nos terrenos férteis das imediações.

As ideias a que nos conduzem o humanismo, o economicismo, o equilíbrio, a ambivalência, o proteccionismo são uma constante destes encontros.

A globalização aí está a ditar as suas regras. O efémero, o precário, têm aqui terreno especial de eleição, fora de dogmatismos *démodés*, com a virtualidade de provocar a adaptabilidade e a mobilidade, fora de posturas rígidas e de quadros legais e mentais ultrapassados, com o arremedo de posições catastróficas e de desencanto global.

A temática do X Congresso parte do postulado das reformas permanentes e assenta as suas primeiras manifestações na produtividade, na globalização, propiciando um novo fôlego às relações de trabalho atípicas, com o surgimento dum novo mercado de trabalho, onde a boa fé desempenha papel estruturante. Na ordem do dia está, novamente, o procedimento disciplinar, a insolvência do empregador, a retribuição, as vicissitudes contratuais, a fraude à lei. E tudo conflui para uma ideia

Palavras do Coordenador 201

moderna de democracia empresarial, com nova contextualização das relações colectivas de trabalho.

Em termos gerais este é o alfobre de ideias por onde passará a reflexão de todos.

E traduzimos a convicção, repetidamente assumida, que se o Direito do Trabalho não é a via purificadora, ele pode, pela sua rigidez e intolerância, contribuir, e de forma eficaz, para a destruição de postos de trabalho.

Em épocas de reformas permanentes, há que repensar o Direito do Trabalho, sem medos nem angústias, na busca de princípios e de equilíbrios: entre o económico e o social; entre a segurança e a liberdade; entre a eficácia e a equidade; entre o individual e o colectivo.

Numa época em que a globalização, restringindo fronteiras, interroga a validade do Direito do Trabalho; numa altura em que o regresso aos *bons velhos tempos* está na ordem do dia, com a crise acentuada do Estado Social e de Bem-Estar; num tempo em que as reformas do Direito do Trabalho, quais capelas imperfeitas, mais necessárias se tornam ...

... Importa reflectir os avanços e recuos que o Direito do Trabalho vai cavando, na convicção, que se assume, de que a reflexão terá de ser constante, e de que as reformas e adaptações do acervo normativo, reactivamente ou não, são um postulado imarredável face aos novos ventos da Historia.

Com a ideia geral de que as reformas ainda vão no adro, ouçamos o discurso oficial do Senhor Ministro do Trabalho e da Solidariedade Social, e as intervenções, conferências e prelecções de mais de trinta entidades, com a certeza de que assim também se contribuirá, a seu talante, para o diálogo, para a concertação e para o consenso sociais, fundamentais para se alcançar e sedimentar a justiça e a paz.

Senhor Ministro, minhas senhoras e meus senhores: agradecendo, novamente, a presença de todos formulo os meus melhores votos de excelentes trabalhos.

Muito obrigado.

Lisboa, 2006.11.16

António Moreira

DIA 16 DE NOVEMBRO DE 2006

10h 00

TEMA I

LINHAS GERAIS DAS REFORMAS LABORAIS, PRODUTIVIDADE, COMPETITIVIDADE E GLOBALIZAÇÃO

Presidência
Conselheiro Dr. José António Mesquita
Representante da República para a Região Autónoma dos Açores

Prelectores
Prof. Doutor António Monteiro Fernandes
ISCTE e Universidade Lusíada do Porto
Presidente da Comissão do Livro Branco
Prof.ª Doutora Maria do Rosário Palma Ramalho
Faculdade de Direito da Universidade Clássica de Lisboa

DIA 16 DE NOVEMBRO DE 2006

11h 30m

TEMA II

AS RELAÇÕES DE TRABALHO ATÍPICAS

Presidência
Conselheiro Dr. Pinto Hespanhol
Secção Social do Supremo Tribunal de Justiça

Prelectores
Prof. Doutor A. Garcia Pereira
Instituto Superior de Economia e Gestão e Advogado
Prof. Doutor José João Abrantes
Faculdade de Direito da Universidade Nova de Lisboa
Mestre António Nunes de Carvalho
Universidade Católica Portuguesa

CONTRATO DE TRABALHO A TEMPO PARCIAL
(TÓPICOS DE REFLEXÃO)

António Nunes de Carvalho
Universidade Católica Portuguesa

CONTRATO DE TRABALHO A TEMPO PARCIAL (TÓPICOS DE REFLEXÃO)[*]

ANTÓNIO NUNES DE CARVALHO

Assistente da Universidade Católica Portuguesa

I – Chegados à X edição deste Congresso – feito assinalável na realidade nacional e pelo qual é devido ao Professor Doutor António José Moreira o reconhecimento da comunidade juslaboralista –, dispomos de um considerável acervo de reflexão sobre muitos dos problemas modernos do Direito do Trabalho. Assim acontece, justamente, com a matéria do contrato de trabalho a tempo parcial, que foi já objecto de uma abordagem aprofundada na edição de 2000[1], tendo, em momento posterior sido também focadas as alterações neste domínio introduzidas pelo Código do Trabalho[2].

Desta sorte, cabendo agora abordar o tema no quadro das relações laborais atípicas, é possível prescindir de um tratamento sistemático e centrar a nossa atenção em alguns tópicos que reputamos de interesse – teórico e prático – para a reflexão sobre o trabalho a tempo parcial.

---

[*] O presente texto corresponde à versão actualizada e desenvolvida da intervenção feita, em 16 de Novembro de 2006, no X Congresso Nacional de Direito do Trabalho.

[1] JÚLIO GOMES, "Trabalho a Tempo Parcial", *in* ANTÓNIO MOREIRA (coord.), *III Congresso Nacional de Direito do Trabalho – Memórias*, Coimbra, Almedina, 2001, pág. 57 e ss.

[2] ANTÓNIO NUNES DE CARVALHO, "Duração e organização do tempo de trabalho no Código do Trabalho" *in* ANTÓNIO MOREIRA (coord.), *VI Congresso Nacional de Direito do Trabalho – Memórias*, Coimbra, Almedina, 2004, págs. 96 e 114-115.

II – Conhecido desde há muito (e, entre nós, objecto, desde 1971, de enquadramento legal específico[3]), só nos últimos 25 anos o trabalho a tempo parcial deixou, na generalidade dos países europeus, de ter relevância meramente residual para ocupar um papel cada vez mais significativo no mercado de trabalho[4] (no primeiro trimestre de 2007, o trabalho a tempo parcial correspondia a 18,4% do emprego na UE 27[5]).

Quando se analisa tal evolução, é usual sublinhar as virtualidades desta modalidade de prestação de trabalho tanto para os empregadores como para os trabalhadores, bem como a sua utilidade no âmbito das políticas de emprego[6]. Na síntese de G. FERRARO[7], se o trabalho a tempo parcial "responde às expectativas patronais de flexibilidade e de modulação da organização da força de trabalho, ao mesmo tempo satisfaz as aspirações de faixas de trabalhadores, designadamente dos jovens e das mulheres, interessados num menor esforço laboral; em termos mais gerais prossegue um interesse social típico, contribuindo para a redução da taxa de desocupação através da criação de novos postos de trabalho".

Esta multifuncionalidade do trabalho a tempo parcial, esta aparente vocação para responder às actuais exigências de todos os sujeitos envolvidos (do lado dos empregadores, a necessidade de ajustar o volume de

---

[3] Embora lacunoso – como sublinhavam REGINA REDINHA, *A relação laboral fragmentada*, Coimbra, Coimbra Ed., 1995, pág. 64-65 e LIBERAL FERNANDES, *Comentário às leis da duração do trabalho e do trabalho suplementar*, Coimbra, Coimbra Ed., 1995, pág. 116 –, o art. 43.º da Lei da Duração do Trabalho consagrava expressamente a admissibilidade deste modo de prestação do trabalho e previa já um embrião de enquadramento. Esta previsão, se desenvolvia o regime já previsto na LCT (art. 120.º) relativamente ao trabalho «a meio tempo» de trabalhadoras com responsabilidades familiares (veja-se, a este propósito, o que consta do Parecer n.º 26/X da Câmara Corporativa, *in Actas da Câmara Corporativa*, n.º 72, de 4 de Maio de 1971, pág. 788, reportando-se igualmente aos trabalhadores com capacidade de trabalho reduzida), tinha um âmbito de aplicação mais amplo, correspondendo a uma verdadeira institucionalização normativa da figura. Recorde-se que só mais tarde tal veio a acontecer em França (com a Lei n.º 73.1195, de 27 de Dezembro de 1973 – cfr. M. Lucas, "Le travail à temps partiel", *Droit Social*, 1980, n.º 1, pág. 111), em Espanha (com o Estatuto dos Trabalhadores de 1980 – cfr. C. FERRADANS CARAMES, *El Contrato de Trabajo a Tiempo Parcial*, Navarrra, Ed. Aranzadi, 2006, pág. 55) ou em Itália (com o D.L 30.10.1984, n.º 726 – cfr. M. PAPALEONI, *Il nuovo part-time*, Pádua, CEDAM, 2004, pág. 19).

[4] Para uma percepção desta tendência, cfr. Fundação Europeia para a Melhoria das Condições de Vida e de Trabalho, *Part-time work in Europe*, 2005, disponível em www.eurofound.europa.eu.

[5] Dados do Eurostat: *Labour Market Latest Trends – 1st quarter 2007 data*.

Contrato de Trabalho a Tempo Parcial (Tópicos de Reflexão)

trabalho a uma produção cada vez mais descontínua e segmentada e a conveniência em maximizar a utilidade de determinada prestação de trabalho; da parte dos trabalhadores, os imperativos de conciliação da vida profissional com a vida familiar e os projectos pessoais, quando não o robustecimento do rendimento salarial; na perspectiva do Estado, a possibilidade de intervir cirurgicamente no mercado de trabalho, facilitando a integração na vida laboral de sectores mais frágeis, repartindo o emprego disponível e criando condições para uma transição mais fácil entre vida activa e reforma, bem como a eliminação de bolsas de trabalho submerso), levam muitos especialistas a conferir-lhe o cariz de um instrumento sofisticado de modernização das relações de trabalho, assim se explicando, aliás, que o seu expresso reconhecimento normativo tenha, frequentemente, sido acompanhado de medidas promocionais (v.g. nos planos fiscal e previdencial[8]).

Fácil é, no entanto, perceber que estas virtualidades associadas ao trabalho a tempo parcial são potencialmente conflituais e tendem, em concreto, a produzir resultados muito diversos, em função das condições reais de funcionamento do mercado de trabalho e da envolvente social.

A flexibilidade desejada pelas empresas (rotatividade nos postos de trabalho, satisfação de necessidades específicas sem necessidade de admissão de trabalhador a tempo inteiro, preenchimento de certos períodos de laboração, etc., tudo na óptica de um certo modelo de organização dos tempos de trabalho e de determinado desenho do processo produtivo) não coincide, muitas vezes, com os interesses dos trabalhadores quanto à gestão flexível do seu tempo pessoal[9]. Por outro lado, a aptidão do

---

[6] Assim, por ex., R. González, *Flexibilización laboral y régimen de contrato de trabajo*, Buenos Aires, Depalma, 1995, pág. 148-149; entre nós, Paula Camanho, "Contrato de trabalho a tempo parcial", *Estudos do Instituto de Direito do Trabalho*, IV, Coimbra, Almedina, 2003, pág. 206-207.

[7] *Tipologie di lavoro flessibile*, 2ª ed., Turim, Giappichelli Ed., 2004, pág. 55.

[8] Assim aconteceu, por ex., em Espanha (cfr. entre muitos, H. Merino Senovilla, "El contrato de trabajo a tempo parcial: es um mecanismo idóneo de defensa y reparto del empleo?", in J. Rivero Lamas (coord.), *La flexibilidad laboral en España*, Saragoça, Facultad de Derecho, 1993, pág. 485 e ss. Em Portugal, também a oportunidade fornecida pela transposição da Directiva n.º 97/81/CE serviu para relançar o contrato de trabalho a tempo parcial no quadro das políticas de emprego – veja-se P. Camanho, "Contrato de trabalho a tempo parcial", cit., págs. 221-222.

[9] Aliás, embora possuam pontos de contacto, trabalho a tempo parcial e *flexi-time* são realidades sociológica e juridicamente distintas veja-se, por ex., P. Pirrucio,

trabalho a tempo parcial para a satisfação harmoniosa dos objectivos particulares de cada um dos sujeitos da relação laboral pressupõe a genuína voluntariedade da opção por esta modalidade de execução do trabalho – a qual depende, em termos fácticos, do emprego disponível –, assim como a atracção do trabalho com jornada reduzida está directamente conexionada com o nível dos salários. De outra parte ainda, a assimétrica incidência do trabalho a tempo parcial em certos segmentos (normalmente, jovens e mulheres) tende a acantonar esses grupos no chamado mercado de trabalho secundário, acentuando a sua condição de *out-siders* e perpetuando tradições de desigualdade na repartição de oportunidades de carreira e de responsabilidades sociais e familiares. Para além disso, o trabalho a tempo parcial funciona, muitas vezes, como utensílio de individualização do tempo de trabalho[10], com repercussões nocivas no plano da integração dos trabalhadores na empresa e, sobretudo, no mundo dos colectivos laborais, com a consequente desprotecção, por essa via proporcionando uma degradação das suas condições de trabalho e de desenvolvimento profissional.

Esta face «sombria» ou «oculta»[11] do trabalho a tempo parcial rodeia o instituto de alguma ambiguidade – como, aliás, sucede com outros dos utensílios que fazem parte da panóplia da flexibilização ou, na moda do momento, da flexigurança[12]. Tal ambiguidade assoma, com alguma limpidez, nos dois instrumentos internacionais nucleares sobre a matéria, a Convenção n.º 175 da OIT[13] [14] e a Directiva n.º 97/81/CE, do Conselho,

---

Organizzazione dell'orario di lavoro e lavoro part-time, Turim, Giappichelli Ed., 2007, pág. 359-360.

[10] Nesta perspectiva, P. ADAM, *L'individualization du droit du travail*, Paris, LGDJ, 2005, pág. 246 e ss.

[11] Como escreve impressivamente JÚLIO GOMES, *Direito do Trabalho*, vol. I – *Relações Individuais de Trabalho*, Coimbra, Coimbra Ed., 2007, pág. 681.

[12] Na síntese (pessimista) de M. D'Antona, "as tipologias flexíveis das relações de trabalho são estruturalmente inidóneas para garantir as condições de remuneração e de estabilidade às quais normalmente e tipicamente aspira quem oferece trabalho no mercado: a procura de trabalho para empregos flexíveis solicita e condiciona, pois, uma oferta «paralela» à do mercado de trabalho «primário»" ("Occupazione flessibile e nuove tipologie del rapporto di lavoro", in *Opere*, vol. III, t. III, Milão, Giuffrè, 2000, pág. 1156). Assinalando este mesmo fenómeno, B. LOBO XAVIER, *Curso de Direito do Trabalho*, I, 3ª ed., Lisboa /S. Paulo, Verbo, 2004, pág. 56.

[13] Aprovada para ratificação, pela Resolução da Assembleia da República n.º 37/ 2006, de 28 de Abril, e ratificada pelo Decreto do Presidente da República n.º 50/2006, da mesma data.

Contrato de Trabalho a Tempo Parcial (Tópicos de Reflexão) 213

de 15 de Dezembro de 1997[15]. Em ambos os textos, as considerações preliminares tanto se reportam à utilidade do trabalho a tempo parcial no âmbito da adaptação do Direito do Trabalho às novas exigências das empresas, dos trabalhadores e das políticas de emprego como chamam a atenção para o passivo que lhe está associado – o referido lado «sombrio». Já o seu conteúdo normativo visa, fundamentalmente, proteger o trabalhador a tempo parcial contra eventuais tratamentos discriminatórios[16] e assegurar a voluntariedade desta modalidade de trabalho[17].

A relevância que assume, neste domínio, o contexto social e económico[18] exprime-se na diversidade dos perfis nacionais de trabalhador a tempo parcial. A partir de um exame meramente estatístico da realidade comunitária, poder-se-á desenhar o seguinte retrato: "o trabalhador a tempo parcial padrão na EU caracteriza-se por ser uma mulher (...), com idade compreendida entre os 25 e os 54 anos, que normalmente trabalha [a tempo parcial] de forma voluntária, no sector dos serviços, a meia jornada e com contrato de duração indefinida, ainda que com maior tendência para a temporalidade"[19]. Todavia, de país para país surgem profundas diferenças, quer relativamente a este padrão, quer entre si, sobretudo no que toca à voluntariedade do trabalho a tempo parcial, à duração da jornada e à duração do vínculo[20]. No caso português, para além do crescimento do trabalho a tempo parcial, a opção por esta moda-

---

[14] Veja-se, igualmente, a Recomendação n.º 182 da OIT, de 24 de Junho de 1994.

[15] Que determinou a aplicação do Acordo-quadro relativo ao trabalho a tempo parcial celebrado entre os parceiros sociais comunitários.

[16] Nas palavras de LUISA GALANTINO, "o objectivo primário da directiva é constituído pela supressão das discriminações existentes relativamente aos trabalhadores *part-time*" – *Diritto comunitário del lavoro*, 4ª ed., Turim, Giappichelli Ed., 2003, pág. 246. Para uma análise da jurisprudência comunitária sobre trabalho a tempo parcial, onde predomina, justamente, o tópico da igualdade de tratamento, JÚLIO GOMES, *Direito do Trabalho*, vol. I, cit., pág. 679, nota (1716).

[17] Sublinhando também estes objectivos da intervenção comunitária, G. FERRARO, *Tipologie di lavoro flessibile*, 2ª ed., Turim, Giapichelli, 2004, pág. 58. Sobre o enquadramento comunitário, veja-se, também, A. DIAS COIMBRA, "Negociação Colectiva Europeia: O trabalho a tempo parcial", *Questões Laborais*, n.º 13 (1999), pág. 60 e ss.

[18] Chamando a atenção para esta vertente, MARIA DO ROSÁRIO PALMA RAMALHO, *Direito do Trabalho, Parte II – Situações laborais individuais*, Coimbra, Almedina, 2006, pág. 289-291.

[19] C. FERRADANS CARAMES, *El Contrato de Trabajo a Tiempo Parcial*, cit., pág. 45.

[20] Por ex., quanto à realidade espanhola, veja-se, de novo, C. FERRADANS CARAMES, *El Contrato de Trabajo a Tiempo Parcial*, cit., pág. 45-49.

214   *X Congresso Nacional de Direito do Trabalho*

lidade é, predominantemente, determinada pela impossibilidade de encontrar trabalho a tempo inteiro[21]. Esta circunstância, aliada a uma relativamente alta taxa de emprego feminino[22], determina, por sua vez, uma menor predominância do trabalho a tempo parcial de mulheres relativamente à média comunitária[23].

Tudo isto mostra a complexidade de matizes da matéria do trabalho a tempo parcial e a importância do contexto cultural, social e económico nacional. Impõe-se, portanto, ao jurista uma especial prudência na abordagem destas questões, que se colocam de forma necessariamente distinta em cada ordenamento nacional, aí encontrando respostas particulares, e cuja concreta configuração muitas vezes não depende só, nem em primeira linha, da lei.

III – A nota tipificadora do trabalho a tempo parcial no nosso sistema jurídico continua a ser a menor duração do período normal de trabalho relativamente ao trabalho a tempo completo[24]. Dizendo-o de outra forma, trata-se de uma relação de trabalho subordinado, caracterizada pelos elementos que definem o contrato de trabalho, mas em que subsiste, para além destes, uma circunstância essencial: o tempo de trabalho devido pelo trabalhador é inferior ao que corresponde ao trabalho a tempo completo[25].

---

[21] *Livro Verde sobre as Relações Laborais*, Ministério do Trabalho e da Solidariedade Social, 2006, pág. 49.

[22] *Livro Verde sobre as Relações Laborais*, cit., pág. 45.

[23] Reportando-nos aos dados do Eurostat relativos ao 1º trimestre de 2007, encontramos uma taxa de emprego a tempo parcial de 8% nos homens, que compara com 7,9% na EU 25, enquanto que nas mulheres essa taxa é de 16,7%, sendo de 33,1% na EU 25 – *Labour Market Latest Trends – 1st quarter 2007 data.*

[24] O n.º 1 do art. 180.º do Código do Trabalho reproduz sem alterações o n.º 1 do art. 1.º da Lei n.º 103/99: "*considera-se trabalho a tempo parcial o que corresponda a um período normal de trabalho semanal igual ou inferior a 75% do praticado a tempo completo numa situação comparável*". Ambos os preceitos admitem, no n.º 2, a possibilidade de elevação desse limiar por convenção colectiva (ou, no caso do Código, por outro instrumento de regulamentação colectiva de trabalho). Também no n.º 3 do art. 43.º do Decreto-Lei n.º 409/71 estava implícita esta noção de tempo parcial (menor duração do que a correspondente ao tempo completo) – cfr. LIBERAL FERNANDES, *Comentário às leis da duração do trabalho e do trabalho suplementar*, cit., pág. 116..

[25] São, nesta medida, ajustadas ao quadro nacional as palavras de M. D'Antona: "A definição legal do *part-time* é uma definição *per relationem*: dado um horário normal

Contrato de Trabalho a Tempo Parcial (Tópicos de Reflexão) 215

Sendo este o elemento definidor do contrato de trabalho a tempo parcial, daqui se segue, logicamente, que a disciplina ditada pelo legislador assenta, justamente, nas exigências regulativas que decorrem deste factor[26].

Desde logo, cabe notar que esta tipificação do trabalho a tempo parcial não envolve, necessariamente, a articulação com outro contrato de trabalho (ou, melhor dizendo, a repartição de um posto de trabalho entre diversos trabalhadores). A lei contempla esta hipótese de forma meramente eventual, no n.º 2 do art. 183.º e na alínea *d*) do n.º 2 do art. 129.º[27], tratando de modo autónomo os diversos contratos de trabalho em causa. Trata-se aí de uma hipótese de *job splitting*: os trabalhadores ficam adstritos a "distintas obrigações que dão lugar a outras tantas distintas relações jurídicas completamente independentes"[28].

Pelo contrário, em parte alguma se refere a lei portuguesa ao trabalho repartido (*job sharing*), ou seja, ao contrato mediante o qual dois trabalhadores assumem solidariamente o cumprimento de uma única e idêntica prestação laboral[29] (uma única obrigação com duas relações[30]).

---

contratual, constitui *part-time* qualquer regime horário inferior ao contratual, inferior, bem entendido, no sentido em que são proporcionalmente reduzidos seja o horário, seja a retribuição" ("Il part-time dopo la sentenza della Corte Costituzionale n. 210/1992", in *Opere*, vol. III, t. III, cit., pág. 1263).

[26] Falamos, pois, "de um especial módulo horário, que as partes podem livremente escolher, mas que está sujeito a uma peculiar disciplina inderrogável" – M. D'Antona, ("Il part-time dopo la sentenza della Corte Costituzionale n. 210/1992", cit., pág. 1263.

[27] A contratação de trabalhadores para partilha dos postos de trabalho era expressamente regulada no art. 8.º da Lei n.º 103/99, justificando, inclusivamente, a atribuição de incentivos previdenciais.

[28] P. Pirrucio, *Organizzazione dell'orario di lavoro e lavoro part-time*, cit., pág. 359.

[29] Para uma análise desta modalidade de contratação, com origem, nos anos 60, nos Estados Unidos da América e que foi formalmente reconhecida na lei italiana em 2003 (no quadro da reforma Biagi), veja-se P. Pirrucio, *Organizzazione dell'orario di lavoro e lavoro part-time*, cit., pág. 358-359 e, mais extensamente, L. Montuschi, "Lavoro ripartito" in AA VV, *Il nuovo mercato del lavoro*, Milão, Zanichelli Ed., 2004, pág. 437 e ss. e G. L. Pratola, "Il contratto di lavoro ripartito" in AA VV, *I nouvi contratti atipici di lavoro*, Roma, Di Renzo Ed., 2004, pág. 105 e ss..Este modelo contratual já havia, aliás, sido objecto de disciplina legal na Alemanha em 1985 – vr. P. Ichino, *Il contratto di lavoro*, II, Milão, Giuffré, 2003, pág. 466. Entre nós, Regina Redinha, *A relação laboral fragmentada*, cit., pág. 65 e ss. e Liberal Fernandes, *Comentário às leis da duração do trabalho e do trabalho suplementar*, cit., pág. 120.

[30] G. Pellacanti, "Il lavoro repartito" in AA VV, *Commentario alla riforma del lavoro*, s.l., IPSOA, 2006, pág. 229.

Neste esquema contratual, "ambos os trabalhadores respondem por uma única obrigação tendo por objecto uma actividade laboral que pode ser desenvolvida alternativamente por um ou outro, podendo eles repartir entre si de acordo com as suas conveniências e segundo modalidades que podem ir sendo alteradas, a quantidade de trabalho e os respectivos horários"[31], pelo que, tratando-se de um único posto de trabalho e de uma mesma obrigação, as vicissitudes que venha a sofrer repercutem-se, em regra, na situação jurídica de ambos os trabalhadores. O traço característico deste mecanismo contratual, e que o distingue quer do trabalho a tempo parcial em geral, quer do *job splitting*, consiste, justamente, nesta "solidariedade passiva que obriga qualquer dos trabalhadores a garantir o cumprimento da inteira (e unitária) obrigação laboral"[32].

Não se referindo o Código ao *job sharing*, deverá ter-se por excluída a possibilidade de celebração de acordos deste tipo ao abrigo da autonomia negocial das partes[33]?

Uma primeira objecção poderia ser aduzida a partir da invocação do carácter fiduciário do vínculo laboral[34]. Porém, ainda que não se subscreva a posição de quem afasta este obstáculo afirmando que o princípio da infungibilidade da prestação é estabelecido exclusivamente no interesse do credor, que dele pode prescindir através de acordos deste tipo[35], certo é que nesta modalidade de relação de trabalho existe uma vontade daqueles concretos sujeitos de estabelecer entre si este preciso tipo de vínculo, o que pressupõe uma avaliação das circunstâncias pessoais relevantes. Nesta medida, não pode dizer-se que não subsista um elemento de pessoalidade ou de confiança pessoal[36].

---

[31] P. ICHINO, *Il contratto di lavoro*, II, cit., pág. 466.

[32] L. MONTUSCHI, "Lavoro ripartito", cit., pág. 438.

[33] Cabe recordar que em Itália – cujo ordenamento tem grandes afinidades com o português – este modelo vinha sendo praticado já antes de 2003, surgindo em muitas convenções colectivas – cfr. P. ICHINO, *Il contratto di lavoro*, II, cit., pág. 466 e ss. e G. PELLACANTI, "Il lavoro ripartito", cit., pág. 231 –, dando origem a rica discussão doutrinal.

[34] Sobre esta dimensão da relação de trabalho, cfr. P. ROMANO MARTINEZ, *Direito do Trabalho*, 4ª ed., Coimbra, Almedina, 2007, pág. 292 e ss. Reportando-se à "componente de pessoalidade", MARIA DO ROSÁRIO PALMA RAMALHO, *Direito do Trabalho. Parte I – Dogmática Geral*, Coimbra, Almedina, 2005, pág. 428 e ss.

[35] Assim, P. ICHINO, *Il contratto di lavoro*, II, cit., pág. 469.

[36] E, provavelmente, em grau bastante mais intenso do que pode, pode ex., aparecer no recurso ao trabalho temporário.

Contrato de Trabalho a Tempo Parcial (Tópicos de Reflexão) 217

De outra parte, poderá questionar-se se o modelo do *job sharing* visa a prossecução de interesses dignos de tutela. Envolvendo o trabalho repartido evidentes riscos para os trabalhadores (*v.g.* no que toca à programação da sua actividade, por força das variações que podem decorrer de eventual indisponibilidade do outro trabalhador para realização do segmento do débito que lhe estaria em princípio distribuído)[37], parece, de outra parte, inquestionável que, em tese, este modelo de prestação pode ajustar-se mais facilmente a uma distribuição do trabalho de acordo com os interesses de cada um dos trabalhadores envolvidos (potenciando, pois, uma flexibilidade no interesse do trabalhador, um verdadeiro «tempo escolhido»[38]). Pelo lado patronal, este esquema pode ajudar a reduzir os riscos do absentismo e fortalecer a continuidade do cumprimento da prestação[39] [40]. Podemos, pois, encontrar uma utilidade económico-social específica, susceptível de tutela jurídica.

Num outro plano, poderá ser posta em dúvida a existência de espaço para a atipicidade em matéria de trabalho subordinado. Não sendo aqui possível abordar a questão com a necessária profundidade, sempre gostaríamos de recordar a dimensão pluralista do Direito do Trabalho: a relação laboral comum não esgota o universo do trabalho subordinado, podendo comportar matizes muito diversos, existindo espaço para o funcionamento da autonomia privada[41]. Cabe, a este propósito, recordar a posição assumida pelos tribunais portugueses, antes de 1989, relativamente à admissibilidade de contratos de trabalho distintos dos «contratos normais», quando confrontados com o trabalho temporário[42].

---

[37] Contestando que o job sharing seja um instrumento adequado para prosseguir interesses dignos de tutela, G.DE SIMONE, "Job sharing: della progettualità dell'inizio del decennio al silenzio del legislatore, passando attraverso l'intervento spot del ministero", *Italian Labour Law e-Journal*, www.labourlawjournal.it.

[38] Veja-se, por ex., J.-Y. BOULIN/ R. HOFFMANN, "Conceptualization du temps de travail sur l'ensemble du cycle de vie", in J.-Y. BOULIN/ R. HOFFMANN (dir.), *Les nouvelles pistes du temps de travail*, Paris, Ed. Liaisons, 2000, pág. 25 e ss.

[39] Neste sentido, G. PRATOLA, "Il contratto di lavoro ripartito", cit., pág. 108.

[40] Ponderando vantagens e perigos do trabalho repartido, veja-se, entre nós, REGINA REDINHA, *A relação laboral fragmentada*, cit., pág. 67-68.

[41] Veja-se A. NUNES DE CARVALHO, "O pluralismo do Direito do Trabalho", *III Congresso Nacional de Direito do Trabalho – Memórias*, cit., pág. 271 e ss.

[42] Cfr. REGINA REDINHA, *A relação laboral fragmentada*, cit., pág. 204 e ss., especialmente nota (502).

A questão pode, no entanto ser colocada noutros termos. Na formulação de M. D'Antona, se "a tipificação dos contratos tem (...) uma função de suporte e de orientação da *lex voluntatis*, que é a regra no direito dos contratos", é "totalmente diversa a razão de ser da tipificação das relações de trabalho, onde o denominado tipo é na realidade a fórmula recapitulativa do modelo de disciplina inderrogável ditada pelo legislador (ou pela autonomia colectiva) com a finalidade de protecção do trabalhador ou, de qualquer modo, com finalidades de interesse público ou colectivo. Aqui domina, não a *lex voluntatis*, mas a *voluntas legis*, e a tipificação indica os limites da autonomia privada e o complexo dos efeitos impostos independentemente da vontade das partes, em função das características reais da relação"[43]. Não podendo, pelas razões acima enunciadas, excluir-se à autonomia privada alguma margem na modelação da relação laboral, tudo estará em saber, em cada caso, se há violação dos limites impostos pela tutela imperativa associada à *fattispecie* trabalho subordinado.

Ainda assim, importa não perder de vista que, em face da actual fragmentação da realidade juslaboral[44], não é, ao contrário do que possa parecer, fácil identificar um «conjunto de garantias específicas da relação de trabalho conotadas com a subordinação». Mesmo o núcleo essencial de garantias associado à relação laboral comum (proibição de despedimento sem justa causa, limitação da jornada de trabalho, liberdade de desvinculação do trabalhador, etc.) não é directa e automaticamente transponível para qualquer situação de trabalho subordinado (como o demonstram, por ex., o contrato de trabalho em comissão de serviço, o contrato de serviço doméstico ou o contrato de trabalho dos praticantes desportivos profissionais). Com efeito, quando subsista, para além do elemento da subordinação, uma outra circunstância (ou modo de ser da relação) a que seja reconhecido carácter estruturante do vínculo e se afigure merecedora de tutela jurídica, a incidência desse núcleo de garantias pode ocorrer de forma incompleta ou assumir significado distinto[45].

---

[43] "Il part-time dopo la sentenza della Corte Costituzionale n. 210/1992", cit., pág. 1264.

[44] A. Nunes de Carvalho, "O pluralismo do Direito do Trabalho", cit., pág. 283 e ss.

[45] A. Nunes de Carvalho, "O pluralismo do Direito do Trabalho", pág. 290 e ss.

Contrato de Trabalho a Tempo Parcial (Tópicos de Reflexão)   219

Relativamente ao trabalho repartido, é manifesta a existência de aspectos susceptíveis de colidir com um conjunto de garantias inderrogáveis associadas ao trabalho subordinado. Desde logo, a (pelo menos parcial) transferência para os trabalhadores do risco relativo a certas circunstâncias impossibilitantes atinentes ao prestador de trabalho. Mas também, e sem preocupação de exaustividade, o que se prende com a eventual destruição do vínculo com fundamento em facto ilícito cometido por apenas um deles e, bem assim, as questões relativas à variável distribuição da retribuição pelos trabalhadores. Desta sorte, seria necessário verificar se a introdução, na relação de trabalho, do vector constituído pela assunção solidária do débito laboral tem carácter suficientemente valioso para a ordem jurídica (na medida em que traduza interesses relevantes das partes) para fundamentar o afastamento ou a adaptação do funcionamento das referidas garantias.

Em qualquer caso, a reflexão em torno da admissibilidade de mais este instrumento de flexibilização das relações de trabalho não deve perder de vista que "a quimera da flexibilidade" não é, muitas vezes, outra coisa senão "sinónimo de contencioso judiciário"[46].

IV – A noção legal de trabalho a tempo parcial (n.ᵒˢ 1, 3 e 4 do art. 180.º do Código) abarca, claramente, tanto o *part-time* horizontal como o vertical, ou uma combinação de ambos: a redução da jornada de trabalho tanto pode concretizar-se numa diminuição do período normal de trabalho diário como na concentração do trabalho em apenas alguns dias da semana, eventualmente, neste último caso, com duração diária inferior à que corresponde ao trabalho a tempo inteiro. É, igualmente, indiscutível que se admite a distribuição irregular do tempo de trabalho pelas diversas semanas (n.º 4 do art. 180.º).

A letra da lei já não contempla, porém, a possibilidade de concentração do tempo de trabalho em apenas algumas semanas ou meses (trabalho a tempo parcial descontínuo ou concentrado[47]). Esta formulação legal, que reproduz a que constava da Lei n.º103/99, sustenta *prima facie*

---

[46] BRIGNONE, *apud* G. DE SIMONE, "Job sharing: della progettualità dell'inizio del decennio al silenzio del legislatore, passando attraverso l'intervento spot del ministero", cit,. nota (5).

[47] J. A. RUIZ SALVADOR, *El contrato de trabajo a tempo parcial*, Albacete, Ed. Bomarzo, 2004, pág. 21-22.

220   *X Congresso Nacional de Direito do Trabalho*

a conclusão de que estará vedado o acordo que preveja apenas a prestação de trabalho em certas semanas de cada mês ou em certos meses do ano[48]. A questão apresenta, contudo, maior complexidade.

Concordamos com MONTEIRO FERNANDES quanto, recusando uma abordagem excessivamente simplificadora do tempo parcial, sublinha a existência de "necessidades de regulamentação muito para além do mero princípio da proporcionalidade remuneratória"[49]. Daqui não se segue, contudo, necessariamente que a figura do tempo parcial tenha carácter excepcional ou que a definição do seu âmbito de aplicação deva ser entendida como limite à criação de outros modelos[50], em particular tratando-se de esquemas relativamente aos quais poderá ter aplicação a disciplina construída a partir do conceito legal e que corporizem uma articulação de interesses substancialmente idêntica à que corresponde a esse conceito e está subjacente à disciplina legal respectiva.

Retomando a lição de M. D'ANTONA, no trabalho a tempo parcial reproduz-se a função elementar do contrato de trabalho subordinado ("a permuta, em condições de heterodeterminação da prestação devida e de dependência económica, entre trabalho e salário"), não sendo "incompatível com a causa típica da relação de trabalho a pactuição de (…) uma duração limitada da prestação laboral"; "o particular conteúdo inserido no regulamento contratual ([…] a cláusula de tempo e salário reduzidos) determina unicamente um afastamento do tipo normativo das tutelas, isto é, da imagem social-típica do trabalhador assalariado como portador de um normal interesse numa ocupação estável e plenamente remunerada. Mas um tal afastamento, se explica, em termos de *ratio*, a criação de garantias especializadas (…), não induz elementos decisivos de variação na causa, porque a função de integração hetero-dirigida do trabalho no processo produtivo, própria da relação de trabalho subordinado, não é contraditada pelas particulares modalidades de integração dela"[51]. Daí que "não falemos de um contrato especial, mas de um especial módulo horário, que as partes podem livremente escolher, mas que está sujeito a

---

[48] Assim, com referência à Lei n.º 103/99, PAULA CAMANHO, "Contrato de Trabalho a Tempo Parcial", cit., pág. 210-211.

[49] *Direito do Trabalho*, 13.ª ed., Coimbra, Almedina, 2006, pág. 377-378.

[50] Recorde-se que nem a Directiva n. º 97/81/CE, nem a Convenção n.º 175 da OIT proíbem o tempo parcial descontínuo ou concentrado.

[51] "Occupazione flessibile e nuove tipologie del rapporto di lavoro", cit., pág. 1155.

Contrato de Trabalho a Tempo Parcial (Tópicos de Reflexão)   221

uma peculiar disciplina inderrogável"[52]. O legislador do Código assumiu, aliás, esta posição, optando por regular o trabalho a tempo parcial como modalidade de execução do contrato de trabalho comum[53].

Ora, não consideramos que a disciplina inderrogável do trabalho a tempo parcial compreenda a sua concentração em módulos semanais e que exclua a viabilidade de esquemas de *part-time* vertical que, alicerçados nas mesmas razões que tornam socialmente valiosa essa modalidade de trabalho e estando conformes à respectiva disciplina específica, não exijam a prestação de actividade em todas as semanas. Tratar-se-á, afinal, de uma "jornada de trabalho anual inferior à normal"[54], *fattispecie* que não diverge qualitativamente da descrita no art. 180.º do Código[55].

Situação diversa, porém, é a do trabalho à chamada[56] ou trabalho «fixo descontínuo não periódico»[57]. Nestas situações, à redução temporal

---

[52] "Il part-time dopo la sentenza della Corte Costituzionale n. 210/1992", cit., pág. 1263.

[53] Isto mesmo é reconhecido por MARIA DO ROSÁRIO PALMA RAMALHO – *Direito do Trabalho, Parte II – Situações laborais individuais*, cit., pág. 294, nota (189) –, embora a Autora discorde deste entendimento, qualificando o trabalho a tempo parcial como situação juslaboral especial. Entende, por seu turno, que se trata de "uma simples modalidade do contrato individual de trabalho" LIBERAL FERNANDES, *Comentário às leis da duração do trabalho e do trabalho suplementar*, cit., pág. 116-117. Como é evidente, o problema da exacta qualificação do trabalho a tempo parcial (contrato de trabalho especial ou modalidade de prestação do trabalho) depende da análise da concreta regulação legal, de uma compreensão global do instituto, que não podemos aqui empreender. Como se depreende do texto, tendemos para considerar que não se trata de uma relação laboral especial.

[54] C. FERRADANS CARAMES, *El Contrato de Trabajo a Tiempo Parcial*, cit., pág. 252.

[55] Recorde-se que o Código, porventura de modo excessivamente conservador, manteve centrada no módulo semanal a disciplina do tempo de trabalho, razão que, porventura, explica a noção que consta do art. 180.º. Por sua vez, como é sabido, a Comissão do Livro Branco do Código do Trabalho expressou, no seu relatório de progresso, a intenção de abrir expressamente caminho a uma anualização do tempo de trabalho, orientação que, a nosso ver, merece aplauso. E, de modo ainda mais impressivo, enunciou o propósito de "clarificar" a noção de trabalho a tempo parcial, tornando clara a admissibilidade da prestação do trabalho em apenas algumas semanas ou meses.

[56] Cfr., por todos, A. PERULLI, "Il lavoro intermittente" in A. PERULLI (coord.), *Impiego flessibile e mercato di lavoro*, Turim, Giapichelli Ed., 2004, pág. 134-136.

[57] Relativamente a esta noção, cfr. J. L. MONEREO PEREZ (dir.), *Comentario al Estatuto de los Trabajadores*, Granada, Comares, 1998, pág. 226 e ss. Veja-se também A. VALVERDE ASENCIO, *La determinación del período de actividad de los trabajadores fijos discontinuos*, Valência, tirant lo blanch, 2002, pág. 13 e ss. e *passim*, e C. FERRADANS CARAMES, *El Contrato de Trabajo a Tiempo Parcial*, cit., pág. 244 e ss.

222 — X Congresso Nacional de Direito do Trabalho

da prestação devida acresce um outro factor decisivo e que marca, em termos essenciais, o equilíbrio de interesses entre as partes: o condicionamento da efectiva realização da actividade a um acto eventual e não programado do empregador (o «chamamento»), com a inevitável repercussão tanto na organização temporal da vida do trabalhador como na flutuabilidade e irregularidade do seu rendimento salarial. A nota diferenciadora fundamental reside no facto de a obrigação principal do trabalhador não ser constituída "tanto pela execução da prestação laboral, como pela sua disponibilidade para a realizar", já que "a prestação laboral permanece incerta seja no *an* seja no *quando*, consentindo ao empregador dispor da força de trabalho de modo extremamente flexível, de acordo com as suas exigências"[58]. Surge, incontornavelmente, a questão do pagamento de uma específica compensação pela disponibilidade.

Deparamos, pois, com factores que distinguem substancialmente esta realidade do trabalho a tempo parcial, tal como entendido no nosso ordenamento[59]. A atribuição ao empregador da faculdade de determinar livremente o se e o quando da prestação, com o inerente estado de sujeição do trabalhador[60], que vê comprimida, mesmo durante os períodos de não trabalho, a sua liberdade e a possibilidade de encontrar outras fontes de rendimento certamente põe em causa valores de ordem pública. Por outro lado, há que ponderar se a utilidade económica que o empregador retira deste esquema não é, afinal, na lei portuguesa consumida pelas utilidades típicas associadas ao contrato de trabalho a termo[61] e ao trabalho temporário[62], objecto de regulação dotada de especial imperati-

---

[58] P. Pirrucio, *Organizzazione dell'orario di lavoro e lavoro part-time*, cit., pág. 355-356.

[59] Alguma doutrina (em particular a espanhola, e por razões que têm também que ver com a evolução do enquadramento legislativo desta matéria), tende a conceber o trabalho fixo descontínuo, tanto o periódico como o não periódico, como espécie da figura geral do trabalho a tempo parcial – assim, por ex., C. Ferradans Carames, *El Contrato de Trabajo a Tiempo Parcial*, cit., pág. 247.

[60] R. Romei, "Lavoro intermittente" in AA VV, *Il nuovo mercato del lavoro*, cit., pág. 403 e ss. Também E. Ales, "I paradossi della tipizzazione: i «contratti» di lavoro intermittente", e P. Bellocchi, "Le aporie del lavoro intermittente", ambos em AA VV, *Diritto del Lavoro. I nuovi problemi*, t. II, Pádua, CEDAM, 2005, pág. 862 e ss. e 870 e ss., respectivamente.

[61] Já Regina Redinha notava, em 1995, que o trabalho à chamada tem particulares afinidades com a contratação a termo – *A relação laboral fragmentada*, cit., pág. 71.

[62] Para a análise dos pontos de convergência entre trabalho intermitente e trabalho temporário, veja-se R. Romei, "Lavoro intermittente", cit., pág. 405 e ss.

Contrato de Trabalho a Tempo Parcial (Tópicos de Reflexão) 223

vidade[63]. Tendemos, portanto, a considerar que na falta de previsão legal expressa, não será lícita a construção, com base na liberdade negocial das partes, de esquemas de trabalho intermitente ou à chamada[64].

V – O conceito de tempo parcial acolhido no Código do Trabalho, reproduzindo o que constava da Lei n.º 103/99, não estabelece duração mínima e, por outro lado, prevê um limiar máximo supletivo de 75% do período normal de trabalho praticado a tempo completo numa situação comparável.

A não utilização das faculdades concedidas no n.º 2 da Cl.ª 2 e no n.º 4 da Cl.ª 4 do Acordo-Quadro aplicado pela Directiva 97/81/CE (que permite, em certas condições, excluir total ou parcialmente do âmbito de aplicação da disciplina do trabalho a tempo parcial os trabalhadores com actividade ocasional ou com duração do trabalho muito reduzida)[65] implica que mesmo à situação do trabalhador que, por ex., execute semanalmente uma prestação de trabalho não superior a uma hora terá aplicação o regime dos arts. 180.º e seguintes do Código. Para além de constituir um evidente convite ao trabalho clandestino, surgem, como é natural, evidentes dificuldades de aplicação.

De outra parte, a introdução de um limiar máximo supletivo, norteada pela intenção de conferir conteúdo substancial distinto à figura do tempo parcial[66], assenta numa certa perspectiva (certamente discutível) do conteúdo vinculativo da Directiva, partindo do princípio de que o recurso a esse instrumento de normação comunitária envolve, por definição, a garantia de alguma margem de conformação aos Estados-membros.

---

[63] Esta afirmação assenta, naturalmente, no que ao contrato a termo diz respeito, numa interpretação restritiva do art. 128.º do Código do Trabalho (cuja fundamentação, contudo, não é possível adiantar no espaço destas páginas).

[64] É, em todo o caso, curioso verificar que existe já na lei portuguesa uma situação que se aproxima muito deste esquema: pensamos nos trabalhadores ligados a uma empresa de trabalho temporário por contrato sem termo e que não estejam afectos à actividade interna dessa empresa.

[65] Em moldes algo diversos, esta faculdade consta também do art. 8.º da Convenção 175 da OIT.

[66] Também a OCDE tende, para fins estatísticos, a utilizar uma definição de trabalho a tempo parcial em moldes semelhantes aos da lei portuguesa – G. Lemaitre/ P. Marianna/ L. Van Bastelaer, "International comparisons of part-time work", *OCDE Economic Studies*, n.º 29, 1997/II, pág. 139 e ss.

224   X Congresso Nacional de Direito do Trabalho

Esta posição do legislador nacional, já exposta a críticas[67], ficou certamente mais fragilizada com a ratificação por Portugal da Convenção n.º 175 da OIT, uma vez que a alínea *a*) do seu art. 1.º prescreve uma noção de tempo parcial semelhante à da Directiva: *"a expressão «trabalhador a tempo parcial» designa um trabalhador assalariado cuja duração normal do trabalho é inferior à dos trabalhadores a tempo completo e que se encontrem numa situação comparável"*.

A previsão legal deste limiar máximo[68] faz, por outro lado, surgir um problema: qual o tratamento devido a situação de jornada de trabalho reduzida mas que exceda os 75% de período normal de trabalho de trabalhador a tempo completo em situação comparável?

A tais trabalhadores não será aplicável o regime dos arts. 180.º e seguintes do Código[69]. É admissível, contudo, que a fixação contratual da jornada reduzida seja acompanhada por uma redução proporcional da retribuição, por força da lógica sinalagmática do contrato de trabalho e da própria aplicação do princípio da isonomia salarial[70]. Relativamente aos demais aspectos do estatuto normativo (legal e convencional-colectivo) que integra o conteúdo do contrato de trabalho, impondo-se a sua adaptação a estas situações, cremos que, nos termos gerais, só será legítima a diferenciação de tratamento na medida em que seja congruente com a redução do tempo de trabalho e nessa estrita medida. Acabamos, portanto, por chegar a uma situação praticamente idêntica à que resultaria da aplicação do art. 185.º do Código do Trabalho.

Mais complexa é a determinação do tratamento aplicável nos casos em que a lei contrapõe, estabelecendo regimes diversos, o trabalhador a tempo completo ao trabalhador a tempo parcial, como sucede no art.

---

[67] Recordem-se, por ex., ainda na vigência da Lei n.º 103/99, as observações de JÚLIO GOMES, "Trabalho a Tempo Parcial", cit., pág. 67-68.

[68] Que, como se referiu, é supletivo, podendo ser elevado por instrumento de regulamentação colectiva. E, de facto, algumas convenções colectivas consagram um conceito de trabalho a tempo parcial idêntico ao previsto na Directiva 97/81/CE e na Convenção n.º 175. Todavia, e como se referirá adiante, é escassa a atenção dada pelos sujeitos colectivos ao trabalho a tempo parcial.

[69] Neste sentido, mas ainda na vigência da Lei n.º 103/99, P. CAMANHO, "Contrato de trabalho a tempo parcial", pág. 210. Já na vigência do Código, sustentam este entendimento MARIA DO ROSÁRIO PALMA RAMALHO, *Direito do Trabalho, Parte II – Situações laborais individuais*, cit. pág. 295 e JÚLIO GOMES, *Direito do Trabalho*, vol. I, cit., pág. 688.

Contrato de Trabalho a Tempo Parcial (Tópicos de Reflexão)

187.º e, com bastante mais relevância, nos arts. 200.º e 201.º (limites de duração do trabalho suplementar). Nestes casos, as ideias de proporcionalidade e não discriminação não são tópicos relevantes para a busca da solução. Temos, portanto, que recorrer à *ratio* das normas em causa.

Considerando que o conceito de trabalho a tempo parcial aparece no Código associado a um esquema típico e específico de realização da actividade laboral ao qual está associado determinado estatuto, em cujos pressupostos de atribuição não se integra o trabalhador com jornada reduzida, tenderíamos a considerar que, para efeitos de aplicação do art. 187.º, a situação deve reconduzir-se à do trabalho a tempo completo.

Relativamente aos limites máximos de prestação do trabalho suplementar, verificamos que o art. 200.º prescreve uma duração máxima que não depende do período normal de trabalho contratualizado (a não ser para a prestação de trabalho em descanso). Por outro lado, a não aplicação da regra geral do art. 200.º depende da existência de uma situação laboral qualificada como trabalho a tempo parcial, o que nestas hipóteses não acontece. Assim, entendemos que também aos trabalhadores com jornada reduzida será de aplicar o regime geral do art. 200.º.

Podem, por outro lado, suscitar-se dúvidas, quando o contrato de trabalho com jornada reduzida não tenha sido celebrado por escrito, relativamente ao n.º 2 do art. 184.º: deverá, nesta situação, entender-se que o contrato foi celebrado por tempo completo? Como é sabido, esta presunção é ilídivel[71], devendo, designadamente e nos termos gerais, ser dada relevância ao modo pelo qual foi dada execução ao programa contratual[72]. Quanto ainda assim subsista a dúvida, cremos que deve ser levado em consideração que decorre do preceito em análise que nas

---

[70] Cfr., por todos, B. Lobo Xavier, "Introdução ao estudo da retribuição no direito do trabalho português", *Revista de Direito e de Estudos Sociais*, 1986, n.º 1, pág. 71 e ss. e B. Lobo Xavier/ A. Nunes de Carvalho, "Princípio da igualdade: a trabalho igual, salário igual", *Revista de Direito e de Estudos Sociais*, 1997, n.º 4, pág. 410 e ss.. Em sentido contrário ao do texto, ao tempo da vigência da Lei n.º 103/99, Júlio Gomes, "Trabalho a Tempo Parcial", cit., pág. 68-69, invocando, ainda que com dúvidas, a necessidade de conferir sentido útil ao estabelecimento de um *plafond*.

[71] Júlio Gomes, *Direito do Trabalho*, I, cit., pág. 690.

[72] Sobre a relevância da prática de execução do contrato na apreciação das situações laborais vejam-se as considerações expendidas por J. Sousa Ribeiro, "As fronteiras juslaborais e a (falsa) presunção de laboralidade do art. 12.º do Código do Trabalho" *in Direito dos Contratos. Estudos*, Coimbra, Coimbra Ed., 2007, pág. 362 E EE.

226   X Congresso Nacional de Direito do Trabalho

situações de desvio ao modelo paradigmático e comum de prestação do trabalho em matéria de duração da jornada de trabalho impende sobre o empregador o ónus da prova relativamente ao afastamento do tempo completo.

VI – O regime do contrato de trabalho a tempo parcial assenta, nos termos do Código (arts. 181.º e 184.º), num acordo, no consenso das partes. Não se aplica, portanto, aos trabalhadores em *lay-off* (arts. 335.º e ss.)[73].

A lei contempla, por outro lado, hipóteses de redução da jornada de trabalho desencadeadas unilateralmente por vontade do trabalhador, nas alíneas *b*) e *c*) do n.º 1 do art. 43.º (assistência a filho ou adoptado), no n.º 1 do art. 45.º (trabalhador com um ou mais filhos menores de doze anos) e na alínea *b*) do n.º 1 do art. 61.º (direitos especiais do trabalhador menor), qualificando-as igualmente como trabalho a tempo parcial. Também o art. 37.º prevê um direito à redução do período normal de trabalho. A estas previsões estão associados regimes específicos, mais ou menos detalhados, na Lei n.º 35/2004, de 29 de Julho (arts. 70.º, 76.º, 78.º e seguintes, 101.º e 134.º e seguintes), em cuja estruturação são especialmente levadas em consideração as necessidades de flexibilização do tempo de trabalho por parte do trabalhador e, consequentemente, a unilateralidade da redução da jornada de trabalho[74]. Coloca-se, então, o problema de saber como se conjugam estas modalidades de tempo parcial com o regime constante dos arts. 180.º e seguintes do Código do Trabalho.

Não constituindo o trabalho a tempo parcial um contrato de trabalho especial, mas antes uma modalidade de execução da relação laboral, não se afigura rigoroso qualificar estas situações como "desenvolvimento de uma figura contratual cuja definição é similar à do trabalho a tempo parcial, mas sem provocar a mudança de modalidade contratual"[75].

---

[73] Também a Convenção n.º 175 da OIT exclui da qualificação de trabalhador a tempo parcial "os trabalhadores a tempo completo em desemprego parcial, isto é, afectados por uma redução colectiva e temporária da sua duração normal do trabalho por razões económicas, técnicas ou estruturais" (alínea *d*) do art. 1.º).

[74] Sistematizando estas regras, Maria do Rosário Palma Ramalho, *Direito do Trabalho, Parte II – Situações laborais individuais*, cit. pág. 298-300.

[75] Como o faz C. Ferradans Carames, *El Contrato de Trabajo a Tiempo Parcial*, cit., pág. 99 e, de novo, pág. 101.

Contrato de Trabalho a Tempo Parcial (Tópicos de Reflexão)

Diríamos antes que o regime dos arts. 180.º e seguintes (e do qual faz parte integrante também o art. 201.º) está desenhado numa lógica de flexibilização acordada da prestação de trabalho, a nível de cada relação de trabalho, garantindo, ao mesmo tempo e como é usual no Direito do Trabalho, que o desequilíbrio de facto nas respectivas posições negociais não se projecte, de forma desfavorável ao trabalhador, no modelo contratado. Ao invés, os regimes especiais de tempo parcial assentam na primazia reconhecida pelo ordenamento a interesses essenciais do trabalhador, o que explica o funcionamento potestativo (ou quase potestativo) destes esquemas e se traduz numa disciplina frequentemente mais vantajosa. Nesta medida, quando se registe uma lacuna em qualquer dos regimes especiais de tempo parcial será, eventualmente, viável o recurso à aplicação, por analogia, das regras dos arts 180.º e seguintes, quando se trate de aspectos "coincidentes ou convergentes"[76]. Logo, não poderão ter aplicação aos esquemas especiais as regras que pressuponham a existência de um acordo entre as partes, assim como estará afastado o recurso aos preceitos que contrariem a intencionalidade própria dos regimes especiais[77].

VII – Já a Lei da Duração do Trabalho de 1971 cometia à negociação colectiva uma acrescida responsabilidade na regulação do trabalho a tempo parcial. O n.º 2 do art. 43.º do Decreto-Lei n.º 409/71 impunha, mesmo, à convenção colectiva a previsão de certos aspectos considerados fundamentais[78].

---

[76] C. Ferradans Carames, *El Contrato de Trabajo a Tiempo Parcial*, cit., pág. 99 e, de novo, pág. 98.

[77] Propendemos, portanto, para uma visão mais restritiva do que a, se bem entendemos, é defendida por Maria do Rosário Palma Ramalho (*Direito do Trabalho, Parte II – Situações laborais individuais*, cit. pág. 300), quando admite que relativamente aos aspectos não contemplados pelos regimes especiais "é aplicável o regime geral do trabalho a tempo parcial, com as necessárias adaptações, designadamente quanto à aplicação dos princípios da equiparação e da proporcionalidade".

[78] Interpretando esta disposição, Liberal Fernandes sustentava mesmo que "a definição do regime do trabalho a tempo parcial constitui uma cláusula obrigatória dos IRC, a acrescentar ao elenco estabelecido no art. 23.º do DL 519-C1/79" – *Comentário às leis da duração do trabalho e do trabalho suplementar*, cit., pág. 120. Sem apreciar a procedência deste entendimento relativamente ao sistema juslaboral anterior ao Código, cremos que o actual n.º 3 do art. 185.º (que formula uma directriz de contornos aliás bastante vagos) não consente tal interpretação, sendo de entender como simples regra

228   *X Congresso Nacional de Direito do Trabalho*

Também o Código do Trabalho, na esteira da Lei n.º 103/99, contempla uma ampla intervenção da negociação colectiva[79]. Para além de expressamente determinar que *"os instrumentos de regulamentação colectiva de trabalho, sempre que tal for consentido pela natureza das actividades ou profissões abrangidas, devem conter normas sobre o regime do trabalho a tempo parcial"*, a lei permite que esses instrumentos recortem, em certos termos (ampliação do limiar da noção de tempo parcial), o âmbito de aplicação do regime (n.º 2 do art. 180.º), estabeleçam o período de referência quando a repartição do trabalho seja desigual em cada semana (n.º 4 do art. 180.º), intervenham na definição dos critérios de comparação a que se refere o art. 182.º (n.º 4), estabeleçam regimes de preferências para a admissão ao trabalho a tempo parcial relativamente a certas categorias de trabalhadores (n.º 1 do art. 183.º), regulem a aplicação aos trabalhadores a tempo parcial dos benefícios por eles consagrados (n.º 2 e 5 do art. 185.º) e parametrizem temporalmente os acordos de passagem do trabalho a tempo completo para trabalho a tempo parcial (n.º 5 do art. 186.º). Podem, ainda, os instrumentos de regulamentação colectiva contribuir para a determinação do volume de trabalho suplementar admissível para o trabalhador a tempo parcial (n.º 2 do art. 201.º).

Em termos gerais, poder-se-á enquadrar este apelos aos sujeitos colectivos na tendência para atribuir à contratação colectiva uma função de controlo da procura de mão de obra para empregos flexíveis[80]. Contudo, porventura respondendo à desconfiança tradicional da contratação colectiva relativamente ao trabalho a tempo parcial – enquanto veículo de flexibilização individual ou de individualização do tempo de trabalho –,

---

promocional ou programática. Como é sabido, a determinação de um conteúdo obrigatório para as convenções colectivas (actualmente fixado no art. 543.º do Código, que não inclui a matéria do tempo parcial) está directamente conexionado com a possibilidade de recusa do depósito (alínea *a*) do n.º 1 do art. 550.º), consubstanciando, por conseguinte, uma restrição ao direito fundamental de negociação colectiva.

[79] Este apelo do legislador, como tantas vezes sucede no que concerne à negociação colectiva, não tem tido resposta minimamente adequada, como se refere no *Livro Verde sobre as Relações Laborais*, cit., pág. 111-112.

[80] Veja-se M. D'ANTONA, "Occupazione flessibile e nuove tipologie del rapporto di lavoro", cit., pág. 1157 e ss. e, também, F. CORSO, "Fonti eteronome e autonomia collettiva nella riorganizzazione del mercarto di lavoro" in M. RUSCIANO/ C. ZOLI/ L. ZOPPOLI, *Istituzioni e regole del lavoro flessibile*, Nápoles, Ed. Scientifica, 2006, pág. 3 ess. e, especialmente, 15 e ss.

Contrato de Trabalho a Tempo Parcial (Tópicos de Reflexão) 229

tal função de administração da flexibilidade conhece aqui limitações profundas.

Assim, desde logo, veda-se à negociação colectiva a possibilidade de excluir a liberdade de celebração de contratos de trabalho a tempo parcial (art. 181.º). Esta proibição abrange, a nosso ver, também as cláusulas de contingentação das admissões a tempo parcial[81].

De outra parte, no estabelecimento de critérios de comparabilidade entre trabalhadores a tempo completo não poderá desvirtuar-se a própria lógica e intencionalidade específica da comparação: trata-se de encontrar um parâmetro de normalidade a partir do qual, de modo objectivo e racional se possa, *per relationem*, definir o trabalho a tempo parcial[82].

Também no que concerne ao estabelecimento de critérios de aplicação aos trabalhadores a tempo parcial das condições de trabalho consagradas para os trabalhadores a tempo completo (n.ºs 1, 2 e 5 do art. 185.º) a liberdade de normação dos sujeitos colectivos é necessariamente limitada. A possibilidade de diferenciação do tratamento jurídico das situações só estará legitimada quando, e na medida em que, se funde num critério a um tempo lícito e que assente numa circunstância para esse efeito relevante dessas situações – ou seja, é necessário que a escolha do critério não de faça de modo arbitrário e que exista congruência com a *ratio* do efeito jurídico em causa (o critério deve ser congruente com tal efeito jurídico)[83].

Dito isto, deve também chamar-se a atenção para a existência de espaços abertos à intervenção regulativa da autonomia colectiva para além dos que são expressamente referidos nos arts. 180.º e seguintes do Código.

A contratação colectiva pode intervir na parametrização dos poderes patronais de administração do vínculo, designadamente restringindo (ou mesmo eliminando) a margem de variação dos horários de trabalho ou densificando conceitos indeterminados (como seja, por ex., a noção de motivo atendível para efeito de recusa de prestação do trabalho suplementar). Admitimos, igualmente, que a convenção colectiva possa enriquecer o conteúdo do acordo que titula a prestação de actividade a

---

[81] Cfr., também, Júlio Gomes, *Direito do Trabalho*, I, cit., pág. 689-690.

[82] Cfr. *supra* II, nota (25).

[83] Cfr. B. Lobo Xavier/ A. Nunes de Carvalho, "Princípio da igualdade: a trabalho igual, salário igual", cit., pág. 405-408.

230 X Congresso Nacional de Direito do Trabalho

tempo parcial, exigindo que dele constem outras menções para além das previstas na lei (como seja, por ex., a indicação do horário de trabalho e das respectivas condições de alteração).

Feitas estas breves referências à intervenção da negociação colectiva, é indispensável deixar uma última nota. Também aqui a intervenção das convenções colectivas suscita questões de grande complexidade, em particular por força da sua limitada eficácia pessoal (que relevância terão as regras colectivas quando se trate de contrato de trabalho a tempo parcial celebrado com trabalhador não filiado no sindicato outorgante?[84]).

VIII – A arrumação sistemática do regime do trabalho a tempo parcial e, em especial, o art. 184.º resolveram boa parte das questões que, na vigência da Lei n.º 103/99, se suscitavam a propósito do instrumento contratual que titula a prestação de trabalho neste regime[85]. Porém, as actuais regras fazem surgir novas interrogações. A mais relevante de todas, desde logo porque incide nos traços estruturantes do instituto, é a que se centra com a colocação temporal da prestação.

Ao contrário do que determinava a Lei n.º 103/99 (n.º 5 do art. 1.º), o Código não exige que do contrato de trabalho a tempo parcial conste o horário de trabalho. Certamente que ao trabalhador a tempo parcial deve ser fixado horário de trabalho, nos termos gerais (n.º 1 do art. 170.º e n.º 1 do art. 177.º do Código e art. 180.º da Lei n.º 35/2004). Será, porém, admissível a definição de regimes de adaptabilidade? Será viável a previsão convencional do regime de isenção de horário de trabalho, nas modalidades previstas nas alíneas *b*) e *c*) do n.º 1 do art. 178.º[86]? E, não constando o horário de trabalho do acordo que titula a prestação de

---

[84] É uma questão que surge transversalmente no âmbito da relação de trabalho e para a qual ensaiámos uma abordagem em *Das carreiras profissionais no Direito do Trabalho*, Lisboa, UCP, 1990 (dissertação de mestrado não publicada). Conjugando esta questão com a assinalada função de administração da flexibilidade cometida à contratação colectiva, vejam-se C. Zoli, "Struttura della contrattazione e rapporti tra contratti collettivi di diverso livello" e, especialmente, A. Zoppoli, "Sull'efficacia soggettiva del contratto collettivo nella disciplina dei rapporti di lavoro «flessibili»", ambos em M. Rusciano/ C. Zoli/ L. Zoppoli, *Istituzioni e regole del lavoro flessibile*, cit., págs. 301 e ss. e 317 e ss., respectivamente.

[85] Cfr. A. Nunes de Carvalho, "Duração e organização do tempo de trabalho no Código do Trabalho", cit., pág. 114-115.

[86] O regime de tempo parcial parece, à partida, incompatível com a *"não sujeição aos limites máximos dos períodos normais de trabalho"* (alínea *a*) do n.º 1 do art. 178.º).

Contrato de Trabalho a Tempo Parcial (Tópicos de Reflexão) 231

actividade a tempo parcial, pode o empregador alterá-lo unilateralmente (n.º 1 do art. 173.º)?

Algumas destas questões não são, em bom rigor, novas, podendo ser colocadas também à luz da Lei n.º 103/99 (a exigência da definição, no contrato, de horário de trabalho não obstava, por si mesma, à estipulação de «horários elásticos», tanto mais que esse mesmo diploma previa a distribuição irregular da prestação). A dilucidação destas dúvidas não passa, nem se basta, a nosso ver, com alusões à "economia do contrato", à preservação da "autonomia deste tipo ou subtipo contratual" ou às alegadas "intenções do legislador comunitário"[87] (passando, neste último caso, em claro a ambiguidade própria Directiva 97/81/CE). Na verdade, a determinação do exacto sentido do instituto do trabalho a tempo parcial na lei portuguesa terá, como é natural, de ser um ponto de chegada, precedido da análise da globalidade do regime e da resolução dos problemas que coloque, não um pressuposto de análise desse mesmo regime.

Não cabendo aqui um tratamento aprofundado do tema[88], queremos, em todo o caso, deixar algumas observações.

A inflexão registada com o Código do Trabalho permite, em primeira linha, afastar da essência desta figura a "peculiar função organizativa" a que aludem alguns autores. Por outro lado, resulta da disciplina legal que o trabalho a tempo parcial assenta num acordo sobre a redução do período normal de trabalho (n.º 1 do art. 184.º e n.º 3 do art. 186.º), afigurando-se abusivo transformá-lo numa "programação voluntária do tempo de trabalho" pelo trabalhador[89]. Para além disso, como sabemos, a opção pelo trabalho a tempo parcial pode ter na sua origem uma multiplicidade de interesses e por isso mesmo se pode afirmar que um dos seus traços característicos é "a ausência de unidade real da figura"[90].

---

[87] Retiramos todas estas expressões de JÚLIO GOMES, *Direito do Trabalho*, I, cit., pág. 691-692.

[88] Que é dos que mais intenso debate têm suscitado na doutrina estrangeira; cfr., por ex., com amplas indicações, M. PAPALEONI, *Il nuovo part-time*, cit., pág. 145 e ss. e, em particular, pág. 178 e ss.

[89] Como sustentava M. D'ANTONA na vigência do regime italiano de 1984 (("Il part-time dopo la sentenza della Corte Costituzionale n. 210/1992", cit., pág. 1265).

[90] JÚLIO GOMES, *Direito do Trabalho*, I, cit., pág. 678. Em sentido convergente, sublinha P. ICHINO que "as posições e interesses dos trabalhadores (...) são diversificados e não susceptíveis de recondução a um modelo *standard*" – *Il contratto di lavoro*, II, cit., pág. 454.

A liberdade negocial das partes adquire, por tudo isto, especial relevância (podendo, desde logo, o próprio acordo para a prestação do trabalho a tempo parcial limitar a disponibilidade temporal do trabalhador ou parametrizar a variação das coordenadas de execução da actividade). De outra parte, o sentido do programa contratual terá de ser apurado também a partir dos pressupostos que para cada uma das partes, e de forma conhecida pelo outro sujeito, foram essenciais na conclusão do acordo. Devendo, para além disso, atender-se ao específico modo de execução da prestação e às expectativas legítimas a partir daí consolidadas.

É, de outra banda, de entender, na esteira da célebre sentença da *Corte Costituzionale* italiana n.º 210/1992[91], que deve ser exigida congruência entre a disponibilidade de tempo efectivamente resultante do acordo de trabalho a tempo parcial e a retribuição correspondente, sendo de considerar abusivos os acordos que inutilizando, em termos práticos, a disponibilidade pelo trabalhador dos seus períodos de inactividade (por força das variações possíveis), não lhe confiram contrapartida adequada, impossibilitando-o, ao mesmo tempo, de obter outro rendimento. Está aqui subjacente o apelo a princípios de ordem pública, também vigentes no ordenamento português, e que têm potencialidade para facilitar o enquadramento destes problemas.

Acresce que a possibilidade de variação do tempo de trabalho acaba, normalmente, por corporizar o exercício do poder de direcção que, nos termos do art. 150.º do Código, deve fazer-se nos termos do contrato (no quadro de uma execução de acordo com o princípio da boa fé) e das normas que o regem[92], impondo-se que o empregador deva levar em consideração também os interesses do trabalhador (arts. 119.º e 149.º do Código do Trabalho[93]), designadamente os que estão presentes na opção por esta modalidade de execução do trabalho.

Finalmente, o específico posicionamento das partes na concreta situação laboral deve ser levado em conta no preenchimento de conceitos

---

[91] Em direcção posteriormente desenvolvida pela demais jurisprudência – cfr., por todos, M. PAPALEONI, *Il nuovo part-time*, cit., pág. 181 e ss

[92] Tratámos do tema dos limites ao exercício do poder de direcção em *Das carreiras profissionais no Direito do Trabalho*, cit.

[93] Sublinhámos este ponto em "Duração e organização do tempo de trabalho no Código do Trabalho", cit., pág. 100.

Contrato de Trabalho a Tempo Parcial (Tópicos de Reflexão) 233

indeterminados – o que nos leva, por ex., a admitir que pelo menos em certas *fattispecies* de trabalho a tempo parcial à noção de "motivo atendível", enquanto fundamento de recusa da prestação de trabalho suplementar, deva ser reconhecido conteúdo mais dilatado do que apresenta na relação laboral a tempo completo.

Tudo isto para concluir que existem utensílios jurídicos que permitem contrabalançar a maior amplitude reconhecida às partes na fixação de esquemas elásticos de distribuição do tempo de trabalho no regime dos arts. 180.º e seguintes do Código.

IX – A zona porventura mais problemática da disciplina do trabalho a tempo parcial continua, em todo o caso, a ser a determinação das condições de trabalho aplicáveis.

Como é bem sabido, a simples referência à ideia de proporcionalidade, tal como constava do art, 43.º da Lei de Duração do Trabalho, não é suficiente para a determinação da situação jurídica do trabalhador a tempo parcial.

Desde logo, porque certos elementos do estatuto do trabalhador subordinado se apresentam como verdadeiros absolutos – isto é, não são susceptíveis de uma redução proporcional. É, paradigmaticamente, o que acontece com a liberdade sindical ou a tutela da estabilidade no emprego. Mas tal acontece sempre que deparamos com "conteúdos jurídicos considerados indivisíveis ou inalteráveis"[94]. Daí que ao lado da ideia de proporcionalidade se tenha afirmado um princípio de equiparação ou assimilação[95], nos termos do qual aos trabalhadores a tempo parcial são aplicáveis os aspectos do estatuto do trabalhador subordinado que não dependam de quantificação[96].

---

[94] F. LIBERAL FERNANDES, *Comentário às leis da duração do trabalho e do trabalho suplementar*, cit., pág. 119.

[95] Assim se entendia, ainda antes da Lei n.º 103/99, na jurisprudência nacional: cfr. o Acórdão de 4 de Junho de 1997 do Supremo Tribunal de Justiça, disponível em *www.dgsi.pt*.

[96] Em bom rigor, estes dois princípios assentam numa ideia genérica de igualdade, uma vez que a ideia de proporcionalidade envolve logicamente a possibilidade de equiparação. Trata-se, afinal, de garantir que o trabalhador a tempo parcial não seja tratado de forma diferente da que é aplicável ao trabalhador a tempo completo com base apenas na circunstância de ter uma jornada de trabalho reduzida, excepto, e na medida em que, ponderada a *ratio* da condição de trabalho em causa, tal possa ser considerado

234 X Congresso Nacional de Direito do Trabalho

Mas também o jogo conjunto destes princípios da equiparação e da proporcionalidade, agora enunciados no art. 185.º do Código, apresenta problemas de diversa ordem.

X – A ideia genérica de proporcionalidade tem que ser aplicada nos seus devidos termos. A proporcionalidade supõe realidades não apenas aproximadas, mas verdadeiramente homogéneas. Apenas poderão aplicar-se ao trabalhador a tempo parcial – de acordo com a proporção estabelecida em função da relação entre o seu período normal de trabalho e aquele que corresponde a um trabalhador comum – os direitos e deveres estabelecidos para o trabalhador a tempo inteiro que *pela sua natureza* consintam essa aplicação e na medida em que se possa dizer que *substancialmente* as posições jurídicas do trabalhador a tempo parcial e daquele que presta a sua actividade a tempo inteiro são comparáveis.

Como escrevia, ainda na vigência da Lei n.º 103/99, JÚLIO GOMES, nem mesmo quando aplicado à retribuição este princípio de proporcionalidade corresponde a "uma inocente e neutra proporcionalidade matemática ou aritmética, pois que embora a proporcionalidade da remuneração tenha uma aparência pacífica, o trabalho a tempo parcial não é apenas um trabalho a tempo completo em medida mais pequena e isto porque as normas legais foram concebidas para a relação de trabalho a tempo completo – assim os descansos, as pausas, etc. A aplicação de uma proporcionalidade aritmética fazia sentido, por exemplo, em um universo em que se verificava uma distribuição uniforme e comum do tempo de trabalho. A evolução moderna, todavia, caracteriza-se antes por uma crescente individualização dos tempos de trabalho. A redução do tempo de trabalho devido nada nos diz, por exemplo, sobre a sua distribuição, que bem pode tornar mais penoso o trabalho (...). Em suma, a retribuição não é um conceito simples, mas tem antes uma estrutura complexa, pelo que se assistirá a uma verdadeira perversão do carácter sinalagmático do contrato de trabalho se não se atender aos outros critérios ou factores que interessam para o cálculo da retribuição"[97].

---

justificado. Esta formulação, que está muito próxima de fixada pela jurisprudência alemã – veja-se, por ex., M. WEISS/ M. SCHMIDT, *Labour Law and Industrial Relations*, 3ª ed., Haia/Londres/Boston., Kluwer, 2000, pág. 54 – acaba, em última instância, por corresponder a um simples juízo de igualdade.

[97] *"Trabalho a Tempo Parcial"*, cit., págs. 83-84.

Esta observação é tanto mais verdadeira se a conjugarmos com um outro dado: a complexidade do sistema de fontes, corporizada na intervenção da autonomia colectiva[98].

As convenções colectivas tendem a definir atribuições de carácter retributivo diversas das previstas na lei e nos contratos de trabalho, animadas por intenções específicas e que revelam a sua funcionalidade no plano da definição colectiva das condições de trabalho de um certo universo laboral. A aplicação dessas atribuições tem que se moldar à intencionalidade específica e à lógica particular do benefício em causa, sob pena de grave distorção do objectivo prosseguido conjuntamente pelos sujeitos signatários da convenção e do equilíbrio de interesses que nela se pretende plasmar[99].

As considerações que antecedem podem ser exemplificadas a partir de um exemplo simples e já objecto da atenção dos nossos tribunais: prevendo certa convenção colectiva, que regula a prestação de trabalho em estabelecimentos dispensados de encerramento semanal, um abono especial pela prestação de trabalho ao domingo, terão direito a este abono os trabalhadores que prestem a sua actividade apenas ao sábado e ao domingo (as chamadas equipas de fim de semana, que praticam um *part-time* vertical)?

Este complemento retributivo assenta na maior penosidade do trabalho prestado ao domingo. Como é sabido, a lei portuguesa confere ao trabalhador o direito a um dia de descanso semanal obrigatório (n.º 1 da alínea *d*) do art. 59.º da Constituição), que corresponderá, em princípio, ao domingo (n.º 2 do art. 205.º do Código). A preferência pelo descanso

---

[98] Alertando para os desvios introduzidos pelas convenções colectivas à actuação do princípio da proporcionalidade, I. Cornesse, *La proportionnalité en droit du travail*, Paris, LITEC, 2001, pág. 137 e ss.

[99] O próprio legislador reconhece esta necessidade, como transparece do n.º 6 do art. 185.º do Código. Na verdade, a generalização do subsídio de refeição através da contratação colectiva é acompanhada de uma tendência para associar a percepção desse benefício à realização de um certo número de horas de trabalho, dando-lhe, desta sorte, também o cariz de incentivo à assiduidade e pontualidade. Terá, porventura, pesado também na construção deste preceito a percepção de que o trabalho a tempo parcial de mais curta duração ocorre em situações de pluriemprego, cumulando-se com um trabalho a tempo completo. Tudo isto obsta a uma aplicação directa da ideia de proporcionalidade. Discordamos, nesta medida, da interpretação postulada por Luís Miguel Monteiro em P. Romano Martinez *et al*, *Código do Trabalho Anotado*, 5ª ed., Coimbra, Almedina, 2007, pág. 392-393.

dominical assenta, essencialmente, em razões de ordem cultural[100] – "filia-se na tradição judaico-cristã, tem origem em diversas passagens da Bíblia e remonta ao tempo de Constantino que, em 321, ordenou a suspensão de certos trabalhos no primeiro dia da semana"[101] –, bem como na dinâmica dos próprios ciclos sociais de trabalho e de repouso, permitindo ao trabalhador gozar o seu tempo de lazer de forma que lhe faculte "a realização pessoal na dimensão cultural e sócio-familiar"[102]. Entende-se tradicionalmente que o gozo do descanso semanal obrigatório ao domingo permitirá a integração do trabalhador no tempo social e no tempo familiar – designadamente, porque descansa em simultâneo com o descanso dos demais cidadãos e com as pausas escolares.

De outra banda, o subsídio de domingo visa compensar o sacrifício adicional exigido a certos trabalhadores relativamente aos demais. Pretende-se compensar o trabalhador por um sacrifício adicional, que decorre de uma opção patronal e que o pode colocar em situação menos vantajosa perante trabalhadores em condições idênticas.

Fará, então, sentido aplicar esta regalia aos trabalhadores contratados para trabalhar exclusivamente aos sábados e domingos? Pode dizer-se que estes trabalhadores estão ainda abrangidos pelo desígnio de protecção desta norma?

Deve, desde logo, ponderar-se que a aludida normalização dos tempos sociais parece hoje comprometida. Com efeito, é marcada a tendência para a diversificação de horários, caminhando-se para uma rede de articulação de tempos de repouso e de trabalho bastante mais complexa. Não apenas perdeu (e perde cada vez mais) o sentido a dicotomia horário normal/horário anómalo, por força da menor *standartização* dos esquemas produtivos[103], como os próprios tempos sociais se alteraram radicalmente.

Note-se, aliás, que na própria ordem jurídica portuguesa foram sendo sucessivamente eliminadas as barreiras referentes à laboração ao domingo (n.os 2 e 3 do art. 205.º do Código).

---

[100] Veja-se o Acórdão de 25 de Maio de 1999 do Supremo Tribunal de Justiça, disponível em www.dgsi.pt..

[101] M. PINTO/ P. FURTADO MARTINS/ A. NUNES DE CARVALHO, *Comentário às leis do trabalho*, I, cit., pág. 219.

[102] Acórdão de 25 de Maio de 1999 do Supremo Tribunal de Justiça, cit.

[103] Em síntese, veja-se P. ICHINO, *Il tempo della prestazione nel rapporto di lavoro*, II, cit., pág. 364 e ss.

Contrato de Trabalho a Tempo Parcial (Tópicos de Reflexão) 237

Por outro lado, a contraposição tempo de trabalho/ tempo de descanso não se processa, no que toca aos trabalhadores integrados em equipas de fim de semana, de forma semelhante à dos demais trabalhadores. O seu tempo de auto-disponibilidade relativamente ao empregador é substancialmente potenciado. Acresce que este esquema de prestação de trabalho permite a articulação com outras actividades remuneradas ou com a frequência de estabelecimentos de ensino. E a própria possibilidade de articulação com a vida familiar pode ser feita em termos de muito maior flexibilidade relativamente aos demais trabalhadores.

Num outro plano, avulta na situação dos trabalhadores contratados para prestar a sua actividade aos sábados e domingos uma outra circunstância essencial: no seu caso, a prestação de trabalho ao domingo não resulta de uma opção patronal no exercício do poder de direcção, já que a prestação do trabalho ao sábado e ao domingo faz parte do próprio contrato de trabalho.

Por isto mesmo, não existe aquela posição de desvantagem comparativa a que acima nos referimos. Justamente porque o trabalhador se comprometeu, logo à partida, a prestar trabalho ao fim de semana, a sua posição é substancialmente diversa da dos trabalhadores a quem a entidade empregadora possa, na determinação das condições de trabalho, exigir ou não trabalho nesse período. E porque, para os trabalhadores em *part-time* vertical admitidos para equipas de fim de semana, o contrato se reporta exclusivamente à prestação de trabalho ao sábado e ao domingo, estes são, para eles, os dias normais de trabalho – ou seja, aqueles a partir dos quais se forja o parâmetro retributivo básico, expresso na remuneração de base. Não faz, portanto, qualquer sentido a aplicação a este tipo de trabalhadores da lógica de complementação da remuneração de base que (normalmente) funda a atribuição de um complemento retributivo pela prestação de trabalho ao domingo[104] [105].

---

[104] É, a este respeito, importante atender ao lugar paralelo que encontramos nas alíneas *a)* e *c)* do n.º 3 do art. 257.º do Código do Trabalho, acolhendo a interpretação que um sector da doutrina (por ex., A. MENEZES CORDEIRO, *Manual de Direito do Trabalho*, reimp., Coimbra, Almedina, 1994., pág. 695), acompanhado por ampla jurisprudência, fazia da norma correspondente da Lei da Duração do Trabalho (art. 30.º, aliás objecto de interpretação autêntica pelo Decreto-Lei n.º 348/73, de 11 de Julho).

[105] O problema da atribuição de «subsídio de domingo» aos trabalhadores contratados em regime de tempo parcial para a prestação de actividade nesse dia foi objecto de apreciação pelo Tribunal da Relação de Lisboa, em acórdão de 3 de Março de 2004,

238   *X Congresso Nacional de Direito do Trabalho*

XI – Para além disso, não é por vezes fácil traçar a fronteira entre as zonas de aplicação dos princípios da proporcionalidade e da equiparação. Tal deve-se, como bem sublinha ALARCÓN CARACUEL[106], a duas ordens de razões: "em primeiro lugar, porque há alguns direitos que podemos considerar de tipo «misto», no sentido de que exigem – ou, pelo menos, possibilitam – a aplicação simultânea de ambos os princípios"[107]; "em segundo lugar (...) há determinados aspectos relativamente aos quais não são aplicáveis nem o princípio de proporcionalidade nem o de equiparação, pela simples razão de que são específicos dos contratos de trabalho a tempo parcial e, por conseguinte, não é cabida referência alguma aos contratos a tempo inteiro"[108]. Também por esta razão se impõe, portanto, uma aplicação prudente e esclarecida dos princípios referidos.

XII – Ainda mais relevante, contudo, é uma última ordem de problemas.

Como tem sido sublinhado, "a importância configuradora para o contrato de trabalho do factor tempo (...) é tal que qualquer modificação substancial desse factor relativamente ao modelo social e jurídico típico – recordemos: o contrato de duração indefinida e a tempo completo – afecta profundamente a própria estrutura da relação laboral enquanto objecto de disciplina jurídica"[109]. No trabalho a tempo parcial reforça-se, portanto, a modalização temporal[110] do vínculo laboral: a arquitectura temporal do vínculo assume dimensão essencial na conformação dos

---

onde se decidiu que seria devido o seu pagamento. O Tribunal argumentou com o princípio da igualdade, em termos que, por força do que deixámos escrito no texto, não consideramos correctos. Invocou, por outro lado, um uso empresarial de pagamento desse subsídio a todos os trabalhadores, independentemente da modalidade de prestação de actividade.

[106] *La ordenación del tiempo de trabajo*, Madrid, Tecnos, 1988, pág. 117 e ss.

[107] M. ALARCÓN CARACUEL, *La ordenación del tiempo de trabajo*, cit., pág. 117, referindo certos aspectos dos direitos de representação colectiva, como seja o cômputo do número de trabalhadores para efeito de eleição de delegados sindicais.

[108] M. ALARCÓN CARACUEL, *La ordenación del tiempo de trabajo*, cit., pág. 117. O autor refere-se, em particular, à questão da admissibilidade e das regras a aplicar à prestação de trabalho suplementar pelos trabalhadores a tempo parcial.

[109] M. ALARCÓN CARACUEL, *La ordenación del tiempo de trabajo*, cit., pág. 118.

[110] Cfr., por todos, P. ICHINO, *Il tempo della prestazione nel rapporto di lavoro*, I, Milão, Giuffrè, 1985, pág. 9 e ss. especialmente 46 e ss. e II, Milão, Giuffrè, 1985, pág. 364 e ss.

Contrato de Trabalho a Tempo Parcial (Tópicos de Reflexão) 239

direitos e obrigações das partes, em termos tais que a relação se afasta bastante do contrato de trabalho a tempo completo e coloca problemas novos. E, sobretudo, é incontornável a existência de modelos de trabalho a tempo parcial (como seja o *part-time* vertical) em que a configuração temporal da actividade laboral incide decisivamente na estrutura e na lógica interna de funcionamento do vínculo, impondo tratamento jurídico diferenciado[111].

Na verdade, problemas como a determinação dos direitos relativamente às férias, do regime a aplicar à prestação de trabalho suplementar ou da duração do período experimental exigem, nestes casos, um enquadramento jurídico que não se reduz a mera especificação ou adaptação do regime laboral mais corrente. A razão está, fundamentalmente, em que no regime do *part-time* vertical surge um elemento novo: o período de inactividade, contraposto, simultaneamente, aos períodos de trabalho e aos períodos de descanso.

A nosso ver, a abordagem destas questões deve fazer-se a partir da especial protecção que a lei confere aos dias de descanso. Mais do que simples períodos de não trabalho, constituem garantias de auto-disponibilidade do trabalhador, que, por isso mesmo, são objecto de tutela reforçada (v.g. no que concerne ao trabalho suplementar – n.º 2 do art. 258.º – e à isenção de horário de trabalho – n.º 3 do art. 178.º). Neste sentido, existe aqui um *plus* relativamente aos demais tempos não compreendidos no horário de trabalho.

Partindo daqui, somos levados a considerar que o trabalho suplementar realizado por trabalhador em *part-time* vertical num dia não compreendido no seu horário de trabalho mas que não seja de descanso, deve ser considerado como prestado em dia «útil» (n.º 1 do art. 202.º)[112]. Em coerência, também no que concerne ao cômputo da duração do período experimental e à duração das férias se imporá idêntica solução.

XIII – Verificamos, então, que mesmo para quem entende que o trabalho a tempo parcial não se diferencia substancialmente do contrato

---

[111] Neste sentido, LUÍS MIGUEL MONTEIRO em P. ROMANO MARTINEZ *et al*, *Código do Trabalho Anotado*, cit., pág. 392.

[112] Sem prejuízo do que afirmámos anteriormente quanto a um eventual alargamento, nestes casos, do leque de circunstâncias invocáveis como "motivo atendível", para efeito do art. 198.º.

de trabalho típico, não basta, para efeitos de determinação do enquadramento jurídico aplicável, apelar para uma vaga noção de proporcionalidade. Pelo contrário, é indispensável conjugar o princípio de proporcionalidade com o princípio da equiparação e, bem assim, ter sempre presente a complexidade, não apenas da aplicação de cada um desses princípios, como da determinação dos campos de acção respectivos. Mais ainda, uma análise mais cuidada evidencia a existência de aspectos em que estes princípios não se mostram operativos.

Porque é assim, dificilmente se poderá continuar a atribuir aos princípios da proporcionalidade e da equiparação (cujo funcionamento é, já de si, complexo e nem sempre satisfatório) a virtualidade de instrumentos de adaptação automática (ou quase automática) dos quadros do regime laboral regra às especificidades do trabalho a tempo parcial. A abordagem de várias vertentes do trabalho a tempo parcial convoca juízos valorativos de outra índole.

DIA 16 DE NOVEMBRO DE 2006

14h 30m

TEMA III

O PROCEDIMENTO DISCIPLINAR: VELHAS E NOVAS QUESTÕES. INSOLVÊNCIA DO EMPREGADOR E CONTRATO DE TRABALHO

Presidência
Dr. Rogério Alves, Bastonário da Ordem dos Advogados

Prelectores
Juíza Desembargadora Dr.ª Albertina Pereira
Tribunal da Relação do Porto
Juíza Dr.ª Maria Adelaide Domingos
Docente do Centro de Estudos Judiciários
Prof. Doutor Júlio Gomes
Universidade Católica Portuguesa – Porto

PROCEDIMENTO DISCIPLINAR
VELHAS E NOVAS QUESTÕES

Albertina Pereira
Juíza Desembargadora no Tribunal da Relação do Porto

PROCEDIMENTO DISCIPLINAR
VELHAS E NOVAS QUESTÕES[*]

ALBERTINA PEREIRA

Juíza Desembargadora
no Tribunal da Relação do Porto

1. Introdução

Abordar a matéria do procedimento disciplinar implica fazer referência ao poder disciplinar do empregador, pois é no exercício deste que aquele se concretiza.

O Código do Trabalho, aprovado pela Lei 99/2003, de 27 de Agosto, e doravante indicado por CT[1], a par de um agravamento geral das sanções disciplinares e de algumas (poucas) modificações no domínio do processo disciplinar, manteve no seu essencial, quanto a esta matéria, o regime que provinha da anterior legislação laboral. Referimo-nos ao DL 49.408, de 29.11.1969, normalmente conhecida por Lei do Contrato de Trabalho (LCT) e ao DL 64-A/89, de 27.02, também identificado por Lei da Cessação do Contrato de Trabalho (LCCT). O legislador continua a prever o poder disciplinar como uma prerrogativa exclusiva do empregador e a conceber dois tipos de procedimentos. Um deles, mais simples, enunciado em termos genéricos, não sujeito a forma escrita e destinado à generalidade das infracções disciplinares. O outro, mais complexo, obrigatoriamente escrito, com fases expressamente definidas e enunciação dos direitos e

---

[*] O presente texto corresponde, resumidamente e com algumas alterações, à intervenção oral que proferi no âmbito do X Congresso de Direito do Trabalho que teve lugar no Hotel Altis em Lisboa, nos dias 16 e 17 de Novembro de 2006.

[1] Todas as referências normativas sem menção específica dizem respeito ao CT.

246 X Congresso Nacional de Direito do Trabalho

deveres das partes, destinado à efectivação do despedimento com justa causa do trabalhador.

Qualquer dos procedimentos assume, porém, *natureza inquisitória,* são-lhe aplicáveis os princípios da *audiência prévia,* ou *direito de defesa* do trabalhador arguido, bem como o da *proporcionalidade* na aplicação de sanções. Continuam ainda a prescrever-se prazos para o exercício do poder disciplinar, punibilidade da infracção e aplicabilidade da sanção. A tudo isto nos referiremos com maior detalhe no desenvolvimento desta exposição.

2. Procedimento disciplinar – generalidade das infracções

À semelhança do que ocorria no art. 26 da LCT, o legislador no art. 365 prescreve o seguinte: *"O empregador tem poder disciplinar sobre o trabalhador que se encontre ao seu serviço, enquanto vigorar o contrato de trabalho".* O que significa que compete ao empregador exercer o poder disciplinar sobre os trabalhadores ao seu serviço enquanto durar o contrato de trabalho. A cessação do vínculo afasta a possibilidade de exercício da acção disciplinar.

O legislador optou por continuar a não dar uma definição do que seja o poder disciplinar, embora se possa dizer que o mesmo se traduz no poder do empregador de aplicar medidas coactivas (sanções disciplinares) ao trabalhador, cuja conduta prejudique ou ponha em perigo a empresa ou não seja adequada à correcta efectivação dos deveres contratuais, e se lhe apontem as características de *unilateralidade, discricionariedade* e *carácter essencialmente punitivo.*

O Código do Trabalho, que continua a fazer assentar a relação laboral no contrato de trabalho (art. 10), manteve, como se disse, a *estrutura inquisitória* do processo disciplinar, agora sob a designação de "procedimento". Na verdade, a iniciativa, a investigação, a acusação e a decisão, continuam a ser da competência do empregador ou do superior hierárquico do trabalhador nos termos por aquele estabelecidos.

Através do processo disciplinar o empregador averiguará se os factos que podem consubstanciar infracção disciplinar ocorreram, o circunstancialismo que os rodeou, o grau de culpa do seu autor e procederá à aplicação da sanção. Trata-se, na verdade, de um enorme poder de um sujeito sobre outro, em particular se atentarmos que está em causa uma relação contratual de natureza privada. Será por isso que alguns autores, depois de observarem que o poder de punir aparece em todos os grupos organizados, referem que, quando exercida pelo empresário, uma tal prerrogativa é exorbitante, não por se tratar de função excessiva, mas por abandonar um sujeito à sorte do outro. É para mitigar esse desequilíbrio de forças e impedir a arbitrariedade do empregador, que se consagrou o *princípio da proporcionalidade* na aplicação de sanções, no sentido de que a sanção disciplinar deve ser proporcionada à gravidade da infracção e à culpabilidade do infractor, não podendo aplicar-se mais do que uma pela mesma infracção, fazendo-se, assim, apelo às noções de ilicitude, culpa e ao princípio do *ne bis in idem* (art. 367), e que o legislador continua a impor um conjunto de formalismos no domínio da aplicação de sanções disciplinares, bem como a existência de um procedimento. É ainda nessa senda que se invoca a *função preventiva* do poder disciplinar, que visará pacificar e impedir determinadas perturbações no seio das organizações. E, é também por isso, que se alerta para que o poder disciplinar seja exercido segundo as *regras da boa razão*, que se devem sobrepor aos interesses ou sentimentos pessoais da entidade patronal.

As sanções disciplinares encontram-se previstas no art. 366. Estabelece-se, como novidade, a sanção disciplinar de *perda de dias de férias* (alínea *d*) e a sanção de suspensão do trabalho com perda de retribuição *e de antiguidade* (alínea *e*).

Prescreve-se, por seu turno, no art. 371, que a sanção disciplinar (qualquer que ela seja) não pode ser aplicada sem *a audiência prévia* do trabalhador. A audiência prévia do trabalhador, ou seja a possibilidade de o mesmo exercer o seu *direito de defesa*, constitui a *pedra angular* de qualquer procedimento disciplinar, sendo mais exigentes essas formalidades quando se trate do despedimento, o que se compreende por se tratar da sanção disciplinar máxima e em face do art. 53 da Constituição da República (princípio da segurança no emprego e proibição dos despedimentos sem justa causa).

A *audiência prévia do trabalhador*, significa a concessão ao mesmo do direito de consultar o processo disciplinar, juntar documentos, apresentar testemunhas e requerer outras diligências probatórias em sua defesa.

Embora não referido expressamente pelo legislador, para além da *audição do trabalhador* e da *fase da instrução* em que serão realizadas as diligências que o empregador entender efectuar para fundamentar as suas acusações, bem como as diligências requeridas pelo trabalhador, existe ainda a *fase da decisão* em que o empregador analisará os elementos probatórios recolhidos e proferirá a decisão disciplinar.

248 X Congresso Nacional de Direito do Trabalho

O legislador, na linha do que já sucedia na pretérita legislação (art. 31, da LCT), não prevê a forma escrita para este tipo de processo disciplinar. Afigura-se-nos, porém, que será de toda a conveniência que seja escrito, pois de outro modo, não se vislumbra como poderá o trabalhador arguido defender-se convenientemente da acusação, reclamar da sanção aplicada pelo empregador e este demonstrar que foi devidamente assegurado o direito de defesa do trabalhador, que a sanção foi proporcional à infracção, assim como demonstrar no *registo escriturado* que deve apresentar às autoridades competentes que foram cumpridas as formalidades exigidas pelo legislador (art. 376).

Tanto o exercício da acção disciplinar, como a relevância da infracção disciplinar e a aplicação da sanção se encontram dependentes da observância de prazos.

A acção disciplinar deve exercer-se nos *sessenta dias* subsequentes àquele em que o empregador teve conhecimento da infracção (art. 372, n.º 1). Trata-se de um prazo de *caducidade*, que se for ultrapassado implica a extinção do direito de acção disciplinar (a extinção de um direito potestativo pelo seu não exercício prolongado durante certo período de tempo). Apenas se poderá considerar que esse prazo começa a decorrer quando o empregador estiver na posse de elementos que lhe permitam aquilatar da autoria da infracção. Por seu lado, o procedimento inicia-se quando a entidade empregadora ou o órgão com competência disciplinar determina que se dê início ao procedimento disciplinar contra o infractor.

Quando estejam em causa *meros indícios* ou *suspeitas* sobre os factos constitutivos da infracção ou sobre o seu autor, a fim de se apurar se existem dados suficientes que justifiquem a dedução do procedimento disciplinar, haverá lugar a um processo de averiguações, o *procedimento prévio de inquérito* (art. 412).

A infracção disciplinar *prescreve* ao fim de *um ano* a contar do momento em que teve lugar, salvo se os factos constituírem igualmente crime, caso em que são aplicáveis os prazos prescricionais da lei penal. Diferentemente do que se estipulava na lei anterior (art. 27, n.º 3, da LCT)[2] o prazo prescricional da infracção pode agora ser superior a um ano, desde que os respectivos factos constituam igualmente crime, caso

---

[2] Onde se estatuía que "*A infracção disciplinar prescreve ao fim de um ano a contar do momento em que teve lugar ou logo que cesse o contrato de trabalho*".

Procedimento Disciplinar 249

em que se aplicarão os prazos de prescrição do procedimento criminal previstos no art. 118, n.º 1, do Código Penal que podem ser de 15, 10, 5 ou 2 anos.

O prazo de prescrição da infracção disciplinar começa a correr, a partir do momento em que a infracção é cometida, seja qual for a sua natureza e independentemente do seu conhecimento por parte da entidade patronal. Isto em caso de *infracção instantânea.* Tratando-se de *infracção continuada,* o prazo prescricional só se iniciará após findar o último acto que integra essa continuação (art. 119, do Código Penal).

É a própria *razão de ser* da prescrição que é apontada para justificar este regime. Pretende-se evitar, que a possibilidade da punição de uma eventual falta seja mantida como uma ameaça sobre o trabalhador com o objectivo de condicionar o seu comportamento, inclusive a sua capacidade de reclamar e, por outro lado, que o excessivo distanciamento entre a prática da infracção e a aplicação da sanção não se adeque ao carácter e aos fins desta que se consideram ser sobretudo preventivos e não retributivos. [3]

Tanto a nota de culpa, a que nos referiremos mais adiante, como a instauração do procedimento prévio de inquérito, interrompem os prazos referidos (art. 411, n.º 4 e art. 412).

A aplicação da sanção só pode ter lugar nos *três meses* subsequentes à decisão (art. 373). Passados três meses a partir da decisão sem que sanção tenha sido executada deixa de o poder ser, por se verificar a *prescrição da sanção disciplinar.* Esse prazo não se aplica ao despedimento porquanto a decisão de despedir determina a cessação do contrato de trabalho logo que chegue ao conhecimento do trabalhador ou seja dele conhecida (art. 416, n.º 1).

Sem prejuízo do direito que lhe assiste de *impugnar judicialmente* a decisão de aplicação da sanção[4], o trabalhador tem também o direito de *reclamar* para o escalão imediatamente superior na competência disciplinar àquele que lhe aplicou a sanção, de *recorrer* a *mecanismos de composição de litígios* previstos em *instrumentos de regulamentação colectiva de trabalho* ou *na lei* (art. 371, n.º 1).

---

[3] Assim, Monteiro Fernandes, *Direito do Trabalho,* Almedina, 14.ª Edição, pág. 582.

[4] No caso do despedimento é de um ano o prazo de impugnação, art. 435.Quando estejam em causa outras sanções, na ausência de previsão expressa na lei, tem a jurisprudência considerado ser de um ano a contar da data da sua comunicação ao infractor. Neste sentido o acórdão do STJ de 29.11.2005.

Deste modo, o trabalhador que queira ver reapreciada a decisão disciplinar que lhe aplicou a sanção disciplinar, pode fazê-lo junto do respectivo tribunal ou recorrer a meios de resolução de litígios previstos nos instrumentos de regulamentação colectiva (comissões paritárias) ou na própria lei. O trabalhador poderá ainda, a meu ver, recorrer à *mediação laboral*. Este mecanismo de resolução extrajudicial de litígios, que resultou de um protocolo celebrado entre o Ministério da Justiça, as Confederações Patronais e Sindicais, permite que sejam resolvidos através da mediação os litígios laborais individuais (com excepção dos relativos aos acidentes de trabalho e a direitos indisponíveis). O acordo obtido por esse meio não fica sujeito a qualquer controlo judicial e goza de força executiva.

3. Procedimento disciplinar – despedimento por facto imputável ao trabalhador

Nos casos em que se verifique algum comportamento susceptível de integrar o conceito de justa causa previsto no art. 396, o empregador *comunica por escrito* ao trabalhador a *intenção de proceder ao seu despedimento com justa* causa, juntando *nota de culpa* com a descrição circunstanciada dos factos que lhe são imputados (art. 411, n.º 1, que contém redacção semelhante ao art. 10, n.º 1, da LCCT).

A nota de culpa é a peça fundamental do procedimento disciplinar, na medida que é através dela que se dá conhecer ao trabalhador o conteúdo da *acusação* que impende sobre ele. É a nota de culpa que *delimita* os contornos da decisão disciplinar do empregador, pois não poderão aí ser invocados factos não constantes da nota de culpa (nem referidos na defesa do trabalhador, salvo se atenuarem ou diminuírem a sua responsabilidade), bem como a matéria que o tribunal poderá conhecer na acção de impugnação do despedimento (art. 415, n.º 3 e 435, n.º 3). Daí a exigência *da descrição circunstanciada dos factos*.

É, por ser assim, que se vem entendendo que a nota de culpa deverá indicar as circunstâncias de *tempo, modo e lugar* em que os factos ocorreram, não respeitando a lei, a nota de culpa de conteúdo genérico, vago ou conclusivo. Mas, há muito, porém, se vem fazendo apelo a um *critério de adequação funcional* para aquilatar da validade da nota de culpa. Segundo este critério, só acarreta a nulidade do processo disciplinar, quando se concluir que a nota de culpa não é apta para satisfazer a sua função – dar a conhecer ao trabalhador os factos de que é acusado e

Procedimento Disciplinar

permitir-lhe que se defenda da imputação que lhe é feita. Desta feita, a nota de culpa, embora genérica ou conclusiva, satisfará as exigências legais desde que o trabalhador na sua resposta demonstre que se inteirou do seu conteúdo e o compreendeu, exercendo, assim, eficazmente, o seu direito de defesa.

A jurisprudência tem ainda admitido a *nota de culpa adicional*. Segundo esse entendimento, a entidade empregadora não está impedida de enviar mais do que uma nota de culpa ao trabalhador, seja para lhe imputar factos que não estavam incluídos na primeira nota de culpa, seja para precisar melhor os factos aí já incluídos. O que é essencial é que o direito de defesa do trabalhador não seja preterido e ele possa exercê-lo relativamente às duas notas de culpa.[5]

O art. art. 413 consagra os termos em que pode ser exercido o direito de defesa do trabalhador. O mesmo dispõe de *dez dias úteis* para consultar o processo disciplinar e responder à nota de culpa (o art. 10, n.º 4, da LCCT fixava apenas cinco dias úteis para esse efeito), deduzindo, por escrito, os elementos que considere relevantes para o esclarecimento dos factos, sua participação nos mesmos, podendo juntar documentos e solicitar as diligências de probatórias que se mostrem pertinentes para o esclarecimento da verdade.

No que concerne ao *direito de consulta do processo disciplinar*, tem-se discutido se a entidade empregadora deve notificar o trabalhador do dia, hora e local em que o pode fazer. O Supremo Tribunal de Justiça no seu acórdão de 4.02.04, entendeu que o processo deve encontrar-se à disposição do trabalhador para consulta durante todo o prazo legal, o que pressupõe que a entidade empregadora indique o local onde o mesmo poderá ser consultado, e o mantenha disponível para o efeito em qualquer momento entre o termo inicial e o termo final do prazo, e considerou ainda que não é ao trabalhador que cumpre fazer insistências ou tentativas para aceder ao processo, mas a entidade empregadora que o cabe disponibilizar no momento em que, dentro do prazo legal, o trabalhador pretenda efectuar a consulta.

Mais recentemente o Supremo Tribunal de Justiça, no referido acórdão de 24.01.07, veio considerar que a iniciativa da consulta dever partir do trabalhador, devendo ser este a pedir a consulta do processo e

---

[5] Vd. Acórdão do STJ de 24.01.07

252   *X Congresso Nacional de Direito do Trabalho*

que, quando o fizer, a entidade empregadora terá de colocá-lo à sua disposição, comunicando-lhe o local onde a consulta pode ser efectuada. Fora deste caso, a lei não impõe ao empregador a obrigatoriedade de informar a data e o local em que a consulta pode ser feita.

Alguns autores têm, a este título acentuado, que a base essencial da audiência prévia do trabalhador é constituída pela nota de culpa e pela comunicação da indicação de despedir. A faculdade de consulta do processo é vista como um elemento acessório, instrumental, do direito de defesa, no complexo das condições que podem contribuir para o reforço da posição defensiva do arguido, mas não é um elemento estruturante do direito de defesa, nem um dever de conduta do empregador. Realçam ainda que a consulta não é referida expressamente no quadro das causas de invalidade do procedimento.[6]

A matéria relativa às diligências de prova também suscita, e certamente continuará a suscitar, muitas questões, visto não terem ocorrido neste domínio alterações significativas.

A nossa jurisprudência tem vindo a aceitar a recusa de diligências probatórias requeridas pelo trabalhador desde que as mesmas se não dirijam directamente à investigação dos factos da nota de culpa, designadamente, quando tenham em vista estender o objecto do processo a factos imputáveis à entidade empregadora. No acórdão do Supremo Tribunal de Justiça de 28.10.98, em que estava em causa um pedido de averiguação às condições de trabalho requerida pelo trabalhador e a realizar pela IGT, considerou-se que isso poderia corresponder a uma forma de uso ilegítimo do direito de defesa pelo trabalhador e aceitou-se como lícita a recusa da entidade empregadora de solicitar a realização dessa diligência.

Por sua vez, no Acórdão de 21.05.2003, o Supremo Tribunal de Justiça, entendeu que a entidade empregadora, enquanto detentora do poder disciplinar, não tem de proceder ao arrolamento das testemunhas na nota de culpa. Esse arrolamento só faria sentido se a nota de culpa fosse presente a qualquer entidade, que não o empregador, para exercer censura e decidir perante as provas apresentadas. Também se considerou, face à natureza inquisitória do processo disciplinar e o exercício do contraditório nos actos de produção de prova, que o trabalhador não tem ser

---

[6] Veja-se Monteiro Fernandes, "Sobre a Serventia do Processo Disciplinar a Propósito do «Direito de Consulta»", RDES, 2004, Janeiro a Setembro de 2004, Ano XLV, pág. 187 a 212.

Procedimento Disciplinar

notificado da realização das diligências instrutórias, nem lhe é facultada a sua presença ou a de advogado que o represente. Aceitando, porém, a presença de advogado quando lhe forem tomadas declarações.

Pensamos que as questões que se suscitem quanto a esta matéria não poderão deixar de ser ponderadas à luz do direito de defesa do trabalhador. Mostrando-se as diligências em causa imprescindíveis ou necessárias para se assegurar eficazmente esse direito defesa, as mesmas não poderão deixar de ser autorizadas. Isto sem prejuízo de se considerar que o procedimento disciplinar não pode ser encarado como uma processo judicial e deve, naturalmente, obedecer aos princípios da celeridade e simplicidade.

O art. 414, prevê a fase da instrução, em moldes semelhantes aos que decorriam do art. 10, números 5 a 7, da LCCT, permitindo-se que o empregador possa recusar a realização das diligências requeridas pelo trabalhador quando estas sejam dilatórias ou impertinentes, o que aquele deve alegar e fundamentar por escrito.

Continua, para além disso, o legislador a não indicar qualquer prazo para a realização da instrução.

No que concerne à fase da decisão, ocorre alteração de relevo relativamente ao regime anterior. Com efeito, nos termos do art. 415, n.º 1, do CT, decorrido o prazo a que se refere o n.º 3, do art. 414 (prazo de 5 dias úteis para apresentação do parecer das estruturas representativas dos trabalhadores), o empregador dispõe de *trinta dias* para proferir decisão sob pena de caducidade do direito de aplicar a sanção.

No domínio da LCCT, discutiam-se quais os efeitos da não observância do art. 10, n.º 8, onde se dizia que *"decorrido o prazo referido no número anterior, a entidade empregadora dispõe de trinta dias para proferir decisão..."*, sustentando uns que se estava perante um prazo de caducidade e outros que se tratava de prazo aceleratório. Nos últimos tempos, contudo, a jurisprudência vinha maioritariamente considerando que esse prazo de trinta dias não era um prazo de caducidade e que a sua inobservância não constituía uma nulidade do processo disciplinar. E, isto fundamentalmente, porque o art. 12, n.º 3, daquele diploma ao estabelecer o carácter taxativo dos fundamentos das nulidades do processo disciplinar não considerou aí a inobservância do prazo de trinta dias para ser proferida decisão. O prazo de trinta dias era, assim, considerado *indicativo* ou *aceleratório*, não conduzindo à caducidade do processo disciplinar. Relevaria, apenas, como um elemento a ponderar em sede de apreciação da justa causa.

254   *X Congresso Nacional de Direito do Trabalho*

Face aos termos do art. 415, n.º 1, que, expressamente determina ser o prazo de t*rinta dias* um prazo de *caducidade*, para alguns, pôs-se termo a uma dúvida. Havendo mesmo quem sustentasse que se estaria perante uma norma interpretativa da anterior. Entendemos que o citado art. 415, n.º 1, não pode haver-se como norma interpretativa, pois o legislador não a qualificou expressamente como tal e não resulta, em termos suficientemente inequívocos, ter sido essa a sua intenção. Face à corrente jurisprudencial entretanto firmada, deverá entender-se que se trata de *norma inovadora*, por contrária àquele entendimento.

No que concerne ao procedimento disciplinar para as outras infracções, nos termos referidos, por força do art. 372, o procedimento disciplinar deve exercer-se nos *sessenta dias* subsequentes àquele em que o empregador ou o superior hierárquico teve conhecimento da infracção. Por sua vez, o procedimento disciplinar pode iniciar-se através de *procedimento de inquérito prévio* nos termos previstos no art. 412 ou *através da comunicação escrita ao trabalhador da intenção de proceder ao despedimento e junção da nota de culpa* com a descrição circunstanciada dos factos que lhe são imputados (art. 411, n.º 1).

O referido prazo de sessenta dias, como se aduziu, interrompe-se,[7] quer com a instauração de prévio procedimento de inquérito, quer com a comunicação da nota de culpa. Mas, para que o procedimento prévio de inquérito possa suspender o dito prazo de caducidade exige o legislador, de acordo com o citado art. 412, os seguintes requisitos: *a)* que se mostre necessário para fundamentar a nota de culpa; *b)* desde que seja iniciado conduzido de forma diligente *c)* e desde que não medeiem mais de *trinta dias* entre a suspeita da existência de comportamentos irregulares e o início do inquérito, nem entre a sua conclusão e a notificação da nota de culpa.

A *inobservância* de qualquer uma das referidas condições tem como consequência, bem se vê, a *não interrupção* do prazo de *sessenta dias*.

Será, pois, de acentuar, à semelhança do que vem fazendo a nossa jurisprudência, que o supra mencionado prazo de trinta dias, não assume cariz meramente aceleratório, constituindo a observância do mesmo uma condição para que o procedimento prévio de inquérito faça operar a suspensão do prazo de caducidade, não contendendo aquele prazo com o

---

[7] No art. 10, números 11 e 12, da LCCT, aqueles actos suspendiam o prazo de caducidade do direito de instaurar o procedimento disciplinar.

Procedimento Disciplinar 255

facto de o legislador continuar a não fixar prazo para a conclusão do procedimento disciplinar.[8]

A comunicação da nota de culpa e a instauração do prévio procedimento disciplinar têm ainda a virtualidade de interromper o prazo de prescrição da infracção disciplinar, que nos termos referidos, prescreve ao fim de um ano a contar do momento em que teve lugar (art. 372, n.º 2).

O Código do Trabalho consagrou a solução que a doutrina e jurisprudência vinham assinalando, pelo que o prazo de prescrição da infracção disciplinar se interrompe, nos termos assinalados, quer com a comunicação da nota de culpa, quer com a instauração do procedimento prévio de inquérito (artigos 411, n.º 4 e 412).

4. Uma Novidade

Onde o Código do Trabalho inovou foi, sem dúvida, ao consagrar a possibilidade de *reabertura do procedimento* disciplinar. Diz-se, no art. 436, do Código do Trabalho, que *"No caso de ser impugnado o despedimento com base em invalidade do procedimento disciplinar este pode ser reaberto até ao termo do prazo para contestar, iniciando-se o prazo interrompido mos termos do n.º 4, do art. 411"*.

Esta norma, a par de outras, foi objecto de apreciação da constitucionalidade pelo Tribunal Constitucional no seu acórdão 306/03, de 25.06.2003. Aí se considerou que a reabertura do procedimento disciplinar não afecta de forma intolerável os direitos de defesa dos trabalhadores arguidos, nem os valores da segurança e da certeza jurídicas. E concluiu-se que, sendo a referida norma inaplicável aos casos de inexistência de processo disciplinar, não consentindo o alargamento das imputações contidas na nota de culpa a novos factos, conhecidos há mais de sessenta dias pelo empregador ou pelo superior hierárquico com competência disciplinar, não padece de inconstitucionalidade.

Com o mecanismo agora introduzido, pretendem-se fazer prevalecer razões materiais em detrimento de razões formais. Ou seja, visa permitir-se ao empregador, corrigir um procedimento disciplinar que está afectado por vícios de forma, evitando-se, assim, que fique por apreciar a matéria da justa causa.

---

[8] Acórdão do Supremo Tribunal de Justiça, de 15.02.2005.

O legislador optou por apenas se referir à reabertura do procedimento disciplinar no citado art. art. 436, n.º 2, do Código do Trabalho. A ausência de uma maior concretização dessa figura, em particular no foro adjectivo, teve, porém, a virtualidade de suscitar um vivo debate doutrinário, podendo hoje dizer-se que das inúmeras *perguntas ou questões* que têm sido suscitadas, já se poderão retirar muitas das *respostas* necessárias para a *solução* dos problemas que surgirão da aplicação do novo mecanismo.

Afigura-se-me, assim, poder sintetizar o seguinte:

O preceito não se aplica aos casos de inexistência de processo disciplinar, pois exige-se que tenha sido elaborada nota de culpa, como decorre do art. 436, que remete para o art. 411, n.º 4 (notificação da nota de culpa);

A reabertura do processo disciplinar não consente o alargamento da nota de culpa a factos novos, a menos que ocorra antes de expirado o prazo de sessenta dias previsto no art. 372, n.º 1;

A reabertura do procedimento disciplinar pode ter lugar antes da acção de impugnação do despedimento, mesmo antes da própria decisão de despedimento. Razões de economia de meios e de celeridade o impõem;.

Não se verifica qualquer violação do princípio do *ne bis idem,* também aplicável em sede disciplinar, pois trata-se de apreciar a mesma (nota de culpa) acusação;

Invalidando-se o primeiro, os efeitos do segundo despedimento não poderão reportar-se à data do primeiro. Tudo se passa como se a relação laboral não tivesse sido interrompida entre o 1.º e 2.º despedimento, o que implica, nesse período, a manutenção das obrigações contratuais, *maxime,* o dever de retribuir o trabalhador;

Irão prolongar-se as acções de impugnação de despedimento. Requerida a reabertura do procedimento disciplinar, o que pode ocorrer até ao termo do prazo para contestar, a acção não pode prosseguir sem interrupção dos seus trâmites e fases normais. Ao trabalhador não pode deixar de se conceder a possibilidade de tomar posição sobre o "renovado" procedimento disciplinar;

Os prazos prescricionais sofrerão prolongamento, é o próprio legislador que o admite ao dizer que se inicia o prazo interrompido. É comum as acções de impugnação de despedimento darem entrada em juízo, muito perto do final do prazo de um ano a que alude o art. 435, n.º 2;

A nova medida não terá grande aplicação prática. As grandes e médias empresas, como regra, não praticam o tipo de irregularidades que

Procedimento Disciplinar 257

lhe estão subjacentes. As pequenas empresas cada vez menos o farão também, pois para aqueles vícios formais já foram sendo alertadas ao longo dos anos de aplicação da LCCT e tenderão, naturalmente, a não cometê-los.

5. Conclusão

O legislador do Código do Trabalho, optou no domínio em causa, como se disse, por uma reforma, que na essência, não colidisse com o regime anterior e, por isso, praticamente, limitou-se a introduzir algumas (poucas) alterações que provinham de soluções há muito tempo firmadas pela jurisprudência e pela doutrina.

Inovou, porém, ao consagrar a reabertura do procedimento disciplinar, que escassamente veio regular. Embora também entenda que seria desejável uma maior concretização legal da nova figura, creio que a solução encontrada, que pelo menos evita uma maior processualização do procedimento disciplinar, poderá constituir uma *oportunidade* para as partes e os tribunais, através dos mecanismos legais existentes, encontrarem as soluções concretas mais adequadas. Não creio, para além disso, que a ausência de maior regulação tenha até ao presente motivado qualquer tipo de alarme no seio judicial. A meu ver é tempo de deixar falar a *Justiça*. Eu vou por aí!

Muito Obrigada pela Vossa Atenção.

EFEITOS PROCESSUAIS DA DECLARAÇÃO DE INSOLVÊNCIA SOBRE AS ACÇÕES LABORAIS PENDENTES

Maria Adelaide Domingos

Juíza de Direito
Docente do CEJ, na área do Trabalho e Empresa

EFEITOS PROCESSUAIS
DA DECLARAÇÃO DE INSOLVÊNCIA
SOBRE AS ACÇÕES LABORAIS PENDENTES

MARIA ADELAIDE DOMINGOS

Juíza de Direito
Docente do CEJ, na área do Trabalho
e Empresa

SUMÁRIO: 1. Colocação do problema. 2. Os efeitos processuais da declaração de falência/insolvência no CPC, no CPEREF e no CIRE. 3. O regime da reclamação de créditos no CIRE. 4. Efeitos processuais da declaração de insolvência em relação: a. aos processos comuns para cobrança de créditos laborais. b. aos processos impugnativos do despedimento. c. aos processos especiais emergentes de acidentes de trabalho. d. aos processos executivos. 5. Conclusão.

1. Colocação do problema

Declarada a insolvência de uma empresa, que seja entidade empregadora, coloca-se a questão de saber qual o destino a dar aos processos laborais pendentes em que a mesma é parte passiva.

A informação sobre a declaração de insolvência chega ao processo laboral por várias vias. Por vezes, por informação oficiosa da secretaria, normalmente confirmada através de ofício dirigido ao processo de insolvência; outras vezes, é o próprio trabalhador, autor no processo laboral, que informa que a parte ré foi declarada insolvente, requerendo que o processo laboral se extinga por inutilidade superveniente da lide; noutros casos, o juiz do processo laboral, após tomar conhecimento *ex officio* da declaração de insolvência, declara extinta a instância por inutilidade superveniente da lide.

Numa perspectiva prudente, diria que muito raramente, o administrador da insolvência requer a apensação do processo laboral ao processo da insolvência. Quando esse pedido é formulado, o juiz laboral, em regra, não questiona a verificação dos requisitos da apensação e ordena a remessa do processo.

Independentemente da diversidade do percurso, a verdade é que têm surgido recursos impugnatórios da decisão que extingue a instância por inutilidade superveniente da lide, e também é verdade, que os tribunais superiores têm proferido decisões de sentido diverso, havendo, neste domínio, alguma fluidez decisória, geradora de alguma insegurança para o cidadão destinatário destas decisões.

Em termos sintéticos, dir-se-á que os argumentos a favor da extinção do processo por inutilidade superveniente da lide radicam, essencialmente, no facto do autor do processo laboral, credor da insolvência, se quiser ver o seu crédito satisfeito, terá de obrigatoriamente o reclamar no processo de insolvência e ali fazer prova da sua existência e montante e, por outro lado, mesmo que obtenha sentença condenatória no processo laboral jamais ali a poderá executar.[1]

Em favor da tese contrária, defende-se a prossecução da lide laboral em paralelo com a tramitação do processo de insolvência, invocando-se, muito genericamente, que o trabalhador continua a manter interesse na obtenção duma "decisão definitiva sobre os seus créditos", e sobretudo, um interesse na "definição do litígio na jurisdição própria para o efeito", aliada à circunstância a sentença laboral condenatória poder ser relevante para efeitos de verificação do crédito na insolvência. Ou seja, são aqui invocados argumentos relacionados com a competência especializada dos tribunais do trabalho e com a obtenção de meios de prova.[2]

---

[1] Neste sentido, cfr. Acórdãos do STJ, de 17.05.2003 e de 20.05.2003, respectivamente, processo 2129/2005-6 e processo 03A1380, ambos disponíveis em versão integral em www.dgsi.pt.

[2] Neste sentido, cfr. Acórdãos da Relação de Lisboa, de 07.05.2003 e de 20.05.2003, respectivamente, recurso n.º 1818/03-4 e recurso n.º 1426/06-4.

Efeitos Processuais da Declaração de Insolvência Sobre as Acções Laborais 263

À partida, os argumentos das duas teses são pertinentes, mas inconciliáveis. Consequentemente, compete ao intérprete interpelar o sistema jurídico e procurar uma solução coerente e dirimente deste conflito.

É nessa procura que tentei guiar o meu pensamento e esta intervenção.

2. Os efeitos processuais da declaração de falência/insolvência no CPC, no CPEREF e no CIRE

Esta problemática relaciona-se com os efeitos processuais da declaração de insolvência sobre os processos pendentes à data da sua prolação.

Os vários diplomas legislativos sobre esta matéria, que se foram sucedendo em Portugal nos últimos quarenta anos, têm sistematizado e abordado esta matéria de forma algo diferente.

O CPC de 1961, nos artigos 1189.º a 1204.º, regulava os efeitos da falência em duas divisões: uma referente aos "efeitos da falência relativamente ao falido e aos credores"; outra, referente aos "efeitos da falência sobre os actos prejudiciais à massa". O artigo 1198.º, inserido na primeira divisão, regulava os "efeitos da falência sobre as causas em que o falido seja parte".

Este preceito prescrevia o princípio da plenitude da instância falimentar ao enunciar a seguinte regra: declarada a falência com trânsito em julgado, todas as acções pendentes em que se debatiam interesses relativos à massa falida, eram apensadas ao processo de falência. De fora deste regime ficavam apenas as acções referidas no artigo 73.º do CPC, as acções sobre o estado de pessoas e as que corriam contra outros réus para além do falido. Especificamente a norma não se reportava às acções laborais, pelo que a apensação destas ocorria em circunstâncias semelhantes às demais acções, ou seja, seriam apensadas ao processo de falência na medida em que nas mesmas se debatessem interesses que iriam ter projecção sobre o património do falido e, consequentemente, sobre a massa falida.

Este regime jurídico não fazia depender a apensação de qualquer actividade por parte do administrador da falência, do falido ou de qualquer credor, pois funcionava automaticamente.

Com a entrada em vigor do Decreto-Lei n.º 132/93, de 23 de Abril, que aprovou o Código dos Processos Especiais de Recuperação da Empresa e de Falência,[3] foram revogados os artigos 1135.º a 1325.º do CPC, passando a matéria dos efeitos da falência a ter assento legal nos artigos 147.º a 174.º, arrumada em três secções: uma referente aos "efeitos em relação ao falido" (artigos 147.º a 150.º), outra referente aos "efeitos em relação aos negócios jurídicos do falido" (artigos 151.º a 171.º) e, finalmente, outra referente aos "efeitos em relação aos trabalhadores do falido" (artigos 172.º a 174.º).

Não obstante o CPEREF incluir, pela primeira vez, dois preceitos específicos sobre os efeitos da declaração de falência em relação aos contratos de trabalho (artigos 172.º e 173.º, respectivamente, sobre a manutenção dos contratos de trabalho em vigor ao tempo da declaração de falência e seu regime de cessação e sobre a contratação de novos trabalhadores necessários à liquidação da massa falida e sua cessação), a norma que se reportava à matéria dos efeitos processuais sobre as acções pendentes à data da declaração de falência era a prevista no artigo 154.º, complementada pelo artigo 175.º, esta reguladora das situações em que já havia apreensão de bens pertencentes à massa falida, nada explicitando em relação às acções laborais.

Também o artigo 154.º prescrevia o princípio da plenitude da instância falimentar ordenando a apensação à falência de todas as acções em que se apreciavam questões relativas a *bens* compreendidos na massa falida, intentadas contra o falido, ou mesmo contra terceiros, desde que estas últimas, pudessem influenciar o valor da massa.

---

[3] Doravante designado por CPEREF. O Código dos Processos Especiais de Recuperação da Empresa e de Falência foi aprovado pelo Decreto-Lei n.º 132/93, de 23.04 e sofreu alterações introduzidas pelos Decreto-Lei n.º 157/97, de 24.06, Decreto--Lei n.º 315/98, de 20.10, Decreto-Lei n.º 323/2001, de 17.12 e Decreto-Lei n.º 38/2003, de 08.03. Este Código entrou em vigor no dia 28 de Abril de 1993 e aplicou-se aos processos entrados desde essa data até 15 de Setembro de 2004, data em que entrou em vigor o actual Decreto-Lei n.º 35/2004, de 14.03 (artigo 3.º do Decreto-Lei n.º 200/2004, de 18.08). Cfr. artigos 8.º do diploma preambular do CPEREF e artigos 12.º e 13.º do CIRE e respectivas anotações por CARVALHO FERNANDES e JOÃO LABAREDA, "Código dos Processos Especiais de Recuperação da Empresa e de Falência", Quid Juris, 1994 e "Código da Insolvência e da Recuperação de Empresas, Anotado", Volume I, Quid Juris, 2006.

Contudo, esta regra estava sujeita a dois requisitos: que a apensação fosse requerida pelo administrador judicial e que fosse conveniente para a liquidação.

Se tivessem ocorrido actos de apreensão ou detenção de bens do falido, a lei ordenava que todas as acções fossem apensadas, por iniciativa do juiz da falência, ou seja, independentemente da actividade processual do administrador judicial ou de qualquer juízo de conveniência para a liquidação.

De fora destes dois mecanismos de apensação apenas ficavam as acções sobre o estado e capacidade das pessoas.

De notar, que o regime do CPEREF afastava-se do regime anterior em alguns pontos significativos.

Primeiro: apensavam-se as acções intentadas contra o falido mas apenas aquelas nas quais se apreciavam "questões relativas a bens compreendidos na massa falida" (e não genericamente a "interesses relativos à massa"). Agora a apensação não era automática, mas sim a requerimento do administrador judicial e desde que preenchidos o requisito "conveniência para a liquidação".

Segundo: podiam ser apensadas acções intentadas contra terceiros, mas àqueles requisitos, acrescia outro, era preciso que o resultado pudesse influenciar o valor da massa.

Terceiro: quando havia apreensão de bens do falido, havia sempre apensação ainda que a acção também corresse contra terceiros.

Quarto: a apensação não estava dependente do trânsito em julgado da decisão declaratória da falência.

De frisar que o legislador ao fazer a substituição do termo "interesses relativos à massa" por "bens compreendidos na massa falida" acabou por inverter o regime que constava da anterior legislação. Na verdade, agora as acções apensáveis aproximavam-se mais daquelas que anteriormente excluía da apensação, as mencionadas no artigo 73.º do CPC.

De qualquer modo, colocando-se o acento tónico nas acções em que se debatiam questões relativas a *bens* acabava por ocorrer uma restrição significativa das acções a apensar, na medida em que se em todas as acções em que o falido detém a posição de parte passiva estão envolvidos *interesses* da massa falida, nem em todas as acções se discutem bens compreendidos na massa falida.

Este raciocínio é perceptível através dum simples exemplo: numa acção de condenação, cível ou laboral, estarão em causa interesses da massa falida, porque a condenação há-de reflectir-se sobre o património do devedor enquanto garante geral das obrigações, mas é diferente duma acção de reivindicação em que, em primeira linha, está em causa a discussão de um determinado bem imóvel do falido e só, indirectamente, o património do mesmo enquanto conjunto de bens e direitos que integram a massa falida.

Ora nos temos do artigo 9.º do Código Civil temos de pressupor que o legislador soube expressar o seu pensamento em termos adequados, pelo que a conclusão parece clara: as acções a apensar no regime do CPEREF eram muito menos do que as que seriam apensadas à luz do regime do Código do Processo Civil.[4]

Considerando o quadro legal previsto no CPEREF, e no que concerne às acções laborais, as mesmas eram apensadas, a requerimento do administrador judicial se nelas estivessem em causa questões relativas a bens compreendidos na massa falida e fosse invocada a conveniência para a liquidação; já seriam apensadas obrigatoriamente as acções em que tivesse ocorrido qualquer acto de apreensão ou detenção de bens do falido.

Com a entrada em vigor do actual Código da Insolvência e da Recuperação de Empresas[5] os efeitos da declaração de insolvência encontram-se prescritos em cinco capítulos, abrangendo os artigos 80.º a 127.º. Os artigos 81.º a 84.º reportam-se aos "efeitos sobre o devedor e outras pessoas"; os artigos 85.º a 89.º aos "efeitos processuais"; os artigos 90.º a 101.º aos "efeitos sobre os créditos"; os artigos 102.º a 119.º aos "efeitos sobre os negócios em curso" e os artigos 120.º a 127.º à "resolução em benefício da massa insolvente".

No que concerne aos efeitos processuais sobre as acções declarativas pendentes à data da declaração da insolvência rege o artigo 85.º, que veio introduzir ligeiras alterações ao regime pretérito.

Mantém o regime da plenitude da instância falimentar em relação às acções em que se apreciem questões relativas a bens compreendidos

---

[4] Neste sentido, conferir o Acórdão do Relação de Évora de 18.11.97, recurso n.º 92/97-50AC, disponível em versão integral em www.dgsi.pt.

[5] Doravante designado por CIRE, reportando-se ao mesmo todos os preceitos sem outra menção O Código da Insolvência e da Recuperação de Empresas foi aprovado pelo Decreto-Lei n.º 35/2004, de 14.03 e foi alterado pelo Decreto-Lei n.º 200/2004, de 18.08. Entrou em vigor em 15.09.2004.

Efeitos Processuais da Declaração de Insolvência Sobre as Acções Laborais 267

na massa insolvente intentadas contra o devedor ou mesmo contra terceiro, cujo resultado possa influenciar o valor da massa. E tal como prescrevia o CPEREF, submete essa apensação ao requerimento do administrador da insolvência, embora agora exija que o fundamento se reporte aos "fins do processo" e não apenas à conveniência para a liquidação. Consequentemente, as considerações atrás tecidas quanto à dicotomia "interesses relativos à massa" e "acções em que se apreciem questões relativas a bens compreendidos na massa falida" têm aplicação no actual regime.

Inovadoramente, porém, o n.º 1 do artigo 85.º faz referência a outro tipo de acções, ou seja, também são apensadas à insolvência as acções de natureza exclusivamente patrimonial intentadas **pelo devedor**, o agora insolvente, desde que o administrador da insolvência o requeira com o fundamento da conveniência para os fins do processo. Estas acções são aquelas em que insolvente era sujeito processual activo, ou seja, apresentava-se como credor e não como devedor e não estavam anteriormente mencionadas nos preceitos da anterior legislação.

Para além das acções previstas no n.º 1 do artigo 85.º, por força do n.º 2 do mesmo artigo, serão obrigatoriamente apensadas as acções em que foram apreendidos ou detidos bens compreendidos na massa insolvente.[6]

Julgamos, salvo melhor opinião, que também agora, tal como acontecia no domínio do CPEREF, compete ao administrador da insolvência a iniciativa de requerer a apensação dos processos mencionados no n.º 1 do artigo 85.º, não competindo ao juiz da insolvência ou do processo a apensar sindicar a iniciativa do administrador da insolvência. Já em relação à apensação dos processos onde foram efectuados actos de apreensão ou detenção de bens compreendidos na massa insolvente, compete ao juiz da insolvência oficiosamente ordenar a apensação e, dado o carácter obrigatório da apensação, desde que o juiz do processo a apensar tenha conhecimento da declaração de insolvência, deverá diligenciar junto do tribunal da insolvência para que se efective a apensação.

No que concerne às acções laborais, não havendo também no CIRE norma específica, temos de concluir que só são obrigatoriamente apen-

---

[6] Embora o artigo 85.º do CIRE não o referia, resulta da interpretação conjugada do seu n.º 1 e n.º 2, que só são apensadas as acções ali mencionadas, ou seja, não são objecto de apensação as acções sobre o estado e capacidade das pessoas.

sadas as acções em que tenha ocorrido apreensão ou detenção de bens compreendidos na massa insolvente e serão apensadas as acções em que se debatam questões relativas a bens compreendidos na massa insolvente, desde que tal seja requerido pelo administrador da insolvência.

A primeira situação ocorrerá sempre que, por via preliminar ou incidental ao processo declarativo laboral, tenha sido requerido e deferido o arresto de bens do devedor/insolvente. Nestas situações, ou a pedido do juiz da insolvência, ou por iniciativa do juiz do processo laboral, o apenso do procedimento cautelar e, obviamente, o processo principal, dado o carácter instrumental e dependente do primeiro em relação ao segundo, deverão ser apensados ao processo de insolvência. Neste caso, a questão da inutilidade superveniente da lide não se coloca, uma vez que os autos deixam de correr termos no tribunal do trabalho.

Já a segunda situação, ou seja, a relacionada com acções onde se discutem bens pertencentes à massa insolvente, é mais difícil de equacionar em sede laboral, na medida em que nas acções declarativas laborais, em regra, o que se discutem são questões relativas ao desenrolar ou à cessação do contrato de trabalho, nas quais são peticionados direitos de créditos sobre a entidade empregadora. A condenação da entidade empregadora irá ter um conteúdo de natureza patrimonial, repercutindo-se sobre o seu património como um todo e não afectando, consequentemente, qualquer bem específico do mesmo. Mesmo quando está em causa a reintegração do trabalhador não se pode dizer que está em causa um bem específico da entidade empregadora, quanto muito podemos conceder que será afectado o seu património empresarial enquanto estrutura organizativa e produtiva.

Em conclusão: fora das situações, muito contadas, em que houve arresto de bens da entidade patronal, as acções declarativas laborais não serão susceptíveis de apensação ao processo de insolvência.

Ora esta conclusão suscita, então, plenamente a nossa demanda interpretativa de indagação sobre os efeitos processuais da declaração de insolvência relativamente aos processos declarativos laborais: qual o destino a dar às acções declarativas laborais pendentes à data da declaração da insolvência que não sejam apensadas ao processo de insolvência?

A resposta a esta pergunta não se encontra plasmada no citado artigo 85.º, também não tem assento legal em qualquer preceito do Código do Processo do Trabalho e, obviamente dada a sua natureza processual, muito menos no Código do Trabalho. Estamos em crer que a

Efeitos Processuais da Declaração de Insolvência Sobre as Acções Laborais   269

resposta será extraída face ao regime prescrito no CIRE relativamente à reclamação dos créditos dos trabalhadores existentes à data da declaração de insolvência.

3. O regime da reclamação de créditos no CIRE

Declarada a insolvência, por força do artigo 91.º, n.º 1, vencem-se imediatamente todas as obrigações do insolvente, abrindo-se a fase de convocação dos credores e respectiva reclamação de créditos dentro do prazo previsto na sentença, o qual não pode exceder 30 dias (alínea j) do artigo 36.º).[7]

Esta reclamação abrange todos os credores e créditos existentes à data da declaração da insolvência, conforme resulta da conjugação dos artigos 47.º, n.º 1 e artigo 128.º, n.º 1, independentemente da natureza e fundamento do crédito e da qualidade do credor, ou seja, trata-se de uma reclamação com carácter universal, quer no aspecto subjectivo (abrange todos os credores), quer no aspecto objectivo (abrange todos os créditos).

Portanto, pouco importa para efeitos de reclamação de créditos dos trabalhadores, se os contratos de trabalho caducam apenas com a delibe-ração posterior da assembleia de credores, pronunciando-se favora-velmente sobre o relatório do administrador que enverede pela opção do encerramento do estabelecimento (artigo 156.º, n.º 2), ou se os mesmos já caducaram por decisão antecipada àquela deliberação (artigo 157.º e artigo 391.º, n.º 2 do Código do Trabalho), ou se os contratos cessaram "de facto" por ter havido encerramento definitivo da empresa não prece-dido de despedimento colectivo ou extinção de posto de trabalho, ou apenas, por faltar o dever de informação previsto no artigo 390.º, n.º 4 do Código do Trabalho quando estiver em causa uma microempresa (artigos 390.º, n.º 3 e do Código do Trabalho e 299.º da Lei n.º 35/2004, de 29.07)

Para a dedução de reclamação de créditos ao abrigo do regime legal instituído pelo CIRE, o que releva é a existência de créditos laborais não satisfeitos à data da declaração de insolvência, independentemente de já terem sido judicialmente peticionados em acções pendentes ou já findas. E para os créditos serem pagos à custa dos bens liquidados na insolvên-

---

[7] Este prazo começa a correr após a publicação do último anúncio referido no n.º 6 do artigo 37.º do CIRE.

270   *X Congresso Nacional de Direito do Trabalho*

cia, o credor tem de os reclamar indicando a sua natureza, proveniência, data de vencimento, montante de capital e juros, documentando o alegado com os elementos probatórios que possuir (artigo 128.º, n.º 1), para posteriormente serem verificados e graduados de acordo com classificação prevista no artigo 47.º, n.º 4.[8]

Contrariamente ao que prescrevia o artigo 188.º, n.º 4 do CPEREF, mesmo que os processos pendentes à data da declaração da insolvência sejam apensados ao processo de insolvência, o credor não fica dispensado de reclamar o seu crédito em igualdade de circunstâncias com todos os demais credores. Mas mais do que isso, mesmo que o credor tenha o seu crédito reconhecido por decisão definitiva, não está dispensado de o reclamar no processo de insolvência se nele quiser obter pagamento, conforme prescreve o artigo 128.º, n.º 3.[9]

Por outro lado, mesmo que o credor opte por não reclamar o crédito, o mesmo pode vir a ser reconhecido pelo administrador da insolvência, desde que o conhecimento da sua existência chegue ao seu

---

[8] Da conjugação dos artigos 47.º, n.º 4 do CIRE e artigo 377.º do Código do Trabalho, os créditos laborais são créditos privilegiados, gozando de um privilégio mobiliário geral e de um privilégio imobiliário especial sobre os bens imóveis do empregador nos quais o trabalhador preste a sua actividade. O privilégio mobiliário geral determina que os créditos dos trabalhadores sejam graduados à frente dos créditos referidos no artigo 747.º do Código Civil. O privilégio imobiliário especial permite que os créditos laborais sejam graduados à frente dos créditos referidos no artigo 748.º do Código Civil e dos créditos de contribuições devidas à Segurança Social.

Sobre a garantia dos créditos laborais no Código do Trabalho, ver JOANA VASCONCELOS, *in* "Estudos de Direito do Trabalho em Homenagem ao Professor Manuel Afonso Olea", Almedina, Coimbra, 2004, páginas 322 e seguintes. Sobre a graduação dos créditos laborais, ver SALVADOR DA COSTA, "O concurso de credores no processo de insolvência", *in* Revista do CEJ, 1.º semestre 2006, número 4, especial, Almedina, páginas 91 e seguintes e MARIA JOSÉ COSTEIRA, "Verificação e graduação de créditos. Os créditos laborais", *in* Prontuário de Direito do Trabalho", n.º 70, Coimbra Editora, páginas 71 e seguintes.

Sobre algumas questões relacionadas com o funcionamento dos privilégios creditórios dos créditos laborais no regime anterior ao CIRE, veja-se MARIA ADELAIDE DOMINGOS, *in* "Prontuário de Direito do Trabalho", n.º 64, Coimbra Editora, páginas 71 a 85 e bibliografia aí mencionada.

[9] SALAZAR CASANOVA, "Abordagem judiciária do Código da Insolvência e da Recuperação de Empresas", *in* Boletim Informação & Debate, IV.ª Série, n.º 4, Outubro 2004, Associação dos Juízes Portugueses, página 33, defende que quando o credor tenha o seu crédito reconhecido por decisão definitiva a "reclamação em tal caso pode bastar-se com a remissão para os termos da decisão condenatória devidamente comprovada".

conhecimento, nomeadamente por consulta dos elementos da contabilidade do insolvente (artigo 129.º, n.º 1 e 4), verificando-se, aqui, uma clara derrogação do princípio do pedido.

Todas estas regras evidenciam que a reclamação de créditos tem carácter universal e apresenta-se como um corolário do princípio inserto no artigo 601.º do Código Civil, donde resulta que o património do devedor constitui a garantia geral de todos os seus credores.

A única excepção a esta regra resulta da possibilidade de existirem créditos de **constituição posterior** à data da declaração de insolvência, circunstância que permite a sua verificação ulterior. Porém, ficam de fora deste regime os titulares dos créditos que tenham sido avisados nos termos do artigo 129.º, n.º 4, o que inclui os créditos existentes à data da declaração da insolvência que não tenham sido reclamados, os reclamados, mas não reconhecidos ou reconhecidos em termos diversos da reclamação.

A fase da verificação dos créditos obedece ao princípio do contraditório, o que significa que qualquer interessado pode impugnar a lista dos credores reconhecidos (artigo 130.º, n.º 1). Se não houver impugnações dos créditos, nem erros manifestos, é proferida sentença na qual é homologada a lista de credores reconhecidos e graduados os créditos dela constante. Porém, ocorrendo impugnação, ainda esses créditos poderão ser reconhecidos em sede de tentativa de conciliação obrigatória, a decorrer na fase de saneamento do processo (artigo 136.º). Não o sendo, o credor terá de fazer prova da existência do crédito e dos demais elementos que o caracterizam (artigos 137.º a 139.º). Finalmente, será proferida sentença de verificação e graduação dos créditos em conformidade com a prova produzida (artigo 140.º).

Deste percurso, necessariamente sintetizado, da fase da reclamação de créditos, podemos extrair algumas conclusões sobre a questão em análise.

Primeiro: a pendência do processo laboral declarativo, onde foram peticionados créditos laborais, não dispensa o credor de os reclamar no processo de insolvência durante o prazo marcado na sentença declaratória da insolvência, independentemente do mesmo ser ou não apensado à insolvência.

Segundo: mesmo que não os reclame, os mesmos podem ser reconhecidos pelo administrador da falência.

Terceiro: a possibilidade de verificação ulterior só existe para os créditos de constituição posterior, o que dificilmente é compaginável com a existência de processos pendentes onde esses créditos já foram reclamados.

Quarto: o carácter universal e pleno da reclamação de créditos determina uma verdadeira extensão da competência material do tribunal da insolvência, absorvendo as competências materiais dos tribunais onde os processos pendentes corriam termos, já que o juiz da insolvência passa a ter **competência material superveniente** para poder decidir os litígios emergentes desses processos na medida em que, impugnados os créditos, é necessário verificar a sua natureza e proveniência, os montantes, os respectivos juros, etc.[10].

Quinto: não obstante a sentença definitiva anterior que reconheça a existência de um determinado crédito e o seu montante continue a ter a força probatória plena característica deste tipo de documentos (artigo 363.º do Código Civil), os efeitos de caso julgado são apenas relativos, ou seja, só produz efeitos em relação às partes intervenientes no litígio, pois só assim se pode explicar o facto de qualquer outro interessado poder impugnar um crédito já reconhecido em sentença judicial anterior.[11]

---

[10] O artigo 8.º do Decreto-Lei n.º 53/2004, de 18.03, diploma que aprovou o CIRE, alterou o artigo 89.º, n.º 1, alínea a) da Lei Orgânica e Funcionamento dos Tribunais Judiciais (Lei n.º 3/99, de 13.01), referente à competência material dos tribunais de comércio, os quais passaram a ter competência apenas para preparar e julgar o processo de insolvência se o devedor for uma sociedade comercial ou a massa insolvente integrar uma empresa. Assim, os tribunais cíveis ou de competência genérica sediados na anterior área de jurisdição dos tribunais de comércio, passaram a ter competência para preparar e julgar os processos de insolvência das entidades que não sejam sociedades comerciais ou em que a massa insolvente não integre uma empresa.

Sobre a repartição de competência material dos tribunais para processos de insolvência em que o insolvente não seja uma sociedade comercial ou a massa insolvente não integre uma empresa, veja-se, ANTÓNIO JOSÉ FIALHO, "Insolvência e pessoas singulares. Alguns aspectos processuais", *in* Boletim Informação & Debate, IV.ª Série, n.º 4, Outubro 2004, Associação dos Juízes Portugueses, páginas 39 e seguintes.

[11] O princípio geral vigente na nossa ordem jurídica é o da eficácia relativa do caso julgado, ou seja, a sentença produz efeitos *inter* partes conforme decorre do artigo 498.º do Código de Processo Civil ao estabelecer que há caso julgado "quando se propõe uma acção idêntica a outra, quanto aos sujeitos, ao pedido e à causa de pedir". Segundo ANTUNES VARELA et al., "Manual de Processo Civil", 2.ª edição, Coimbra Editora, Limitada, 1985, página 721, é justo que os efeitos o caso julgado apenas se repercutam sobre aqueles que tiveram a possibilidade de "intervir no processo, para defender os seus

Efeitos Processuais da Declaração de Insolvência Sobre as Acções Laborais   273

Estas conclusões revelam que o regime da reclamação de créditos prescrito no CIRE indica inequivocamente aquilo que o próprio diploma prescreve logo no artigo 1.°: o processo de insolvência é um processo de execução universal que tem como finalidade a liquidação do património de um devedor insolvente, visando repartir o produto obtido pelos credores de acordo com as garantias que apresentem ou de acordo com um plano de insolvência acordado entre os interessados.

Consequentemente, faz todo o sentido que se todos os créditos têm de ser reclamados, os processos onde os mesmos eram peticionados terminem por inutilidade superveniente da lide, a não ser que subsistam outros interesses, juridicamente relevantes, que justifiquem a continuação da lide.

Quando os litígios laborais pendentes se reportam apenas a créditos de natureza pecuniária e o processo de insolvência envereda pela via da liquidação, não há qualquer razão juridicamente relevante para haver tratamento diferenciado, consubstanciadora duma discriminação positiva, entre trabalhadores credores e credores não trabalhadores, ou entre credores com e sem acções pendentes contra o insolvente à data da declaração da insolvência.[12]

Mas nas acções laborais, para além de pedidos com carácter estritamente pecuniário, podem ser formulados pedidos de outra natureza, como a reintegração ou a reclassificação profissional, que poderão ser ou não convertidos em pedidos indemnizatórios.

---

interesses e para alegarem e provarem os factos informativos do seu direito". Já em relação a terceiros que "não participando no processo, não tiverem oportunidade de defender os seus interesses, que podem naturalmente colidir, no todo ou em parte, com os da parte vencedora (...) não seria justo que, salvo em casos excepcionais, a decisão proferida numa acção em que eles não intervieram lhes fosse oponível com força de caso julgado, coarctando-lhes total, ou mesmo parcialmente, o seu direito fundamental de defesa". Acrescentando que "a inoponiblidade do caso julgado a terceiros representa, assim, um mero corolário do *princípio do contraditório*".

[12] Neste sentido, conferir Acórdão do STJ, de 20.05.2003, processo 03A1380, disponível integralmente em www.dgsi.pt onde se pode ler o seguinte. "A lei não estabelece nenhum tratamento desigual infundado entre credores do falido consoante tenham ou não, anteriormente à declaração de falência, intentado acção declarativa visando o reconhecimento do mesmo crédito posteriormente reclamado no âmbito do processo falimentar. Não se vê, por isso, que haja qualquer interesse atendível e digno de protecção da autora que tenha sido, ou possa vir a ser postergado com a extinção da lide determinada pela introdução em juízo da reclamação de créditos da falência".

274   *X Congresso Nacional de Direito do Trabalho*

Nestas situações, se o processo de insolvência enveredou pela via da recuperação, mantendo em laboração a empresa, ainda que tenha sido alienada ou transmitida para terceiro, é necessário, no mínimo, questionar se a reclamação universal é suficiente para operar a extinção da instância por inutilidade superveniente da lide dos processos laborais pendentes.

De seguida, tentando identificar tipologias de acções laborais, iremos aprofundar um pouco melhor esta questão.

4. Efeitos processuais da declaração de insolvência em relação:

a. aos processos declarativos comuns para cobrança de créditos laborais

Se a acção laboral pendente tiver como causa de pedir uma relação jurídica laboral extinta e o seu incumprimento ou cumprimento parcial quanto a prestações de carácter pecuniário, em que os pedidos se resumem à condenação da entidade empregadora a pagar ao trabalhador créditos laborais emergentes do contrato ou da sua cessação, por exemplo, salários, subsídio de férias e respectivos proporcionais, compensação pela violação do direito a gozar férias, subsídio de Natal e respectivos proporcionais, trabalho suplementar, ou outra qualquer atribuição pecuniária prevista no Código do Trabalho devida como contrapartida do trabalho (artigos 249.º e seguintes daquele diploma), a declaração de insolvência e a abertura da fase da reclamação de créditos determina que o autor ali vá reclamar os seus créditos, não havendo qualquer interesse material ou processual atendível que justifique a continuação do processo laboral. A instância deve ser extinta por inutilidade superveniente da lide, nos termos do artigo 287.º, n.º 1, alínea e) do CPC, aplicável *ex vi* do artigo 1.º, n.º 2 do CPT.

Como já anteriormente referimos, esta é a consequência do carácter universal da reclamação de créditos, da eficácia relativa do caso julgado obtido em acção condenatória que reconheça créditos ao trabalhador e da aquisição superveniente de competência material por parte do tribunal da insolvência para verificar e graduar créditos anteriores à declaração de insolvência, ainda não satisfeitos.

Por razões prudenciais, porém, convém que a declaração de extinção da instância por inutilidade superveniente da lide só ocorra após o

Efeitos Processuais da Declaração de Insolvência Sobre as Acções Laborais　　275

juiz do processo laboral ter confirmado que a sentença declaratória da insolvência transitou em julgado.[13]

De facto, esta sentença é impugnável por dedução de embargos e por meio de recurso (artigos 40.º a 43.º). Como o recurso interposto da sentença tem efeito devolutivo (artigo 14.º, n.º 5) e o recurso interposto dos embargos, embora tenha efeito suspensivo, não obsta à imediata apreensão de todos os bens integrantes da massa insolvente e à venda de bens deterioráveis ou perecíveis (artigos 14.º, n.º 5 e 6, alínea b), 149.º, n.º 1 e 40.º, n.º 3), o prazo da reclamação de créditos continuará a correr termos, tendo os credores de reclamar os créditos. Porém, a revogação da sentença irá extinguir a declaração de insolvência e inutilizar esta reclamação de créditos. Nesta situação, uma extinção da instância no processo laboral trazia graves inconvenientes para o trabalhador, os quais devem ser evitados.

Não se exclui, porém, a hipótese duma suspensão da instância por determinação do juiz, nos termos do artigo 279.º, n.º 1 do CPC. Esta possibilidade, contudo, implica que o juiz do processo laboral faça um juízo de prognose quando ao desfecho da impugnação na insolvência e pondere as vantagens e desvantagens da paragem processual da acção laboral, o que não estará totalmente em condições de fazer, desde logo, por não ter acesso ao processo de insolvência. Neste sentido, parece mais prudente prosseguir com a acção laboral até ter confirmação do trânsito em julgado da sentença declaratória da insolvência.

Pode suceder que na sentença declaratória da insolvência o juiz conclua que o património do devedor não é presumivelmente suficiente para a satisfação das custas do processo e das dívidas da massa insolvente.

Neste caso, a sentença não desencadeia o prazo da reclamação de créditos e se qualquer interessado não requerer o complemento desta sentença, nos termos prescritos no artigo 39.º, o processo de insolvência é declarado findo logo que a sentença transite em julgado.

Neste caso, o trabalhador não pode reclamar o crédito no processo de insolvência e, consequentemente, as razões subjacentes à extinção da instância por inutilidade da lide não têm aqui razão de ser. Deverá, por isso, o processo laboral prosseguir? E na afirmativa, contra quem?

---

[13] Neste sentido, embora reportando-se a uma acção executiva, aplicando o CPEREF, veja-se o Acórdão da Relação de Lisboa, de 17.03.05, processo 2129/2005-6, disponível em versão integral em www.dgsi.pt.

276 *X Congresso Nacional de Direito do Trabalho*

O encerramento do processo de insolvência por insuficiência da massa, vai determinar a liquidação da sociedade nos termos gerais, conforme prescreve o artigo 234.º, n.º 4, ou seja, nos termos do Código Comercial a sociedade irá ser dissolvida e vai extinguir-se definitivamente.[14]

Não obstante a falta de "resposta satisfatória"[15] por parte do CIRE, afigura-se-nos que as acções laborais pendentes também deverão ser declaradas extintas por inutilidade superveniente da lide, por não se configurar qual seja o interesse do trabalhador no seu prosseguimento, uma vez que a penúria da massa insolvente acarreta, inevitavelmente, a não satisfação do crédito que venha a ser reconhecido judicialmente.[16]

Repare-se que caso a insuficiência da massa insolvente venha a ser a verificada em fase posterior do processo de insolvência, nomeadamente, após a reclamação de créditos e apreensão de bens, o processo de insolvência também é encerrado e segue-se, da mesma forma, a liquidação da sociedade (artigos 230.º, alínea b) e 232.º, n.º 1 e 4). Ora nesta situação, em princípio, o processo laboral também já se encontraria extinto, pelo que não vemos razão para defender que as consequenciais são diferentes consoante o momento em que se constate a insuficiência da massa insolvente.

Esta conclusão sai reforçada face ao regime constante do artigo 380.º do Código do Trabalho e artigos 316.º da respectiva Regulamentação, no que respeita à intervenção do Fundo de Garantia Salarial.

---

[14] O n.º 4 do artigo 234.º do CIRE não é muito claro quando se refere ao prosseguimento da liquidação da sociedade nos termos gerais. Serão os termos da liquidação prevista no CIRE (o que não faz muito sentido nos casos do artigo 39.º em que não há sequer apreensão de bens, embora já faça sentido em relação às situações de encerramento por insuficiência da massa insolvente aferidas em fase posterior do processo de insolvência, conforme prescreve o artigo 232.º do CIRE), ou aos termos gerais – comuns – aplicáveis às sociedades comerciais? No texto acolhe-se a segunda alternativa, seguindo CARVALHO FERNANDES e JOÃO LABAREDA, "Código da Insolvência e da Recuperação de Empresas, Anotado", volume II, Quid Juris, 2006, página 181 e JOÃO LABAREDA, "O Novo Código da Insolvência e da Recuperação de Empresas. Alguns aspectos controversos", IDT, Miscelâneas, n.º 2, Almedina, 2004, página 20 e 21.

[15] JOÃO LABAREDA, ob., cit., página 21.

[16] Encerrada a liquidação e extinta a sociedade, caso haja activo superveniente, a responsabilidade do seu pagamento recaí sobre os antigos sócios, sem prejuízo da limitação de responsabilidade anteriormente em vigor, conforme prescreve o artigo 163.º, n.º 1 do Código das Sociedades Comerciais. A efectivação da responsabilidade pelos débitos sociais não satisfeitos impõe a demanda directa dos sócios em acção autónoma.

Efeitos Processuais da Declaração de Insolvência Sobre as Acções Laborais 277

Constitui garantia de pagamento dos créditos emergentes de contrato de trabalho e da sua violação, vencidos nos seis meses que antecedem a data da propositura da acção de insolvência ou da apresentação do requerimento para procedimento de conciliação previsto no Decreto-Lei n.º 316/98, de 20.10, não pagos pela entidade empregadora por motivo de insolvência, a assunção de pagamento por parte do Fundo Garantia Salarial.

Impende sobre o trabalhador/requerente a discriminação dos créditos objecto do pedido e a junção de meios de prova. Resulta do artigo 324.º da Regulamentação do Código do Trabalho que os meios de prova são: certidão ou cópia autenticada comprovativa dos créditos reclamados pelo trabalhador emitida pelo tribunal da insolvência ou pelo IAPMEI, no caso de ter sido requerido procedimento de conciliação; declaração emitida pelo empregador, comprovando a natureza e montante dos créditos em dívida e mencionados no requerimento do trabalhador e declaração de igual teor emitida pela Inspecção-Geral do Trabalho.

Como se vê, não se exige que a prova dos referidos créditos seja feita através de decisão judicial condenatória, o que vem reforçar a desnecessidade do prosseguimento da acção laboral.

Ponderemos, agora, a hipótese da acção declarativa pendente à data sentença declaratória da insolvência ter como causa de pedir um contrato de trabalho em vigor, ainda que incumprido quanto a algumas das prestações de carácter pecuniário devidas como contrapartida do trabalho.

Neste caso, a solução quanto ao destino do processo laboral será em tudo idêntica ao *supra* defendido para as situações em que a relação jurídico-laboral se encontra extinta, uma vez que também as razões ali expendidas se aplicam neste caso.

A esta conclusão não obsta o facto do contrato de trabalho ter toda a probabilidade de vir a caducar. De facto, a declaração de insolvência não faz cessar os contratos de trabalho, mas a sua caducidade poderá resultar da deliberação da assembleia de credores que se pronuncie sobre o encerramento do estabelecimento (artigos 156.º, n.º 2 do CIRE, 387.º, alínea b) e 391.º, n.º 1 e do Código do Trabalho). Para além disso, poderão caducar antes do encerramento definitivo, por decisão do administrador da insolvência, bastando que o mesmo entenda, fundamenta-

278   *X Congresso Nacional de Direito do Trabalho*

damente, que os trabalhadores (todos ou só alguns) não são indispensáveis à manutenção do funcionamento da empresa (artigo 391.º, n.º 2 do Código do Trabalho).[17]

Se considerarmos que o administrador da insolvência, após a declaração de insolvência, exerce os direitos e obrigações do empregador, incumbindo-lhe não agravar a situação económica da empresa (artigo alínea b) do n.º 1 do artigo 55.º) e que o não pagamento das retribuições salariais devidas durante a pendência do processo de insolvência podem ser qualificadas como dívidas da insolvência (artigos 51.º, n.º 1, alínea f), 46.º, n.º 1 e 172.º, n.º 1), portanto com um regime de pagamento muito mais vantajoso do que o prescrito para os créditos da massa insolvente, percebemos que a probabilidade dos contratos de trabalho não cessarem antecipadamente é bastante escassa.

Contudo, independentemente da cessação ou não dos contratos de trabalho, o destino processual da acção laboral pendente não deve ser, em nosso entender, diferente. Isto é, deve ser declarada extinta a instância por inutilidade superveniente da lide.

Imaginemos agora que na acção laboral o trabalhador pedia uma reclassificação profissional, para além de outras quantias a título pecuniário relacionadas com a falta de progressão na carreira ou, como é bastante comum, com reflexos sobre a sua situação de reforma.

Se o contrato de trabalho estiver extinto quando é instaurada a acção laboral, este crédito tem natureza estritamente patrimonial. Pelas razões supra referidas, a acção laboral também se deve extinguir por inutilidade superveniente da lide.

---

[17] Sobre os efeitos da insolvência em relação aos contratos de trabalho no domínio do CIRE, veja-se, JOANA VASCONCELOS, "Insolvência do empregador, destino da empresa e destino dos contratos de trabalho", *in* VIII Congresso Nacional de Direito do Trabalho. Memórias, Almedina, 2006, páginas 217 e seguintes; MARIA DO ROSÁRIO PALMA RAMALHO, "Aspectos laborais da insolvência. Notas breves sobre as implicações laborais do regime do Código da Insolvência e da Recuperação de Empresas", *in* Questões Laborais, Ano XII, 2005, n.º 26, Coimbra Editora, páginas 145 e seguintes, PEDRO ROMANO MARTINEZ, "Da cessação do contrato", Almedina, 2005, páginas 416 a 422 e CARVALHO FERNANDES, "Efeitos da declaração de insolvência no contrato de trabalho segundo o Código da Insolvência e da Recuperação de Empresas", *in* Revista de Direito e de Estudos Sociais, Ano XLV (XVIII da 2.ª Série), n.ᵒˢ 1, 2 e 3, Janeiro-Setembro 2004, Verbo, páginas 5 e seguintes.

Igual raciocínio deve ser aplicado quando o contrato cessou "de facto" por encerramento do estabelecimento ou quando cessa nos termos previstos no artigo 391.º do Código do Trabalho. Neste caso, a declaração de extinção da instância por inutilidade superveniente da lide deverá ocorrer logo que haja confirmação da cessação do contrato de trabalho, o que pode ocorrer em momentos diferentes. Repare-se que o trabalhador terá de reclamar o seu crédito antes de saber se a assembleia de credores se vai pronunciar positivamente sobre o encerramento definitivo do estabelecimento, uma vez que o prazo para a reclamação é inferior ao prazo para a realização da reunião da assembleia de credores, correndo paralelamente (artigo 36.º, alíneas j) e n) do CIRE).

Ponderemos, porém, a hipótese de não cessação do contrato do trabalhador que pretende a reclassificação e, simultaneamente, o plano de insolvência prever a possibilidade da empresa continuar a laboral. Neste caso, podemos questionar se o trabalhador não tem interesse na prossecução da lide laboral, a fim de obter uma decisão que o reclassifique, independentemente da reclamação no processo da insolvência dos créditos decorrentes da preterição da peticionada reclassificação, vencidos até à data da sentença declaratória da insolvência.

Uma situação como a presente não se enquadra nas finalidades dum sistema de falência-liquidação, onde o plano de insolvência ou o plano de pagamentos, visa, em primeira linha, encontrar meios expeditos de liquidação do património do devedor, com vista à satisfação dos créditos pecuniários reclamados e verificados e não a recuperação da empresa.

Neste caso, com todas as dúvidas que o caso nos suscita, parece-nos que há aqui duas possibilidades. *Primeira*: interpretar a reclamação pecuniária do trabalhador que abranja o prejuízo pela não reclassificação, como significando perda de interesse na mesma e, portanto, entender que não subsiste razão para o prosseguimento do processo laboral, devendo o mesmo ser extinto após a reclamação de créditos. *Segunda*: não extrair esta conclusão e entender que o trabalhador mantém interesse na apreciação da reclassificação, a qual só terá sentido se o contrato de trabalho se mantiver em vigor e a empresa a funcionar.

Mas a continuação da laboração pode ter objectivos diferentes. Por exemplo, pode ter em vista a posterior transmissão a terceiro ou mesmo a alienação, enquanto medidas integrantes do plano de insolvência, constituindo as mesmas formas de liquidação da massa insolvente ou de saneamento por transmissão (artigo 162.º, 195.º, n.º 1, alínea b), 199.º).

Nestes casos, o crédito do trabalhador acaba por se reconduzir a uma expressão pecuniária e não há razão para prosseguir o processo laboral. Ele deverá ser extinto logo que sejam conhecidos os contornos e os objectivos do plano de insolvência. A maior dificuldade residirá na possibilidade do juiz laboral aferir estes pressupostos, já que não tem contacto directo com o processo de insolvência.

Fora do contexto acima referido, a continuação da laboração pode ocorrer mesmo após alienação da empresa ou transmissão do estabelecimento para a titularidade de um terceiro. Aqui o problema adensa-se porque é preciso determinar se juridicamente o contrato de trabalho se transmitiria para ao adquirente, ou seja, se será aplicável o disposto nos artigos 318.º a 321.º do Código do Trabalho por força da remissão do artigo 277.º do CIRE. O Código do Trabalho, contrariamente ao seu Anteprojecto, é omisso sobre a transmissão dos contratos de trabalho no âmbito dos processos de insolvência. Nesta matéria, há que aplicar os artigos 3.º a 5.º da Directiva 2001/23/CE do Conselho, de 12 de Março de 2001.[18]

Mas, em boa verdade, estas questões não são objecto de apreciação nas acções laborais pendentes à data da sentença de insolvência. Foram mencionados para se perceber que mantendo-se e transmitindo-se o contrato de trabalho, transmitindo-se a empresa por qualquer das formas previstas na lei, havendo a possibilidade do adquirente assumir a posição jurídica do insolvente transmitente, entendemos que está mais que justificado o interesse do trabalhador para prosseguir a acção laboral no que concerne à discussão da matéria relativa à reclassificação profissional, sem prejuízo do trabalhador poder e dever reclamar no processo de insolvência os valores pecuniários que entenda serem-lhe devidos até à data da declaração de insolvência.

Portanto, nesta situação, cuja probabilidade de ocorrência é bastante diminuta, considerando que a tendência legislativa actual, e também o clima económico-social, privilegia a modalidade falência-liquidação e menos a falência-saneamento, o processo laboral deve prosseguir a sua tramitação, em paralelo com o processo de insolvência.

---

[18] Sobre esta matéria, ver JOANA VASCONCELOS, ob., cit. páginas 228 a 232 e CARVALHO FERNANDES, "Efeitos da declaração de insolvência...", páginas 13 a 18 e 30 a 34.

Efeitos Processuais da Declaração de Insolvência Sobre as Acções Laborais 281

b. aos processos impugnativos do despedimento

Debrucemo-nos, agora, sobre uma outra tipologia de processos laborais muito frequentes nos tribunais do trabalho: os processos impugnativos do despedimento. Neles pode estar em causa a impugnação de um despedimento singular por facto imputável ao trabalhador, um despedimento colectivo, um despedimento por extinção de posto de trabalho ou um despedimento por inadaptação.

Vamos, por razões de maior clareza expositiva, tomar como exemplo a acção de impugnação de despedimento individual por facto imputável ao trabalhador, tendo o despedimento ocorrido antes da declaração de insolvência, encontrando-se o processo pendente à data da sentença declaratória da insolvência.

Quais são as particularidades desta situação que não se quadram com o processo de insolvência?

São várias. Vejamos: Nesta acção o que está em causa, em primeira linha, é apurar se ocorreu ou não um despedimento ilícito. O artigo 435.º do Código do Trabalho impõe que a ilicitude o despedimento só pode ser declarada por um tribunal judicial em acção intentada pelo trabalhador. Declarada a ilicitude do despedimento, a entidade empregadora incorre na obrigação de indemnizar o trabalhador por todos os danos patrimoniais e não patrimoniais causados, onde se incluem todos os valores pecuniários que o trabalhador deveria ter auferido desde o despedimento (ou, pelo menos desde 30 dias antes da instauração da acção de impugnação de despedimento) até ao trânsito em julgado da sentença que declare o despedimento ilícito, a que acresce a indemnização por antiguidade, caso o trabalhador não opte pela reintegração (artigos 396.º, 429.º, 436.º a 439.º do Código do Trabalho).

Esta opção pode ser feita até à sentença do tribunal de primeira instância, conforme decorre do artigo 438.º, n.º 1 do Código do Trabalho.

Por outro lado, o cálculo da indemnização em substituição da reintegração está, actualmente, sujeita a uma ponderação judicial, em regra situada entre 15 a 45 dias de retribuição base e diuturnidades por cada ano de antiguidade ou fracção,[19] contados desde a data do despedimento

---

[19] Tratando-se de despedimento de trabalhadora grávida, puérpera ou lactante, trabalhador representante sindical, membro de comissão de trabalhadores ou membro de

282 X Congresso Nacional de Direito do Trabalho

até ao trânsito em julgado da decisão judicial, atendendo ao valor da retribuição e ao grau de ilicitude decorrente das causas subjacentes à ilicitude do despedimento (artigos 439.º, n.º 2 e 429.º do Código do Trabalho).

Será que a reclamação de créditos no processo de insolvência, ainda que o trabalhador opte desde logo pela indemnização por antiguidade, por exemplo, porque a empresa encerrou antes ou depois da declaração de insolvência e, portanto, a reintegração se revela legalmente impossível, é compatível com uma mera reclamação de créditos no processo de insolvência? A salvaguarda dos direitos do trabalhador não justificam a continuação da acção laboral impugnativa do despedimento para se aferir da licitude/ilicitude do despedimento e consequentes direitos emergentes da declaração de ilicitude, ainda que e sem prejuízo do trabalhador reclamar os créditos na insolvência?

Antecipo a resposta, dizendo que entendo que não.

Em *primeiro* lugar, porque o regime prescrito no CIRE não excepciona estes credores e créditos da regra da universalidade da reclamação.

Em *segundo* lugar, porque se o trabalhador não reclamar os créditos no processo de insolvência no prazo da reclamação, não o poderá fazer posteriormente. A constituição genética destes créditos ancora-se no próprio despedimento, ainda que os efeitos revogatórios da cessação ilícita só ocorrem no momento da sentença judicial que declara a licitude.[20] Ou seja, ao caso não se aplica o disposto no artigo 146.º, n.º 2, alínea a)

---

conselho de empresa e de trabalhador representante dos trabalhadores para a segurança, higiene e saúde no trabalho, a indemnização é calculada entre 30 a 60 dias de retribuição base e diuturnidades por cada ano completo ou fracção de ano de antiguidade, não podendo ser inferior a 6 meses (cfr. artigos 439.º, n.º 4 e 5, 51.º, n.º 7, 456.º n.º 5 do Código do Trabalho e artigo 282.º, n.º 5 do da Regulamentação do Código do Trabalho). Se o trabalhador estiver temporariamente incapacitado em resultado de acidente de trabalho, a indemnização é igual ao dobro do que competia por despedimento ilícito (artigo 30.º, n.º 2 da Lei n.º 100/99, de 13.09).

[20] A declaração de invalidade do despedimento limita-se a "produzir a ineficácia da declaração com a qual o empregador visava extinguir o contrato de trabalho" e, por isso, "a invalidade do despedimento funciona como um pressuposto do direito do trabalhador às retribuições vencidas, sendo o seu reconhecimento um corolário da reposição da eficácia do contrato de trabalho"– PEDRO FURTADO MARTINS, "Despedimento ilícito, reintegração na empresa e dever de ocupação efectiva. Contributo para o estudo dos efeitos da declaração da invalidade do despedimento", in Direito e Justiça – Revista da Faculdade de Direito da Universidade Católica Portuguesa – Suplemento, 1992, página 125-126.

Efeitos Processuais da Declaração de Insolvência Sobre as Acções Laborais   283

do CIRE, o que significa que se os créditos não forem reclamados na insolvência, poderão nunca ser verificados, bastando que o administrador da insolvência não os insira na relação de créditos reconhecidos.

Em *terceiro* lugar, porque também se mantém a regra da eficácia relativa do caso julgado.

Em *quarto* lugar, porque não vislumbramos que o juiz da insolvência não possua os mesmos meios processuais que o juiz laboral para se pronunciar de mérito, se tal for necessário.

Porém, esta situação suscita algumas reflexões. É óbvio que não obstante a contemporaneidade do regime da insolvência e do Código do Trabalho,[21] não se descortinam preocupações de harmonização normativa entre estes diplomas no que concerne à especificidade dos direitos emergentes da ilicitude do despedimento. As regras interpretativas terão de ser aplicadas de forma a ultrapassar as dificuldades, levando em conta a *ratio* dos preceitos e a unidade do sistema jurídico.

Por exemplo, como ultrapassar o disposto no artigo 435.º, n.º 1 do Código do Trabalho que prescreve que a "ilicitude do despedimento só pode ser declarada por tribunal judicial em acção intentada pelo trabalhador"?

Será que os artigos 437.º, n.º 1 e 439.º, n.º 2 do Código do Trabalho ao prescreverem, respectivamente, que os salários intercalares ou de tramitação e a indemnização por antiguidade são contabilizados até ao trânsito em julgado da decisão do tribunal são compatíveis com o disposto no artigo 91.º e 96.º do CIRE, que determinam a contabilização dos créditos reclamados até à data da declaração da sentença de insolvência, vencendo-se a partir daí juros de mora?

Como deverá o juiz da insolvência aferir o valor da indemnização por antiguidade?

Apesar das dúvidas e dificuldades, propomos a seguinte leitura e resposta para estas questões.

Em relação ao artigo 435.º, n.º 1 do Código do Trabalho: quando a lei laboral prescreve que o despedimento seja sindicado judicialmente tem em vista o facto do mesmo ser da exclusiva iniciativa do empregador e, consequentemente, a revogação desse acto extintivo depender da

---

[21] O Código da Insolvência e da Recuperação de Empresas entrou em vigor em 15.09.2004 e o Código do Trabalho entrou em vigor em 01.12.2003 (cfr., artigo 3.º de cada um dos diplomas preambulares).

284   *X Congresso Nacional de Direito do Trabalho*

aferição judicial da existência de invalidades ou de inexistência de justa causa. Se o trabalhador reclama na insolvência os créditos baseados num despedimento ilícito, está salvaguardado esse princípio de sindicabilidade judicial, tanto mais que pode haver impugnação dos créditos reclamados, competindo ao tribunal da insolvência, em face da prova junta aos autos, caso não sejam reconhecidos em sede de tentativa de conciliação obrigatória durante a fase de saneamento do processo, pronunciar-se de mérito sobre a sua verificação (artigos 134.º, n.º 1, 136.º, n.ºs 2, 4 e 5, 130.º e 140.º).

Repare-se que não existem diminuição de garantias para as partes, já que os meios probatórios são os mesmos que seriam permitidos no processo laboral e a forma de processo a seguir é a do processo declarativo sumário, ou seja, a forma que supletivamente o artigo 49.º, n.º 2 do CPT manda aplicar ao processo laboral comum. Vigora o princípio do inquisitório, permitindo que a decisão judicial seja fundada em factos não alegados pelas partes, em similitude com o disposto no artigo 72.º do CPT, a que acresce o carácter urgente desta fase (artigo 9.º, n.º 1), característica esta, aliás, apenas presente nos processos impugnativos do despedimento colectivo ou de representantes sindicais ou de membros de comissão de trabalhadores (artigo 26.º, n.º 1 do CPT).

Em relação ao disposto nos artigos 437.º, n.º 1 e 439.º, n.º 2 do Código do Trabalho e sua compatibilização com os artigos 91.º e 96.º do CIRE: a declaração de insolvência tendencialmente produz um efeito estabilizador sobre a massa insolvente e um efeito igualizador no tratamento de todos os credores. Tais efeitos são incompatíveis com a concessão de prazos diferentes para o vencimento das várias obrigações do insolvente. Embora nos parecesse mais justo que no caso do despedimento ilícito, a contagem fosse até ao momento do encerramento do estabelecimento, momento em que, de qualquer forma, caducaria o contrato de trabalho, a verdade é que o encerramento pode ocorrer "de facto" antes da declaração de insolvência, pelo que a opção legislativa acaba por, em algumas situações, ser mais benéfica para o trabalhador.

Quanto à questão da fixação do valor da indemnização substitutiva da reintegração, afigura-se-nos que sendo jurisdicionalizada a fase do concurso de credores após o decurso das impugnações, as dificuldades do juiz da insolvência serão semelhantes às dificuldades do juiz laboral, ou seja, trata-se de um acto judicativo e, neste como noutros, há que fazer

Efeitos Processuais da Declaração de Insolvência Sobre as Acções Laborais 285

um juízo valorativo das várias circunstâncias referidas na lei e fundamentar a opção tomada.

Este raciocínio é igualmente válido para o caso de ter sido peticionada uma indemnização por danos não patrimoniais, nos termos do artigo 436.º, n.º 1 do Código do Trabalho.

Em conclusão: o processo de insolvência ao privilegiar a finalidade de liquidação do património do devedor e a correspondente repartição do produto pelos seus credores, determina que os créditos emergentes da ilicitude do despedimento se reconduzam a uma vertente indemnizatória de natureza pecuniária, implicando adaptações ao regime substantivo prescrito no Código do Trabalho, mas não existem razões processuais ou substantivas que afastem a competência do tribunal da insolvência para proceder à verificação desses créditos.

Também não existem razões atendíveis para que o processo laboral impugnativo do despedimento continue a sua tramitação, pelo que transitada em julgado a sentença que declara a insolvência do devedor, deve ser extinta a instância por inutilidade superveniente da lide, nos termos do artigo 287.º, alínea e) do CPC *ex vi* do artigo 1.º, n.º 2 do CPT.

c. aos processos especiais emergentes de acidentes de trabalho

Correspondendo os processos emergentes de acidente de trabalho a uma fatia significativa dos processos laborais, e considerando que em muitos deles, a entidade empregadora responde pelas indemnizações, pensões e subsídios previstos na Lei dos Acidentes de Trabalho e seu Regulamento,[22] nomeadamente, porque não transferiu, ou só parcialmente transferiu, a responsabilidade para uma seguradora, ou porque está a ser demandada a título de culpa pela produção do acidente, quais as consequências processuais da declaração de insolvência da entidade empregadora? As acções especiais emergentes de acidentes de trabalho são afectadas por essa declaração de insolvência? Continuam a sua normal tramitação?

Estas acções não se enquadram nas passíveis de apensação a que se reporta o artigo 85.º do CIRE, considerando o que atrás se referiu sobre a interpretação deste preceito.

---

[22] Respectivamente, Lei n.º 100/99, de 13.09 e Decreto-Lei n.º 143/99, de 30.04.

286 X Congresso Nacional de Direito do Trabalho

Mas também não se extinguem com a declaração de insolvência, prosseguindo a sua normal tramitação. Para estas situações há um regime jurídico específico, que se encontra consignado no Decreto-Lei n.º 142/99, de 30.04, que criou o Fundo de Acidentes de Trabalho (FAT).

Dispõe o artigo 1.º deste diploma que compete ao FAT garantir o pagamento das prestações que forem devidas por acidentes de trabalho sempre que, por motivo de incapacidade económica objectivamente caracterizada em processo judicial de falência ou processo equivalente não possam ser pagas pela entidade responsável.

Sempre que no processo laboral fique demonstrada a impossibilidade do responsável proceder à reparação em dinheiro devida ao sinistrado pelo acidente de trabalho dada a insolvência da entidade empregadora responsável por esse pagamento, o juiz faz intervir no processo laboral este organismo estadual que passará a assegurar o pagamento das prestações que estavam a cargo do responsável.[23] Daqui se conclui que o processo laboral não se extingue com a declaração de insolvência, prosseguindo contra a massa insolvente representada pelo administrador da insolvência, e em seu devido tempo, processualmente é transferida para o FAT a responsabilidade da entidade empregadora insolvente.

d. aos processos executivos

Em relação aos processos executivos, existe perfeita continuidade desde o regime prescrito no CPC de 1961 até ao actualmente em vigor (conferir artigo 1198.º, n.º 3 daquele diploma, o artigo 154.º, n.º 3 do CPEREF e artigo 88.º do CIRE).

Nos termos do artigo 88.º, n.º 1 a declaração de insolvência obsta à instauração ou ao prosseguimento das acções executivas intentadas pelos credores da insolvência e determinam a suspensão de quaisquer diligências executivas ou providências requeridas pelos credores da insolvência que atinjam os bens integrantes da massa insolvente.

Trata-se de um "efeito automático da declaração de insolvência, não dependendo de requerimento de qualquer interessado", mas que só "será

---

[23] Nem a Lei dos Acidentes de Trabalho, nem o diploma que criou o FAT identificam, em concreto, as prestações em causa. Sobre esta problemática, veja-se, MARIA DA CONCEIÇÃO ARAGÃO, "A responsabilidade do Fundo de Acidentes de Trabalho", in Prontuário de Direito do Trabalho", n.º 70, páginas 79 e seguintes.

Efeitos Processuais da Declaração de Insolvência Sobre as Acções Laborais 287

efectivamente concretizado quando o tribunal onde se verifica a diligência ou a providência tenha conhecimento do facto suspensivo".[24]

Se a execução também corre contra outros executados é extraído traslado do processo relativo ao insolvente e é remetido para apensação ao processo de insolvência (artigo 85.º, n.º 3 e 88.º).

Se no processo executivo tiver sido efectuado qualquer acto de apreensão ou detenção de bens compreendidos na massa insolvente, o mesmo é apensado ao processo de insolvência a pedido do juiz da insolvência (artigo 85.º, n.º 2), ou por diligencia oficiosa do juiz da execução junto do tribunal da insolvência, atendendo à obrigatoriedade desta apensação.

Deste regime, resulta, então, o seguinte: ou o processo executivo é apensado à insolvência ou, não o sendo, não pode prosseguir por imposição legal e todos os actos nele praticados após a declaração de insolvência estão feridos de nulidade, sendo a mesma de conhecimento oficioso. Assim sendo, deve ser extinta a instância por impossibilidade superveniente da lide (artigos 919.º, n.º 1, parte final e 287.º, alínea e), do CPC _ex vi_ do artigo 1.º, n.º 2 do CPT).[25]

---

[24] CARVALHO FERNANDES e JOÃO LABAREDA, ob. cit., volume I, página 363.

[25] Defendemos no texto a extinção da instância por impossibilidade superveniente da lide subsumindo esta situação à previsão normativa do 919.º, n.º 1, parte final do CPC, onde se refere que a execução pode ser extinta "quando ocorra outra causa de extinção da instância executiva" para além das previstas na primeira parte desse número do preceito, por entendermos que a insolvência é uma dessas causas não previstas especificamente na lei processual civil ou laboral. Fora deste contexto, concordamos que a extinção da instância por inutilidade superveniente da lide não faz sentido, pelas razões expendidas no Acórdão da Relação do Porto, de 12.10.06, processo 0633837, versão integral disponível em www.dgsi.pt: "se a obrigação exequenda foi cumprida, a lide não se torna inútil porque a execução alcançou o seu fim. E se a obrigação exequenda não foi cumprida, então a lide não perdeu utilidade porque a execução ainda não atingiu o seu objectivo". Porém tal como se reconhece nesse aresto, quando estamos perante uma situação de insolvência esta lógica falha, porque a finalidade da execução perdeu-se e transfere-se para o processo da insolvência.

Consequentemente, não podemos concordar com a solução preconizada no Acórdão da Relação de Lisboa, de 21.09.06, processo 3352/2006-7, versão integral disponível em www.dgsi.pt, que defendeu a sustação das execuções e não a sua extinção, argumentando que o artigo 88.º, n.º 1 do CIRE determina a suspensão das diligências executivas e não a extinção da execução, acrescentando que no caso do processo de falência não chegar ao fim e houver bens, a execução sustada tem a vantagem de poder prosseguir, evitando-se a repetição de todo o processado. Embora se reconheça o pragmatismo da

288 X Congresso Nacional de Direito do Trabalho

5. Conclusões

A sentença declarativa da insolvência produz vários efeitos jurídicos. Um deles é o efeito processual sobre as acções, declarativas ou executivas, pendentes à data da sua prolação, o que também abrange as acções laborais, nas quais, em regra, as entidades empregadoras são demandadas.

O actual regime falimentar rege-se, em primeira linha, ainda que supletivamente, por uma ideia de execução universal, que se traduz na liquidação do património do devedor insolvente, com a apreensão de todos os bens integrantes da massa insolvente, e posterior repartição do produto obtido pelos credores, de acordo com a sentença de verificação e graduação de créditos.

Nessa perspectiva, a apensação de processos pendentes à data da declaração de insolvência circunscreve-se àqueles onde se discutem questões relativas a bens compreendidos na massa insolvente ou a acções onde se tenha efectuado qualquer acto de apreensão ou detenção de bens compreendidos na mesma.

Esta apensação nunca dispensa a reclamação dos créditos, mesmo que anteriormente tenham sido reconhecidos por decisão definitiva.

O regime instituído é o da reclamação universal: reclamam-se todos os créditos, por todos os credores existentes à data da declaração da insolvência, restringindo-se a possibilidade de ulterior verificação aos créditos constituídos posteriormente àquela declaração.

Os interessados podem impugnar os créditos reclamados, independentemente de terem ou não sido reconhecidos pelo administrador da insolvência e de estarem reconhecidos por decisão anterior definitiva.

Os processos laborais declarativos passíveis de apensação ao processo de insolvência estão bastante limitados, por nos mesmos, em regra, estarem em causa apenas questões relativas a interesses patrimo-

---

argumentação, salvo o devido respeito, a mesma não tem apoio legal. A lei reserva a sustação para as situações em que há liquidação da responsabilidade do executado. A sustação é um acto processual intermédio para que se possam realizar as operações de liquidação da quantia exequenda e de pagamento das custas (artigos 916.º e 917.º do CPC) e nunca um acto definidor do destino do processo. Por outro lado, o exequente terá de ir reclamar o seu crédito no processo de insolvência como os demais credores e sujeitar-se às vicissitudes processuais daquele processo como os demais.

Efeitos Processuais da Declaração de Insolvência Sobre as Acções Laborais 289

niais da massa insolvente e não questões relativas a bens concretos compreendidos na massa insolvente.

Assim, para além das situações de concessão de providência cautelar de arresto de bens do devedor/insolvente, em princípio, não há apensação dos processos laborais declarativos pendentes ao processo de insolvência.

Certificado o trânsito em julgado da sentença declaratória da insolvência, em regra, nos processos declarativos laborais, deve ser declarada a extinção da instância por inutilidade superveniente da lide.

Esta conclusão aplica-se ao processo comum para cobrança de créditos emergentes do contrato e da sua cessação e aos processos impugnativos de despedimentos. Não existem razões substantivas ou processuais que justifiquem o prosseguimento destas acções em simultâneo com a tramitação do processo insolvência, v.g., com o apenso de reclamação de créditos, porque não existe qualquer diminuição de garantias para o trabalhador/credor pelo facto do seu crédito ser verificado apenas no processo falimentar.

Cautelarmente, deve privilegiar-se a continuação da lide laboral se o trabalhdor formulou pedido de carácter não estritamente patrimonial e resultar do processo de insolvência a possibilidade de transmissão do contrato de trabalho.

As acções especiais emergentes de acidente de trabalho em que a entidade empregadora/responsável foi declarada insolvente, prosseguem a sua normal tramitação, com intervenção do FAT, desde que preenchidos os requisitos previstos na lei.

As acções executivas onde houve apreensão ou detenção de bens integrantes da massa insolvente são apensadas ao processo de insolvência.

Naquelas onde não ocorreu apreensão ou detenção de bens a instância deve ser extintas por impossibilidade superveniente da lide.

DIA 16 DE NOVEMBRO DE 2006

16h 30m

TEMA IV

A BOA FÉ NO DIREITO DO TRABALHO E O NOVO MERCADO LABORAL

Presidência
Dr. Paulo Morgado de Carvalho
Inspector-Geral do Trabalho

Prelectores
Prof. Doutor Júlio Gomes
Universidade Católica Portuguesa-Porto
Mestre Luís Gonçalves da Silva
Faculdade de Direito da Universidade Clássica de Lisboa
Dr. João Correia
Advogado   .

DA BOA FÉ NA EXECUÇÃO
DO CONTRATO DE TRABALHO

João Correia

Advogado

DA BOA FÉ NA EXECUÇÃO
DO CONTRATO DE TRABALHO

João Correia

Advogado

A reflexão proposta, sobre a boa fé na execução do contrato de trabalho, tem ingredientes próprios de uma missão quase impossível. Desde logo porque se trata de uma construção eminentemente civilista, erigida em torno da igualdade formal e substancial entre as partes contratantes, onde é possível, perante antagonismos posicionais, reequilibrar as prestações, atribuindo a esta ou àquela, um maior dever ou uma melhor tutela.

Mesmo numa abordagem genérica, o direito civil construiu em torno da figura do abuso de direito os elementos estabilizadores e aferidores da recta conduta.

Basta, na realidade, que o titular de um direito o exerça com manifesto excesso dos limites impostos pela boa fé, pelos bons costumes ou pelo fim social ou económico, para que a ordem jurídica o censure porque subverteu a *ratio* do próprio direito.

Do mesmo modo, o recurso à equidade absorve o embate do excesso do concreto exercício de um direito, reequilibrando as prestações.

Mas, mesmo para apurar os limites objectivos do exercício de um qualquer direito, mesmo apesar desses mecanismos legais de equilíbrio ou reequilíbrio das prestações, mesmo aí, as partes e os julgadores têm de lançar mão de conceitos extra-legais para apurar se os limites da boa fé foram observados.

Isto quer dizer que o direito civil, ele próprio, apesar de erigido em torno da igualdade formal e substancial entre as partes em presença, não

296   *X Congresso Nacional de Direito do Trabalho*

pôde abandonar a imprescindibilidade de "atender de modo especial às concepções ético-jurídicas dominantes na colectividade".

Parece que se fixou uma petição de princípio no próprio direito civil quando a lei – ela própria –, construída segundo a deontologia dominante, nos remete para valores que teve de observar no momento da sua elaboração. Mas não é assim. A lei confessa-se incompleta quando exige que o exercício de um direito observe o fim social e económico que objectivamente o justifica.

Se é assim no direito civil, como será no direito de trabalho?

Vejamos, desde logo, se numa relação de trabalho se suscitam as mesmas proposições que se colocam no direito civil.

E aqui o primeiro tema tem que ver com os vários sedimentos públicos e privados que a relação de trabalho contém.

Desde logo e em primeiro lugar, a relação directa entre o trabalhador e o empregador.

Doutro lado, a relação entre a empresa e a Administração Pública.

Finalmente, as relações supra individuais, constituídas entre as Associações Sindicais e as Associações Patronais ou, mesmo, directamente com os empregadores (a este propósito, cfr. Monteiro Fernandes, *in* Direito do Trabalho, pág. 57, 13ª Edição).

Basta esta tripartição de origens e conteúdos formais e substantivos para se impor uma mais séria reflexão sobre a susceptibilidade de transposição mecânica dos conceitos de boa fé para as relações de trabalho.

Mas este ângulo de análise ainda não é suficiente.

Na decomposição do conteúdo de cada uma das prestações e, mais que isso, no elenco dos vários componentes da qualidade jurídica de trabalhador e da qualidade jurídica de empregador, encontraremos ingredientes onde se pode, sem esforço, defender que a boa fé subjectiva caracteriza a própria prestação, outros em que se normativiza a conduta e se objectivam os deveres que têm de caracterizar a prestação e outros ainda onde a prestação nem sequer contém qualquer sentido ético ou, mesmo, de uma qualquer regra de conduta mas, tão só, a imposição legal para agir de certa forma para além de qualquer acto de vontade e, mesmo, contra a vontade de uns e de outros dos parceiros da relação laboral.

Chegados aqui, impõe-se separar as águas.

E tudo se torna mais claro se interiorizarmos que estamos em presença de um contrato de execução continuada, onde a multiplicidade e variedade de prestações e contra-prestações assume, mesmo, diversa natureza jurídica; onde o direito público interage com o direito privado e onde algumas prestações são reguladas por normas de interesse e ordem pública, extraídas as relações, por consequência, da autonomia da vontade.

A tudo isto acresce a natureza jurídica do empregador que assume, por regra, a qualidade de empresa, com todas as consequências daí decorrentes e onde avulta a despersonalização da prestação patronal.

Basta atentar na maleabilidade do direito comercial para concluir pela insusceptibilidade de fazer reconduzir o conceito subjectivo de boa fé à quase totalidade dos ingredientes que integram as prestações e os deveres dos empregadores.

Para estes, como se decidiu num Acórdão do STJ, agir de boa fé *«é actuar com diligência, zelo, lealdade face aos interesses da contraparte; é ter uma conduta honesta e conscienciosa, numa linha de correcção e probidade visando não prejudicar interesses legítimos da outra parte; é proceder de modo a não procurar nem alcançar resultados opostos aos que uma consciência razoável poderia tolerar»* (Ac. STJ de 9-10-997, in BMJ n.º 470 -546).

Esta conduta honesta e conscienciosa de que nos fala o Supremo Tribunal prende-se com o dever do empregador não infligir quaisquer danos na esfera pessoal e patrimonial do trabalhador (dever de protecção), de prestar toda a formação e informação que lhe seja exigível no âmbito da concreta relação de trabalho (dever de informação) e com a proibição de (o mesmo empregador), por qualquer meio, por acção ou por omissão, fragilizar ou minimizar a plena realização profissional do trabalhador por via da execução do contrato de trabalho (dever de lealdade).

Para descer ao concreto, teremos quase de lembrar que o contrato de trabalho é o instrumento da prestação de uma actividade a favor de outrem.

Ora, da decomposição deste benefício legal extrai-se o poder de direcção, o poder regulamentar, o poder disciplinar,cujos exercícios se prendem imediatamente com os deveres inerentes à qualidade do empregador que suportam a já referida trilogia da boa fé: a protecção, a informação e a lealdade.

É por esta via que os Arts. 120.º e 122.º do Código do Trabalho (adiante C.T.) exemplificam os deveres que integram a ossatura da prestação patronal de onde se extrairá a boa ou má fé adoptada para preencher os poderes de direcção, regulamentar e disciplinar.

Assim, o respeito e o tratamento urbano do trabalhador, o pagamento pontual da retribuição, as boas condições de trabalho, a formação contínua, a prevenção de acidentes e a segurança e higiene no ambiente de trabalho e, até, a boa colaboração com a Administração Pública e as Associações Sindicais e Patronais são, todos eles, elementos aferidores da conduta patronal, ou seja, da boa ou da má fé do empregador.

Como se vê, a apreciação deste modo de executar a relação de trabalho releva na visão bipolar, ou seja, na relação individual de trabalho.

Mas é evidente que está longe de se esgotar nessa relação individual.

Na realidade, a prestação do empregador pode aferir-se em função de interesses pluri-individuais ou, mesmo, em obediência a interesses colectivos, podendo dizer-se que, muitas vezes, os interesses em presença, apesar de laborais, se prendem com a comunidade exterior à empresa, assumindo umas vezes natureza difusa e, outras vezes, satisfazendo mesmo interesses nacionais, regionais ou locais.

Como se verificará, não se pode, nem se deve, valorar a conduta de uma empresa e de um empregador, ou seja, aferir da boa fé com que preenche a sua actividade juslaboral, destacando a relação individual de trabalho e separando-a dos interesses pluri-individuais e colectivos, sejam eles próprios da empresa, sejam os das comunidades onde ela se insere.

A nossa lei Fundamental fixa estas directivas e estabelece o mínimo ético-juridico balizador da boa fé quando exige que a organização do trabalho se desenvolva em condições socialmente dignificantes, que a prestação de trabalho se efective em condições de higiene, segurança e saúde, que a jornada de trabalho tenha limites hábeis ao repouso e ao lazer, que se garanta o descanso semanal e as férias pagas.

Mas, para demonstrar o sinalagma entre a empresa e a sociedade, o nosso Estado acha-se constitucionalmente obrigado a executar políticas de pleno emprego, a garantir uma igualdade de oportunidades na escolha da profissão, a fomentar a formação cultural e técnica e a valorizar profissionalmente os trabalhadores, sem esquecer que é sua obrigação geral assegurar as condições de trabalho, retribuição e repouso a que os trabalhadores têm direito.

Como se verifica, a aferição da boa fé, do lado do empregador, prendese com os direitos e interesses, pluri-individuais e colectivos dos trabalhadores mas, em círculos secantes, sobrepõem-se interesses da colectividade e do Estado na execução da relação de trabalho.

Da Boa Fé na Execução do Contrato de Trabalho

A fronteira entre uns e outros – entre os interesses próprios da relação jus-laboral e os que dizem respeito à colectividade – é, na prática, insusceptível de desenhar.

É inexorável, pois, concluir pela justeza da doutrina do citado Acordão do STJ quando fixa e identifica os prismas de aferição da boa ou má fé, neste caso, dos empregadores.

Repetindo e lembrando: *«agir de boa fé é actuar com diligência, zelo e lealdade face aos interesses da contraparte; é ter uma conduta honesta e conscienciosa, numa linha de correcção e probidade visando não prejudicar os interesses legítimos da outra parte; é proceder de modo a não procurar nem alcançar resultados opostos aos que uma consciência razoável poderia tolerar».*

E do lado do Trabalhador? Estará ele isento de uma recta conduta? Será que, também ele vê a sua prestação impregnada de ingredientes subjectivos e objectivos para aferir da boa ou má fé com que age?

O primeiro tema, perante o empregador, é o que resulta para ele do poder de direcção, ou seja, o dever de subordinação jurídica.

Mas estará ele isento dos deveres pluri-individuiais e colectivos que estão contidos na prestação patronal? Será que, para além da realização pessoal que o exercício de uma profissão viabiliza, o trabalhadorse acha juridicamente dispensado de uma recta conduta, objectivamente apreciada?

Aqui a complexidade de análise é bem maior.

Desde logo porque dificilmentese pode falar em exercício abusivo de um direito quando preexiste uma supremacia legal, geneticamente caracterizadora da relação onde se acha inserido.

Se é assim no Direito Civil, por maioria de razão o será no Direito do Trabalho.

Tal conclusão empurra-nos para a necessidade de limitar e circunscrever a apreciação da boa fé à conduta ética do trabalhador, à sua consciência informada sobre o conteúdo da sua prestação.

Repete-se que não nos podemos esquecer que estamos em presença de um contrato de execução continuada, com uma multiplicidadede prestações e de deveres e com inserção de trabalhador numa organizaçãoque não controlanem dirige.

E aqui podem separar-se, embora com grande dificuldade, as águas e os conceitos de boa fé.

A pergunta a colocar é: o trabalhador deve agir segundo os ditames próprios da boa fé psicológica, ou seja, segundo o julgamento do seu conhecimento e da sua consciência ou, mais que isso, ele pode ver a sua prestação apreciada e ajuizada em função da conduta que lhe era exigível segundo o velho critério da objectivação que manda respeitar o que o bonus pater familia executaria perante as concretas situações em que o concreto trabalhador se encontra?

Vejamos, uma vez mais, o que a lei nos diz e, a partir dela, vejamos se poderemos optar pela boa fé subjectiva ou se é legitimo abraçar teses objectivistas para apurar da recta conduta na prestação do trabalhador.

Do elenco do Art. 121.º do CT é possível (sem necessidade de recorrer à tutela dos interesses colectivos) concluir pela necessidade de adopção de uma dúplice conclusão, por mais estranho que tal se apresente.

De facto, do elenco dos deveres dos trabalhadores podem cindir-se em duas ordens distintas: os que exigem uma consciência puramente subjectiva, ligada à sua ciência ou à sua capacidade e habilidade, podendo dizer-se que a sua boa fé pode ser apreciada em função exclusivamente do conhecimento ou da ignorância com que se determinou no momento da execução da sua prestação.

Veja-se, a título de mero exemplo, os deveres de realizar o trabalho com zelo e diligência, de promover ou executar todos os actos tendentes à melhoria da produtividade da empresa, cumprir as prescrições de segurança, higiene e saúde no trabalho estabelecidas nas disposições legais ou convencionais.

Estes deveres não são originários da natureza subjectiva da prestação, uma vez que derivam do grau de cultura pessoal e profissional, da hierarquia onde se acha o trabalhador, do nível de atribuições e competências e, por consequência, pressupõem uma análise puramente subjectiva da boa ou má prestação do trabalhador.

Aí, como escreveu o Prof. Menezes Cordeiro, a «*boa fé traduz um estado de ignorância desculpável, no sentido de que o sujeito, tendo cumprido todos os deveres de cuidados impostos pelo caso, ignora determinadas eventualidades* [...]» (*in* "Da Boa Fé no Direito Civil, I, pág. 516).

E, repete-se, se assim é no direitocivil, por maioria de razão o será o âmbito das relações de trabalho.

Mas será que todos os deveres do trabalhador estão isentos de ser cumpridos e apreciados segundo critérios puramente éticos e subjectivos, logo independentemente de qualquer norma de conduta, seja social, seja legal ou estatutária?

Obviamente a resposta terá de ser negativa, bastando examinar alguns deveres dos trabalhadores para se concluir pela exigibilidade de uma conduta em obediência a normas, seja qual for a sua natureza.

Assim, por exemplo, a assiduidade ea pontualidade; o dever de respeitar com urbanidade e probidade o empregador, os superiores hierárquicos, os companheiros de trabalho e demais pessoas que estejam ou entrem em relação com a empresa; guardar lealdade ao empregador; velar pela conservação e boa utilização dos bens relacionados com o seu trabalho e obedecer às ordens formal e substancialmente legítimas emanadas dos superiores hierárquicossão meros afloramentos de deveres cuja satisfação se acha aferida por normas de conduta de vária natureza, origem e hierarquia, que permiteme justificama exigibilidadede uma recta conduta que se acha na fronteiraentre boa fé subjectiva – aferida por normas sociais, legais ou convencionais – e a pura objectivação segundo a regra do *bonus pater familia*.

A verificação e a separação de uma e de outra há-de depender da casuística, única via para responder à multiplicidade, variabilidade e complexidade das concretas prestações dos trabalhadores.

Um terceiro ângulo de visão se impõe e, este, ainda mais complexo.

Será que se pode falar de boa fé conjunta – de empregador e de trabalhador – no âmbito de uma relação laboral?

Dito de outro modo: será que prestação e contra-prestação podem ser ajuizadas como um todo? Será que a concreta relação de trabalho pode ser apreciada por terceiros, julgando a boa ou má fé da conduta objectivada e revelada pelo bem ou serviço dela emergente?

Obviamente aqui a resposta é francamente positiva.

A produção de um bem ou a prestação de um serviço atinge a comunidade, satisfaz um cliente, preenche um requisito, acrescenta ou retira um benefício, confere ou extrai um direito.

Este terceiro ângulo de visão é, se assim se pode dizer, tão relevante quanto os dois primeiros.

Uma empresa e um trabalhador que negligenciem os seus deveres perante os que servem não pode deixar de violar o contrato que, ao criar-se, formaram com a comunidade.

Daí a má fé, esta seguramente apreciada segundo os ditâmes objectivados por via legal e convencional, por princípios informadores da qualidade e respeito, por regras de diligência, zelo e lealdade perante a comunidade que viabiliza e justifica a empresa ou o serviço, seja privado seja público.

Este ângulo de visão acha-se, entre nós, longe de ser examinado e vigiado, sendo excessivamente vulgar a falta de respeito pelos direitos dos consumidores e pelo direito a um ambiente saudável.

Mas há mais: empregadores e trabalhadores podem e devem apreciar, por exemplo, se existem graus diferentes de satisfação de boa fé na resolução dos conflitos individuais e colectivos.

Assim, por exemplo: em que medida a consagração de meios alternativos para a resolução dos conflitos de trabalho não será um elemento nuclear de verificação da boa fé relacional entre empregadores e trabalhadores?

A resolução por via arbitral de muitos conflitos, mesmo individuais e pluri-individuaisdeveria ser a regra nas convenções colectivas e, porque o não é, porque se teme a auto-regulação, estamos longe de apreciar a recta conduta mesmo no momento em que ela deve ser especialmente assumida, ou seja, quando está em crise a própria relação laboral.

Lisboa, 16 de Novembro de 2006

DIA 17 DE NOVEMBRO DE 2006

9h 30m

TEMA V

RETRIBUIÇÃO E VICISSITUDES CONTRATUAIS

Presidência
Dr. Vítor Ramalho
Deputado à Assembleia da República
Presidente da Comissão Parlamentar do Trabalho e da Segurança Social

Prelectores
Dr. António Vilar
Universidade Lusíada do Porto e Advogado
Mestre Maria Regina Redinha
Faculdade de Direito da Universidade do Porto
Mestre Pedro Furtado Martins
Universidade Católica Portuguesa e Advogado

DUAS QUESTÕES A PROPÓSITO DOS EFEITOS DA TRANSFERÊNCIA DO ESTABELECIMENTO NAS RELAÇÕES DE TRABALHO: ARTIGO 321.º DO CÓDIGO DO TRABALHO E OPOSIÇÃO DO TRABALHADOR À TRANSMISSÃO DO CONTRATO DE TRABALHO

Pedro Furtado Martins

Universidade Católica Portuguesa
Advogado

DUAS QUESTÕES A PROPÓSITO DOS EFEITOS DA TRANSFERÊNCIA DO ESTABELECIMENTO NAS RELAÇÕES DE TRABALHO: ARTIGO 321.º DO CÓDIGO DO TRABALHO E OPOSIÇÃO DO TRABALHADOR À TRANSMISSÃO DO CONTRATO DE TRABALHO

PEDRO FURTADO MARTINS

Universidade Católica Portuguesa
Advogado

1. Objecto da comunicação

Tendo-me sido atribuído o tema dos efeitos da transmissão da empresa e do estabelecimento nas relações de trabalho – e não cabendo, obviamente, fazer aqui uma exposição genérica do regime jurídico respectivo – optei por concentrar a minha intervenção em duas questões:
1. A regulamentação dos efeitos da transmissão nas estruturas representativas dos trabalhadores;
2. E a questão de saber se é lícito ao trabalhador opor-se à transmissão do seu contrato de trabalho para o novo titular da empresa ou estabelecimento.

A primeira questão é praticamente "nova" entre nós, no sentido em que, tanto quanto sei, ainda não foi analisada na doutrina nacional (pelo menos em obras publicadas), tendo sido objecto de uma única de

---

[1] Refiro-me ao Acórdão da Relação do Porto de 28.05.2007. Este aresto, que decidiu um recurso de uma providência cautelar, versa sobre a situação subjacente a um

308 X Congresso Nacional de Direito do Trabalho

decisões dos tribunais superiores[1]. Trata-se, porém, de um problema que se têm vindo a levantar na prática, por ocasião de fenómenos de reconfiguração societária, em especial na sequência de processos de fusão e de cisão de sociedades.

Sobre a segunda questão são conhecidas diversas tomadas de posição na doutrina e na jurisprudência, quer a favor quer contra o reconhecimento de um direito de oposição do trabalhador à modificação da pessoa do empregador. O que me levou a seleccionar o problema foi, sobretudo, a circunstância de, recentemente, o Supremo Tribunal de Justiça ter emitido dois acórdãos em que se sugere uma mudança relativamente à solução que nessa instância vinha sendo defendida, no sentido de não reconhecer aquele direito, pelo menos com carácter de generalidade.

2. Efeitos da transmissão nas estruturas representativas dos trabalhadores

2.1 Enunciado do problema. Regras sobre os efeitos da transmissão nas estruturas de representação dos trabalhadores: Direito nacional e comunitário

I. A matéria dos efeitos da transmissão do estabelecimento nas estruturas representativas dos trabalhadores é tratada no art. 321.º do Código do Trabalho[2], cujo texto é o seguinte:

Artigo 321.º – Representação dos trabalhadores após a transmissão

1 – Se a empresa, estabelecimento ou parte da empresa ou estabelecimento que constitua uma unidade económica transmitida mantiver a sua autonomia, o estatuto e a função dos representantes dos trabalhadores afectados pela transmissão não se altera.

2 – Se a empresa, estabelecimento ou parte da empresa ou estabelecimento que constitua uma unidade económica transmitida for incorporada na empresa do adquirente e nesta não existir comissão de trabalhadores, a comissão ou subcomissão de trabalhadores que naqueles

---

parecer que elaborei sobre o tema e que, em grande medida, se utiliza no texto da presente comunicação.

[2] Aprovado pela Lei n.º 99/2003, de 27 de Agosto, doravante referido pela sigla CT e a que pertencem todas as disposições legais citadas no texto sem indicação da respectiva fonte.

Duas Questões a Propósito dos Efeitos da Transferência 309

exista continua em funções por um período de dois meses a contar da transmissão ou até que nova comissão entretanto eleita inicie as respectivas funções ou, ainda, por mais dois meses, se a eleição for anulada.

3 – Na situação prevista no número anterior, a subcomissão exerce os direitos próprios das comissões de trabalhadores durante o período em que continuar em funções, em representação dos trabalhadores do estabelecimento transmitido.

4 – Os membros da comissão ou subcomissão de trabalhadores cujo mandato cesse, nos termos do n.º 2, continuam a beneficiar da protecção estabelecida nos n.ºs 2 a 4 do artigo 456.º e em instrumento de regulamentação colectiva de trabalho, até à data em que o respectivo mandato terminaria.

Esta disposição transpõe para o direito interno o artigo 6.º da Directiva 2001/23/CE, de 12.03.2001[3], relativo aos efeitos da transferência da empresa ou estabelecimento nos representantes dos trabalhadores, que, na parte aqui relevante, dispõe o seguinte:

1. Se a empresa ou estabelecimento ou a parte de empresa ou de estabelecimento, mantiver a sua autonomia, o estatuto e a função dos representantes dos trabalhadores ou da representação dos trabalhadores afectados pela transferência serão mantidos nas mesmas modalidades e condições aplicáveis anteriormente à data da transferência por força de disposições legislativas, regulamentares e administrativas ou por acordo, desde que estejam reunidas as condições necessárias à formação da representação dos trabalhadores.

O primeiro parágrafo não se aplica se, de acordo com as disposições legislativas, regulamentares e administrativas ou com a prática dos Estados-Membros, ou nos termos de um acordo com os representantes dos trabalhadores, estiverem reunidas as condições necessárias para uma nova designação de representantes dos trabalhadores ou de uma nova representação dos trabalhadores

(...)

Se a empresa ou estabelecimento, ou a parte de empresa ou de estabelecimento, não mantiver a sua autonomia, os Estados-Membros adoptarão as medidas necessárias para que os trabalhadores transferidos que estavam representados antes da transferência sejam convenientemente representados durante o período necessário à constituição ou designação de uma nova representação dos trabalhadores de acordo com as legislações ou práticas nacionais.

---

[3] Publicada no *Jornal Oficial* n.º L 082 de 22/03/200, p. 0016-0020.

2. Se o mandato dos representantes dos trabalhadores afectados pela transferência, na acepção do n.º 1 do artigo 1.º, cessar por motivo dessa transferência, os referidos representantes continuam a beneficiar das medidas de protecção previstas nas disposições legislativas, regulamentares e administrativas ou na prática dos Estados-Membros.»

II. O artigo 321.º do CT diferencia o destino dos representantes dos trabalhadores em função do destino da unidade económica transmitida, em termos aparentemente simples e claros. Assim:

– Admite-se que os representantes dos trabalhadores conservem o respectivo estatuto e função se a unidade transmitida mantiver a sua autonomia;
– Se essa autonomia se perder em virtude da incorporação da unidade económica na empresa do adquirente, distinguem-se duas situações:
– Se na empresa do adquirente não existir comissão de trabalhadores, a comissão ou subcomissão que existia na unidade transmitida mantém-se em funções por dois meses, período destinado à realização de novas eleições, ou até que estas tenham lugar, se tal ocorrer antes dos dois meses concedidos para o efeito;
– Se já existir uma comissão de trabalhadores na empresa do adquirente, a estrutura representativa que existia na unidade transmitida extingue-se.

Porém, a aparente simplicidade das soluções que decorrem da letra da lei esconde uma multiplicidade de questões que a prática tem evidenciado. O seguinte exemplo, construído com base num caso real[4], permite ilustrar alguns desses problemas:

A sociedade *X* era titular da fábrica *A*, onde empregava 500 trabalhadores. Nessa empresa existia uma comissão de trabalhadores, regularmente constituída e eleita pela colectividade desses 500 trabalhadores.

A sociedade *Y* era titular de quatro fábricas e de um centro de serviços, onde empregava um total de 3000 trabalhadores.

Em Janeiro de 2006 dá-se a fusão por incorporação da sociedade X na sociedade Y.

---

[4] A que se reporta do Acórdão da Relação do Porto de 28.05.2007, indicado na nota 1.

Duas Questões a Propósito dos Efeitos da Transferência 311

Por aplicação do regime dos artigos 318.º e ss., a sociedade adquirente (Y) passou a ocupar a posição de empregador nas relações de trabalho existentes com a sociedade alienante (X). A sociedade Y ficou então com seis estabelecimentos, com 3500 trabalhadores no total: as quatro fábricas e o centro de serviços de que já era titular, mais a fábrica da sociedade X.

A fábrica da antiga sociedade X manteve a sua autonomia, no sentido em que se conservou como um estabelecimento ou unidade económica autónoma dentro do complexo organizacional que integrava a empresa de que Y é proprietária.

Questiona-se qual o destino da comissão de trabalhadores da sociedade incorporada?

Como o estabelecimento fabril transmitido mantém a respectiva autonomia, dir-se-ia que a situação se integra na hipótese do n.º 1 do art. 321.º. A ser assim, a consequência seria que a comissão de trabalhadores da antiga sociedade X se manteria, conservando o respectivo estatuto e funções.

Sucede que essa solução não se afigura congruente com os princípios e regras que disciplinam as comissões de trabalhadores, porquanto:

– Se na sociedade adquirente já existir uma comissão de trabalhadores, ao admitir-se que a comissão de trabalhadores da unidade fabril transmitida se mantém em funções, estar-se-á necessariamente a consentir que na mesma entidade empregadora exista mais do que uma comissão de trabalhadores;

– Caso não exista comissão de trabalhadores na sociedade incorporante (como sucedia *in casu*), a permanência em funções da comissão de trabalhadores da unidade fabril transmitida irá implicar uma de duas coisas: essa comissão irá subsistir como órgão representativo apenas dos trabalhadores dessa unidade fabril ou passará a ser a comissão que representa todos os trabalhadores da nova sociedade. Ambos os resultados são, a meu ver, incompatíveis com o regime jurídico das comissões de trabalhadores.

2.2 Necessidade de interpretar o artigo 321.º do Código do Trabalho em consonância com o regime das comissões de trabalhadores

I. Para responder satisfatoriamente a situações como a descrita é indispensável ter em consideração a natureza jurídica da comissão de

312   X Congresso Nacional de Direito do Trabalho

trabalhadores e do respectivo vínculo de representação dos trabalhadores de uma determinada empresa. Com efeito, a interpretação do artigo 321.º do CT não pode ser desligada das normas que definem o estatuto jurídico da comissão de trabalhadores. Assim o impõe a unidade do sistema jurídico e a inerente recusa de soluções que impliquem contradições normativas.

E o mesmo decorre normas comunitárias, já que o primeiro parágrafo do n.º 1 do artigo 6.º da Directiva faz depender a manutenção do organismo representativo dos trabalhadores existente na empresa ou estabelecimento transmitido da verificação das "condições necessárias à formação da representação dos trabalhadores". Exigência facilmente compreensível, pois, mesmo preservando a sua autonomia, pode suceder que, após a transmissão, deixem de estar reunidas as condições indispensáveis à manutenção do organismo representativo dos trabalhadores.

Do mesmo modo, o segundo parágrafo da mesma disposição excepciona a aplicação do primeiro quando estiverem reunidas as condições necessárias para uma nova designação de representantes dos trabalhadores ou de uma nova representação dos trabalhadores. A explicação da ressalva insere-se na linha das considerações anteriores: as alterações que a transmissão provoca no substrato pessoal do órgão representativo dos trabalhadores podem forçar à designação de outros representantes, designadamente quando comprometerem a legitimidade ou a representatividade das estruturas de representação existentes.

II. A necessidade de atender às eventuais modificações da transmissão na comunidade ou colectivo de trabalhadores abrangido pelas estruturas representativas existentes, quer na empresa transmitente quer na empresa adquirente, não tem sido analisada na doutrina nacional[5].

---

[5] Mesmo nas obras mais recentes o ponto não é tratado. Alguns autores nem se referem ao art. 321.º (MONTEIRO FERNANDES, *Direito do Trabalho*, 13.ª ed., Coimbra, Almedina, 2006, p. 255-257; PEDRO ROMANO MARTINEZ, *Direito do Trabalho*, 3.ª ed., Coimbra, Almedina, 2006, p. 746-751). E os que o fazem limitam-se a uma breve recapitulação da letra do preceito (ROSÁRIO PALMA RAMALHO, *Direito do Trabalho*, Vol. II., Coimbra, Almedina, 2006, p. 671-684 e CATARINA CARVALHO, «Algumas questões sobre a empresa e o Direito do Trabalho no novo Código do Trabalho, *A reforma do Código do Trabalho*, Coimbra, Coimbra Editora, 2004, p. 470-471). Registe-se, por último a obra de JÚLIO GOMES, onde o ponto também não é tratado por se entender que a matéria se situa no domínio das relações colectivas – *Direito do Trabalho*, Vol. I, Coimbra, Coimbra Editora, 2007, p. 835.

Além de MÁRIO PINTO, a única excepção que conseguimos localizar é um trabalho de pós-graduação, não publicado, de NUNO PAIS GOMES, *Efeitos da dinâmica da (re)orga-*

Excepciona-se o ensino de MÁRIO PINTO, ainda na vigência da legislação anterior ao Código do Trabalho (artigo 37.° da LCT[6]), que nada dispunha sobre os efeitos da transmissão da empresa neste domínio.

Ao tempo vigorava a Directiva n.° 77/187/CEE, de 14.02.1977, cujo artigo 5.° já estabelecia uma ressalva dos direitos relacionados com a representação dos trabalhadores, semelhante à que foi acolhida na directiva de 2001.

Analisando a compatibilidade do direito interno com a directiva então vigente, dizia MÁRIO PINTO[7] que o regime nacional era concordante com o comunitário, na medida em que a transmissão não tinha interferência no estatuto e papel dos representantes dos trabalhadores. Mas, acrescentava: «Obviamente, se a transmissão do estabelecimento tiver como consequência a mudança dos pressupostos legais da designação e do estatuto e do papel dos representantes dos trabalhadores, então haverá lugar às modificações decorrentes da aplicação das normas gerais aplicáveis aos representantes dos trabalhadores». E rematava do seguinte modo: «Em conclusão: nunca a cessão do estabelecimento prejudica a representação dos trabalhadores; apenas poderá provocar a adequação à situação factual, se ela efectivamente mudar, mas sempre de acordo com a lei geral aplicável».

Na verdade, várias são as hipóteses em que a transmissão é susceptível de provocar uma mudança da situação factual que inviabilize a manutenção em funções dos representantes dos trabalhadores como se a transmissão não tivesse ocorrido. Assim acontece no caso em análise, como melhor se verá em seguida.

---

nização societária sobre as Estruturas de Representação Unitária dos Trabalhadores na empresa, Lisboa, UCP, 2005.

Na doutrina estrangeira pode ver-se, EDUARDO GONZÁLEZ BIEDMA, El Cambio de Titularidad de la Empresa en el Derecho Del Trabajo, Ministerio de Trabajo Y Seguridad Social, Madrid, 1989, p. 274-282.

[6] Reportamo-nos ao regime jurídico do contrato de trabalho aprovado pelo DL n.° 49 408, de 24.11.1969, usualmente referido pela sigla LCT. O regime da transmissão constava ainda do art. 9.° do DL n.° 519-C1/79, de 29.12, na redacção do DL n.° 202/92, de 02.10, no que respeitava aos efeitos no plano da regulamentação colectiva de trabalho. Nada se previa, porém, quanto aos representantes dos trabalhadores.

[7] O regime português sobre os direitos dos trabalhadores em caso de transmissão do estabelecimento é conforme à Directiva 77/187/CEE? – Estudo em intenção da Comissão das Comunidades Europeias, Lisboa, 1988, p. 23-24.

314   *X Congresso Nacional de Direito do Trabalho*

Por ora, importa realçar que uma das concretizações do que antecede se traduz na necessidade de garantir que a aplicação das regras sobre os efeitos da transmissão do estabelecimento nas estruturas representativas dos trabalhadores seja consentânea com o princípio fundamental da unicidade da comissão de trabalhadores e da sua representatividade institucional de todos os trabalhadores da mesma empresa ou entidade empregadora. Com efeito, <u>as regras da transmissão da empresa ou estabelecimento, designadamente as constantes do art. 321.º, não podem ser interpretadas e aplicadas sem atender às normas que definem o estatuto jurídico da comissões de trabalhadores, assentes no princípio da unicidade e da representação institucional.</u>

2.3 A comissão de trabalhadores como órgão de representação institucional necessária e unicitária de todos os trabalhadores de uma empresa

I. Na definição de Mário Pinto[8], um dos autores nacionais que mais desenvolvidamente estudou o tema, a comissão de trabalhadores é um «órgão de representação legal de todos os trabalhadores da empresa, ao qual se atribuem direitos de intervenção na vida da empresa».

Desenvolvendo esta noção, Bernardo Xavier define a comissão de trabalhadores como a «organização representativa dos trabalhadores de uma empresa, que se rege por estatutos próprios aprovados por aqueles e que tem por missão a defesa dos interesses dos trabalhadores e a intervenção democrática na vida da empresa»[9].

Estas noções correspondem às que é usual encontra na doutrina, ainda que, naturalmente, com diferentes formulações[10]. Delas decorre que a comissão de trabalhadores tem como traço característico essencial a sua natureza de órgão de <u>representação institucional ou necessária</u> e, consequentemente, <u>o princípio da unicidade</u>.

---

[8] Mário Pinto, *Direito do Trabalho*, Lisboa, Universidade Católica Editora, 1996, p. 230. Do mesmo Autor, além do estudo citado na nota anterior, ver *Âmbito de aplicação da legislação sobre as comissões de trabalhadores e o controlo de gestão*, Lisboa, s/d.

[9] Bernardo Xavier, *Curso de Direito do Trabalho*, Vol. I, 3.ª ed., Lisboa, Verbo, 2004, p. 401.

[10] Ver, entre as obras mais recentes: Monteiro Fernandes, *Direito do Trabalho*, cit., p. 717; Pedro Romano Martinez, *cit.*, p. 1028-1029; e Rosário Palma Ramalho, *Direito do Trabalho*, Vol. I., Coimbra, Almedina, 2005, p. 342-343.

Duas Questões a Propósito dos Efeitos da Transferência ... 315

Esta caracterização resulta directamente do regime jurídico das comissões de trabalhadores, designadamente, do artigo 54.º da Constituição e dos artigos 461.º e 464.º do CT, bem como do regime de constituição e eleição das comissões e subcomissões de trabalhadores, estabelecido nos arts. 328.º a 343.º da Lei n.º 53/2004, de 29.07[11].

A natureza institucional da comissão de trabalhadores e o vínculo de representação necessária de todos os trabalhadores da empresa estão directamente relacionados com o princípio da unicidade que preside ao respectivo regime jurídico, surgindo estas características em diversas disposições constitucionais e legais.

Quanto à Constituição, lembre-se o comentário de JORGE MIRANDA e RUI MEDEIROS[12], que destacam, em anotação ao artigo 54.º: «Desde logo, em matéria de comissões de trabalhadores vigora o princípio da unicidade, isto é, sem prejuízo da admissibilidade da criação de subcomissões em empresas com diversos estabelecimentos, consagra-se o direito de criação de uma comissão de trabalhadores por cada empresa». E a propósito da natureza e nexo de representação no confronto com as associações sindicais acrescentam: «(...) as comissões de trabalhadores representam (necessária ou institucionalmente) todos os trabalhadores da empresa e são fundamentalmente chamadas a intervir na vida da empresa. E é precisamente porque representam a totalidade dos trabalhadores da empresa que lhes cabe uma natural primazia de intervenção em todas as matérias que envolvam a ponderação da situação dos trabalhadores da empresa enquanto tais».

Vai no mesmo sentido o ensino de GOMES CANOTILHO e VITAL MOREIRA[13], ainda que em termos menos precisos[14], que a propósito referem:,

---

[11] Lei de Regulamentação do Código do Trabalho, doravante referida pela sigla RCT.

[12] *Constituição Portuguesa Anotada*, Tomo I, Coimbra, Coimbra Editora, 2005, p. 519 (sublinhados nossos).

[13] *Constituição da República Portuguesa Anotada*, 3.ª ed., Coimbra, Coimbra Editora, 1993, p. 292-293.

[14] A menor precisão que tomamos a liberdade de apontar aos ilustres constitucionalistas resulta da circunstância de o excerto reproduzido parecer inculcar a ideia de que nas empresas com vários estabelecimentos poderiam existir diversas comissões de trabalhadores, desde que em cada *estabelecimento* apenas uma fosse constituída. Ora, como adiante melhor se verá, o modelo que o legislador acolheu para as empresas com diversos estabelecimentos não consente essa hipotética leitura, pois apenas se admite que a cada estabelecimento correspondam diferentes subcomissões de trabalhadores (art. 461.º, 1

«O princípio da existência de apenas uma Comissão de Trabalhadores por empresa (ou estabelecimento) decorre directamente da sua natureza como órgãos da colectividade dos trabalhadores da empresa (ou estabelecimento), colectividade objectivamente considerada, que não resulta de um acto de organização ou associação dos trabalhadores. Os trabalhadores podem constituir ou não constituir a Comissão de Trabalhadores, e organizá-la livremente, mas não podem repartir ou fraccionar o colectivo de que ela é órgão. Em certo sentido, as comissões de trabalhadores são também órgãos de integração do conjunto dos trabalhadores de uma empresa (ou estabelecimento)».

No que respeita à lei ordinária, o princípio está consagrado no artigo 461.º, 1, do CT, que referencia o direito dos trabalhadores criarem "em cada empresa uma comissão de trabalhadores". Por outro lado, o n.º 2 do mesmo artigo prevê a situação da empresa que integre ou seja composta por diversos estabelecimentos geograficamente dispersos, estipulando que aí poderão existir subcomissões de trabalhadores, às quais caberá exercer alguns dos direitos da comissão se esta delegar o respectivo exercício [art. 354.º, 2, a), da RCT] e assegurar a ligação entre os trabalhadores dos estabelecimentos e a comissão de trabalhadores [alíneas b) e c) do mesmo preceito].

Também o regime de constituição e eleição das comissões de trabalhadores revela sem margem para dúvidas que em cada empresa só pode existir uma comissão de trabalhadores. A propósito cabe indicar, por exemplo: a regra que obriga a que a convocação da votação e os projectos de estatutos sejam subscritos por 100 ou 20% dos trabalhadores da empresa (art. 238.º, 2 e 3, da RCT); o princípio que assegura a todos os trabalhadores da empresa a capacidade para eleger e ser eleito para a

---

e 2), a quem caberá exercer os direitos que nelas forem delegados pela única comissão de trabalhadores da empresa (art. 454.º, 2, da RCT).

Note-se ainda que o modelo legislativo vigente ao tempo em que a obra em referência foi escrita era idêntico ao actual. Assim, referindo-se ao texto constitucional então vigente e à Lei n.º 46/79, de 12.09, escrevia JORGE LEITE, em 1993: "A empresa é o quadro normal da representação eleita dos trabalhadores. A unidade de representação pode, porém, ser menor, nos casos de empresas com estabelecimentos geograficamente dispersos, e pode ser superior, quando agrupe várias comissões de trabalhadores. Na primeira hipótese, permite a lei a constituição de subcomissões de trabalhadores, apreendidas como meros organismos de ligação entre os trabalhadores do estabelecimento e a comissão de trabalhadores da empresa (...).» – *Direito do Trabalho*, Serviços Sociais da Universidade de Coimbra, 1993, p. 244.

Duas Questões a Propósito dos Efeitos da Transferência 317

comissão de trabalhadores (art. 330.º da RCT); a exigência de nas empresas com vários estabelecimentos geograficamente dispersos as eleições terem lugar ao mesmo tempo (art. 334.º, 6. da RCT); e, sobretudo, a imposição de que os membros da comissão de trabalhadores sejam eleitos, de entre as listas apresentadas pelos trabalhadores da empresa segundo o princípio da representação proporcional (art. 340.º, 1, da RCT).

Destacamos o último ponto por ser um dos que melhor evidencia a unicidade das comissões de trabalhadores e a natureza necessária ou institucional do nexo de representação com todos os trabalhadores da empresa. Como explica MÁRIO PINTO[15], «A lei não quis deixar à autonomia dos trabalhadores esta matéria, porque visivelmente quis assegurar, segundo os seus próprios critérios, a *democraticidade da eleição* e a *representatividade da comissão*»; acrescentando, quando ao segundo aspecto: «Pelo que respeita à *representatividade da comissão*, principal nota é a consagração do princípio da representação proporcional, em eleição de entre listas apresentadas directamente pelos trabalhadores da empresa, subscritas no mínimo por 100 ou 10% dos trabalhadores (permanentes)[16]. Este sistema exprime a consagração implícita de um direito de tendência, que permite compaginar a *unicidade orgânica* da comissão com a *representatividade pluralista* da sua composição».

No mesmo sentido se pronunciam JORGE MIRANDA e RUI MEDEIROS[17], destacando que «a circunstância de a comissão de trabalhadores representar a totalidade dos trabalhadores da empresa parece inclusivamente postular, ao nível das próprias condicionantes constitucionais, a rejeição de um sistema maioritário que não garanta a representatividade das principais sensibilidades existentes dentro da empresa».

Importa acrescentar que o conceito de empresa aqui relevante coincide com o de entidade empregadora. É o que passamos a ver.

---

[15] *Direito do Trabalho*, cit. p. 241-242. Este texto refere-se à Lei n.º 46/79, de 12.09, mas é inteiramente aplicável no domínio da actual lei, uma vez que o art. 340.º, 1, da RCT manteve as soluções do art. 2.º, 1, da Lei 46/79.

[16] Estas considerações mantêm plena actualidade quanto à questão essencial a que se reportam, isto é, quanto à ligação entre o regime eleitoral e o sistema de representação unicitária. Há, porém, duas actualizações a fazer: a percentagem mínima passou de 10% para 20% (art. 340.º, 3, da RCT) e foi eliminado o qualificativo "permanente", cuja constitucionalidade suscitava fundadas dúvidas.

[17] *Constituição...*, cit. p. 525.

318   *X Congresso Nacional de Direito do Trabalho*

II. É sabido que não se encontrou «até hoje um conceito unitário de empresa que sirva aos vários ramos da enciclopédia jurídica que necessitam de tomar como referência a realidade empresarial». E nem no Direito do Trabalho o conceito de empresa é inequívoco[18].

O mesmo ocorre no Código do Trabalho, em que o conceito de empresa tanto surge como sinónimo de entidade personalizada, com quem o contrato de trabalho se estabelece e que assume a posição jurídica de empregador na relação de trabalho instituída por esse contrato (empresa em sentido subjectivo), como na acepção de organização (empresa em sentido objectivo).

Ainda assim, e embora não exista um conceito unitário de empresa claramente assumido no Código[19], em termos gerais, o diploma faz uma tendencial assimilação entre empresa e empregador. Neste sentido, assinala PEDRO ROMANO MARTINEZ[20] que o Código do Trabalho assenta no pressuposto de o empregador ser uma empresa», associando-se «normalmente o empregador ao titular da empresa».

Aliás, como aponta MONTEIRO FERNANDES[21], a assimilação foi até ao ponto de na parte respeitante aos *sujeitos* do contrato de trabalho (a Secção II do Capítulo I do Título dedicado ao contrato de trabalho) se ter incluído uma subsecção respeitante às *empresas*.

Note-se que não pretendemos negar nem a diversidade de sentidos do termo na legislação laboral, nem a relevância autónoma que um conceito de empresa (empresa laboral) assume no Direito do Trabalho, como propõem diversos autores, ainda que com conteúdos diferentes[22]. Assinalamos apenas que, as mais das vezes, o Código do Trabalho substitui o termo empregador por empresa, utilizando este como sinónimo de

---

[18] BERNARDO XAVIER, *O despedimento colectivo no dimensionamento da empresa*, Lisboa, Verbo, 2000, p. 19 e 369. Ver também, por exemplo, MONTEIRO FERNANDES, *Direito do Trabalho, cit.*, p. 249-253 e P. ROMANO MARTINEZ, *Direito do Trabalho, cit.* p. 396-398.

[19] Vd. BERNARDO XAVIER, *Curso…, cit.*, p. 340, texto e nota 2, assinalando que nem sequer parece «ser possível extraírem-se conclusões úteis da terminologia legal, em que – em dezenas de vezes – se refere "empresas" com acepções ou *nuances* diversas», que «porventura, acompanham as preferências terminológicas dos vários colaboradores do CT e não podem corresponder a concepções uniformes».

[20] *Direito do Trabalho, cit.* p. 137, 395 e 397

[21] *Ob. cit.*, p. 535, nota 1.

[22] Cfr., por exemplo, BERNARDO XAVIER, *Curso…, cit.*, p. 341-358, e ROSÁRIO PALMA RAMALHO, *Direito do Trabalho*, I, *cit.*, p. 313-322.

Duas Questões a Propósito dos Efeitos da Transferência 319

entidade que emprega trabalhadores subordinados. O que não impede, repete-se, que a noção de empresa seja utilizada no Código do Trabalho em diferentes acepções, sendo sempre necessário determinar qual o sentido relevante em cada caso concreto.

Para o efeito, o conceito de empresa terá de ser apurado à luz da finalidade das normas que o utilizam[23]. Assim, pensando apenas em dois dos sentidos mais frequentes e que aqui são relevantes, é perfeitamente possível que, para efeitos de uma certa disposição se deva entender a empresa como sinónimo de entidade empregadora, enquanto que para efeitos de outra norma a noção deva corresponder à de unidade produtiva ou organização de meios materiais e humanos, usualmente associada à noção de estabelecimento ou organização empresarial.

No que respeita à constituição de comissões de trabalhadores, temos por certo que a noção de empresa associada ao princípio da unicidade atrás referenciado corresponde à de entidade empregadora[24]. Assim, quando a lei estabelece que é direito dos trabalhadores criarem em cada empresa uma comissão de trabalhadores, deve entender-se que em cada entidade empregadora só pode existir uma comissão de trabalhadores.

Com efeito, o conceito relevante não pode ser o de unidade empresarial dotada de autonomia organizativa e com pessoal próprio, pois nesse caso a legislação sobre comissões de trabalhadores teria de admitir que numa mesma entidade empregadora existissem tantas comissões de trabalhadores quantas as empresas (nesse sentido) de que a pessoa jurídica em causa for titular. Ora, é inegável que a Constituição e a lei apenas viabilizam a existência de uma comissão de trabalhadores em cada empresa, como sinónimo de entidade empregadora. Admite-se apenas que, no caso de esta possuir diferentes unidades económicas ou

---

[23] Vd. BERNARDO XAVIER, *Despedimento...*, *cit.*, p. 33, assinalando os diferentes resultados hermenêuticos que podem resultar da consideração da finalidade das diversas normas.

[24] Porventura, será de acrescentar que o conceito nem sequer cobre todas entidades empregadoras, mas apenas os empregadores titulares de organizações empresariais, ainda que não necessariamente económicas. Referimo-nos à questão de saber se a lei restringe a possibilidade de constituição de comissões de trabalhadores às entidades empregadoras que correspondam ao conceito de empresa. O ponto foi já muito discutido entre nós, mas não vale a pena tratá-lo uma vez é irrelevante para a elucidação dos problemas em análise – cfr. BARBOSA DE MELO, «As fundações e as comissões de trabalhadores», *RDES*, 1979, p. 89-121 e MÁRIO PINTO, *Direito do Trabalho*, *cit.*, p. 246-248 e «Âmbito de aplicação ...», *cit.*; e JORGE MIRANDA e RUI MEDEIROS, *Constituição...*, cit., p. 520-521.

320   X Congresso Nacional de Direito do Trabalho

estabelecimentos, sejam constituídas subcomissões de trabalhadores (e não várias comissões de trabalhadores).

Como adiantámos, não temos dúvidas que o modelo adoptado na nossa legislação só admite a constituição de uma comissão de trabalhadores que represente todos os trabalhadores vinculados à mesma entidade ou pessoa jurídica. Neste sentido depõem diversos argumentos.

Desde logo e em termos gerais, a já assinalada tendencial assimilação que o Código do Trabalho fez entre empresa e empregador, usando aquele para referenciar a entidade jurídica com a qual se estabelece a relação de trabalho subordinado instituída pelo contrato de trabalho. Assim sucede também na generalidade das disposições que se referem às comissões de trabalhadores, em que o termo empresa surge como sinónimo da entidade que emprega os trabalhadores representados pela comissão.

Especialmente significativo é o regime das subcomissões de trabalhadores. Quando o art. 362.º, 2 estabelece que "nas empresas com estabelecimentos geograficamente dispersos, os respectivos trabalhadores poderão constituir subcomissões de trabalhadores", está claramente a contrapor a ideia de empresa enquanto entidade empregadora às diferentes unidades organizativas autónomas ou estabelecimentos que de que aquele pode ser titular. Para a empresa, no primeiro sentido, prevê-se a constituição de uma comissão de trabalhadores. Para os estabelecimentos, admite-se a criação de subcomissões[25].

No mesmo sentido depõe o n.º 3 do art. 362.º, onde se referem as "empresas em relação de domínio ou de grupo", sendo certo que estes conceitos só têm sentido quando aplicados a sociedades, ou melhor, a sociedades titulares de uma empresa.

Também a norma que fixa o número de membros das comissões de trabalhadores (art. 464.º) e a necessária articulação da mesma com a definição legal de diferentes "tipos de empresas" (art. 91.º) postula a equivalência, para este efeito, entre empresa e entidade empregadora titular da organização empresarial Na verdade, os conceitos de micro,

---

[25] Vem a propósito lembrar o que sobre o ponto escreveu JORGE LEITE (*Direito do Trabalho*, cit., p. 244): "A empresa é o quadro normal da representação eleita dos trabalhadores. A unidade de representação pode, porém, ser menor, nos casos de empresas com estabelecimentos geograficamente dispersos, e pode ser superior, quando agrupe várias comissões de trabalhadores. Na primeira hipótese, permite a lei a constituição de subcomissões de trabalhadores, apreendidas como meros organismos de ligação entre os trabalhadores do estabelecimento e a comissão de trabalhadores da empresa (...)».

Duas Questões a Propósito dos Efeitos da Transferência ....

média e grande *empresa* do art. 91.º apuram-se por referência à *entidade empregadora*, ao sujeito da relação laboral que emprega os diferentes números de trabalhadores[26], e não a cada uma das unidades organizativas de que aquela possa ser titular. Mas se assim é, também o mesmo terá de valer para o art. 464.º, que utiliza os conceitos do art. 91.º.

Assim, por exemplo, se certa sociedade emprega 210 trabalhadores distribuídos por três estabelecimentos, um com 10 trabalhadores, outro com 30 e outro com 240, o número de membros da comissão corresponde ao previsto para a grande empresa, com 201 a 500 trabalhadores [alínea *c*) do art. 464.º]. Certamente que ninguém defenderá que, para efeitos de criação da comissão de trabalhadores, se está perante três empresas distintas, uma microempresa, uma média e uma grande, cada qual podendo ter a sua comissão de trabalhadores, a primeira com 2 membros, a segunda com 3 e a terceira com 3 a 5. O que conta é, como diz MONTEIRO FERNANDES, o "efectivo global"[27]. No caso a solução seria obviamente a de admitir a criação de uma só comissão de trabalhadores para toda a (grande) empresa, com 3 a 5 membros, e a constituição de uma subcomissão com três membros no estabelecimento com mais pessoal [art. 465.º, 1, *a*)], sendo nos outros as funções da subcomissão asseguradas por um só trabalhador (art. 465.º, 2).

Por último, refira-se o regime eleitoral da comissão de trabalhadores, onde se exige que em empresas com estabelecimentos geograficamente dispersos, a votação se realize em todos eles ao mesmo tempo – art. 334.º, 5. Esta exigência só tem sentido no pressuposto de que a comissão será eleita por todos os trabalhadores do mesmo empregador ou titular da empresa, ainda que pertençam a diferentes unidades organizacionais ou estabelecimentos.

III. Em resumo, do regime jurídico das comissões de trabalhadores decorrem as seguintes características essenciais desta forma de organização e representação dos trabalhadores nas empresas:
 – Trata-se de um órgão de representação institucional necessária da totalidade dos trabalhadores de uma empresa ou entidade empregadora;

---

[26] Lembre-se que o art. 91.º faz parte da secção dedicada aos sujeitos do contrato de trabalho, traduzindo a já mencionada assimilação entre empregador e empresa que o Código deliberadamente adoptou como pressuposto da relação laboral comum, em que o empregador é encarado como uma empresa – P. ROMANO MARTINEZ, *ob. cit.*, p. 397.

[27] *Ob. cit.*, p. 717.

322   X Congresso Nacional de Direito do Trabalho

– Precisamente porque representa todos os trabalhadores da empresa, apenas existe uma comissão de trabalhadores em cada empresa;
– Sendo essa única comissão eleita por todos os trabalhadores vinculados à mesma entidade empregadora ou empresa, no sentido em que todos os trabalhadores, independentemente dos estabelecimentos em que prestem serviço, têm direito a participar na eleição e a serem eleitos para a mesma;
– Eleição que tem de ser realizada a partir de listas apresentadas pelos trabalhadores da empresa e segundo o princípio da representação proporcional, de modo a compatibilizar a unicidade orgânica da comissão com a representatividade pluralista da sua composição.

2.4 Efeitos da fusão nas estruturas representativas dos trabalhadores da sociedade incorporada. Distinção das situações do n.º 1 e do n.º 2 do art. 321.º e contraposição dos conceitos de autonomia da unidade transmitida e de incorporação no adquirente.

I. Como se lembrou, as soluções vertidas no artigo 321.º assentam na distinção entre as hipóteses em que a unidade económica transmitida mantém a respectiva autonomia e aquelas em que essa unidade é incorporada no adquirente, perdendo a respectiva autonomia.

Às primeiras aplica-se o n.º 1, que consente a manutenção em funções dos representantes dos trabalhadores afectados pela transmissão.

As segundas ficam sujeitas ao n.º 2, havendo então que estabelecer nova distinção. Se no adquirente não existir comissão de trabalhadores, a comissão ou subcomissão da unidade transmitida mantêm-se em funções, por um período de dois meses, eventualmente prorrogável por mais dois. Existindo comissão de trabalhadores na entidade adquirente, não se prevê a conservação em funções da comissão ou subcomissão de trabalhadores da unidade incorporada.

Voltando ao caso em análise, em que não existia comissão de trabalhadores na sociedade incorporante, se apenas se atender à letra da lei, dir-se-ia que a resposta seria simples, bastando averiguar se a unidade económica detida pela sociedade incorporada mantinha ou não a respectiva autonomia. Porém, a solução não é assim tão simples, pois antes há

Duas Questões a Propósito dos Efeitos da Transferência 323

que precisar o que se entende por autonomia da unidade transmitida para efeitos do art. 321.º Mais exactamente, impõe-se aferir, com o devido rigor, em que se traduzem os conceitos chaves para aplicar o artigo 321.º, confrontado a noção de <u>autonomia</u> da unidade transmitida do n.º 1 com a de <u>incorporação</u> na unidade adquirente do n.º 2.

II. Sublinhe-se, em primeiro lugar, que a ideia de autonomia da unidade económica transmitida não é assimilável à de unidade económica *autónoma*, cuja transmissão provoca os efeitos estabelecido no artigo 318.º. Se assim fosse, e como já ficou dito, chegar-se-ia a resultados incongruentes com o regime jurídico das comissões de trabalhadores, contradizendo os princípios da unicidade e da representação da totalidade dos trabalhadores vinculados à mesma entidade empregadora.

Explicando melhor: quando se aplica o art. 321.º não se trata de saber se a unidade económica transmitida constitui uma unidade autónoma no sentido pressuposto no art. 318.º. O que importa é saber se, para <u>a aplicação do art. 321.º, 1,</u> se deve considerar que essa unidade manteve a respectiva autonomia em moldes que possibilitem a conservação em funções da estrutura representativa dos trabalhadores aí existente, sem violação do regime jurídico próprio dessa estrutura.

O que significa que <u>o conceito de autonomia relevante para este efeito específico – para a aplicação do regime do art. 321.º – não pode ser desligado das finalidades que a norma prossegue: a manutenção em funções dos órgãos representativos dos trabalhadores.</u>

A esta luz, o que releva não é saber se as unidades económicas anteriormente detidas pelas sociedades incorporadas constituíam unidades económicas (autónomas) no sentido do art. 318.º, 4. Mas sim se, após a transmissão dessas unidades, se pode considerar que as mesmas mantêm a <u>autonomia necessária para que as comissões de trabalhadores existentes em cada uma dessas sociedades possam continuar em funções.</u>

Assim colocado o problema, já se antevê que a resposta só se alcança tendo presente o regime jurídico das comissões de trabalhadores, pois não será admissível obter conclusões contraditórias com esse mesmo regime.

Em suma: o conceito de autonomia aqui relevante tem de ser apurado em função do fim que se lhe pretende associar. Este, por sua vez, depende da disciplina jurídica a que tem de obedecer o órgão representativo dos trabalhadores cuja conservação em funções se questiona. Se esse órgão é uma comissão de trabalhadores, só se podem ter como preenchidas as condições indispensáveis à sua manutenção em funções se o

324 X Congresso Nacional de Direito do Trabalho

estabelecimento transmitido puder ser considerado como uma empresa, no sentido que o termo têm nas normas que se referem à comissão de trabalhadores. O que, tendo presente o princípio da unicidade e da representação de todos os trabalhadores da mesma empresa vigente no nosso Direito, equivale a dizer que a comissão de trabalhadores da unidade transmitida só se poderá manter no caso de essa unidade configurar uma empresa (autónoma), isto é, uma entidade empregadora em si mesma.

O que fica dito tem relevantes aplicações, não apenas quanto ao destino das comissões de trabalhadores das sociedades incorporadas, mas também relativamente à comissão de trabalhadores da sociedade incorporante. Na verdade, após o processo de fusão, só será viável manter qualquer uma das comissões de trabalhadores das sociedades fusionadas se se apurar que estão preenchidos os pressupostos e reunidas as condições que a lei exige para o efeito.

Essa é, aliás, a solução do direito comunitário, dada a ressalva da parte final do n.º 1 do art. 6.º da Directiva, que faz depender a manutenção em funções da estrutura de representação dos trabalhadores da conservação das condições necessárias à formação dessa mesma representação.

Olhando para o problema na perspectiva do direito português, e concentrando a análise na situação que nos tem servido de exemplo, dir-se-á que, em tese, existem duas soluções possíveis: considerar que a comissão de trabalhadores da sociedade incorporada se mantém em funções por força do n.º 1 do art. 321.º; ou que a mesma terá de se ter por extinta quando se esgotar o período de dois meses estabelecido no n.º 2 do art. 321.º.

2.5 Aplicação do n.º 1 do artigo 321.º do Código do Trabalho

I. Entendendo-se que a situação se enquadra no n.º 1 do art. 321.º, estar-se-á a atribuir à norma um duplo efeito:
– Por um lado, manter em funções a Comissão de Trabalhadores da sociedade incorporada;
– Por outro, transformar essa comissão em órgão representativo dos trabalhadores da sociedade adquirente.

Sucede que estas soluções são incompatíveis com a fisionomia jurídica das comissões de trabalhadores. Estas são órgãos de represen-

Duas Questões a Propósito dos Efeitos da Transferência 325

tação institucional necessária da totalidade dos trabalhadores de uma empresa, entendendo-se o termo empresa como sinónimo de entidade empregadora que é titular da empresa. À luz da natureza e características essenciais da comissão de trabalhadores, a aplicação do n.º 1 do art. 321.º só poderia ser atendida se a fábrica da sociedade incorporada, transmitida para a sociedade incorporante, pudesse ser considerada como a empresa de que esta é titular e na qual seria possível constituir uma (mas só uma) comissão de trabalhadores.

Ora, no caso em apreço tal não acontece, pois a empresa de que a sociedade incorporante é titular não coincide com a unidade fabril em causa. Esta é apenas um dos estabelecimentos que compõem a empresa adquirente, na qual se integram ainda outras unidades fabris e uma unidade de serviços. É a esse conjunto ou empresa que a lei reporta a possibilidade de criação de uma comissão de trabalhadores.

II. Aliás, aplicar o n.º 1 do art. 321.º e manter em funções a CmT existente na unidade transmitida, agora nas vestes de CmT de toda a empresa adquirente implicaria uma frontal violação das regras que regem a constituição de comissões de trabalhadores.

Vem a propósito lembrar que a lei teve o cuidado de ressalvar os aspectos relacionados com a representatividade dos órgãos que permanecem em funções nos estabelecimentos ou unidades económicas objecto de transmissão. Assim, nas situações do n.º 3 do art. 321.º, em que se admite que permaneça em funções a subcomissão de trabalhadores que existia no estabelecimento transmitido, quando este perder a sua autonomia por ter sido integrado na empresa adquirente, onde não exista comissão de trabalhadores. Neste caso, permite-se que a subcomissão de trabalhadores exerça os direitos próprios das comissões de trabalhadores, por um período de dois meses. A solução compreende-se, na medida em que na empresa adquirente não há comissão de trabalhadores e assim se evita que os trabalhadores que já tinham um órgão representativo fiquem sem qualquer representação.

Mas esta solução tem duas importantes restrições: a subcomissão temporariamente "transformada" ou "convertida" em comissão de trabalhadores só pode assumir esta qualidade pelo período limitado de dois meses (n.º 2 do art. 321.º); e mesmo nesse período só representa os trabalhadores do estabelecimento transmitido (n.º 3 do art. 321.º).

Ora, se neste caso a lei teve a preocupação de não permitir que a subcomissão "transformada" em comissão assumisse a representação de

326 *X Congresso Nacional de Direito do Trabalho*

todos os trabalhadores da empresa adquirente, não faria qualquer sentido admitir que uma comissão de trabalhadores que apenas foi eleita pelos trabalhadores da empresa transmitida passasse a assumir a representação de todos os trabalhadores da empresa adquirente.

III. Para ultrapassar estas dificuldades, já se defendeu que a comissão de trabalhadores da sociedade incorporada subsistiria, mas apenas como órgão representativo dos trabalhadores da unidade económica de que aquela era titular.

Foi essa a solução acolhida pelo Tribunal da Relação do Porto[28], admitindo expressamente que tal poderia conduzir, "em casos de fusões múltiplas de unidades económicas que mantiveram a sua autonomia, à existência de diversas comissões de trabalhadores na mesma entidade empregadora, assim contrariando o princípio da unicidade de uma comissão por entidade." Resultado que o Tribunal considerou ter sido aceite pelo legislador, que teria preferido "essa situação, que será temporária, à falta de representação dos trabalhadores, em virtude de vicissitudes a que não deram causa, mas que decorrem do desenvolvimento económico".

Salvo o devido respeito, creio que esta solução faz errada interpretação e aplicação da lei. Desde logo porque contraria frontalmente a lei, desconsiderando o princípio da unicidade. Em segundo lugar, porque afirma que a situação será temporária, sem no entanto indicar como ou quando a mesma se deixa de aplicar. Finalmente, porque esquece que o resultado que se pretende alcançar é garantido pela aplicação do n.º 2 do art. 321.º, como se verá já em seguida.

2.6 Aplicação do n.º 2 do artigo 321.º do Código do Trabalho

I. Não se mostrando viável enquadrar a situação em apreço no n.º 1 do art. 321.º, nem por isso a mesma fica sem resposta no quadro do nosso Ordenamento.

A solução decorre directamente do n.º 2 do artigo, que permite resolver com inteira justiça as situações como a presente, em moldes plenamente compatíveis com as exigências da Directiva n.º 2001/23/CEE e com os traços característicos essenciais que as comissões de trabalhadores têm no direito interno português.

---

[28] Acórdão de 28.5.2007, atrás citado.

O n.º 2 do art. 321.º trata dos casos em que a empresa ou estabelecimento transmitido é "incorporado" (na expressão da lei) na empresa adquirente. Como explicámos, entendemos que a expressão surge aqui por contraposição à manutenção da autonomia que figura no n.º 1. Autonomia não no sentido de a unidade económica transmitida configurar uma realidade autonomizável (como estabelecimento) no seio da empresa adquirente, mas no sentido exigido pelo regime aplicável ao órgão de representação dos trabalhadores cuja viabilidade de manutenção em funções se tem de apurar.

Se a unidade económica transmitida perde a autonomia necessária para que o órgão representativo em questão se possa conservar em funções, a situação passa a ser regida pelo n.º 2 do art. 321.º.

A previsão desta norma corresponde exactamente à situação em análise: a fábrica transmitida foi incorporada na empresa do adquirente, isto é, passou a constituir um estabelecimento dentro da empresa de que a sociedade Y é titular, ao lado dos demais estabelecimentos que esta já possuía.

Como na empresa do adquirente não existia comissão de trabalhadores, possibilita-se a manutenção em funções do único órgão de representação que existe no momento da transmissão, ou seja, a comissão de trabalhadores constituída na empresa transmitida.

II. Porém, essa manutenção está limitada no tempo, pois de outro modo subsistiria em termos intoleráveis o problema de representatividade que a subsistência da comissão de trabalhadores inevitavelmente suscita.

Na verdade, não pode esquecer-se que essa comissão de trabalhadores foi criada para assumir a representação, necessária e unicitária, de uma colectividade de trabalhadores diferente daquela que existe na empresa adquirente, tal como a mesma passou a ser configurada depois da transmissão.

Trata-se, pois, de uma comissão que, verdadeiramente, não tem a representatividade que a Constituição e a lei exigem às comissões de trabalhadores, pois apenas foi eleita por uma fracção dos trabalhadores que, após a transmissão, passaram a constituir a colectividade dos trabalhadores da empresa resultante dessa transmissão.

A manutenção em funções surge assim como um mal menor, que o legislador tolera para evitar que os trabalhadores deixem de ter qualquer órgão que os represente.

Mas a solução vale apenas por dois meses.

328   *X Congresso Nacional de Direito do Trabalho*

Portanto, por um período curto, durante o qual a lei concede aos trabalhadores – à totalidade dos trabalhadores que integram a empresa resultante da transmissão – a faculdade de tomarem uma de duas decisões:

- Ou decidem continuar a ter uma comissão de trabalhadores, caso em que dispõem de dois meses para promover a criação de uma nova comissão que todos tenham a possibilidade de eleger e de para ela serem eleitos e que a todos represente;
- Ou preferem não ser representados por qualquer comissão de trabalhadores, caso em que não promoverão a respectiva criação, cessando a existência da comissão anterior quando se perfizer o período de dois meses consagrado na lei.

Mas aquilo que a lei não concede – nem podia conceder, sob pena de violação das normas constitucionais que se referem à comissão de trabalhadores e de contradição insanável com as regras legais que regem a mesma matéria – é que a comissão de trabalhadores que existia na empresa transmitida continue a representar a colectividade dos trabalhadores da empresa adquirente, sem qualquer limite de tempo.

III. Ainda a este propósito, cremos que vale a pena comparar a solução estabelecida para as hipóteses do n.º 2 do art. 321.º com a que dessa mesma norma implicitamente se retira para os casos em que já existe uma comissão de trabalhadores na empresa adquirente.

Referimo-nos às situações em que a unidade transmitida é incorporada na empresa adquirente e nesta existe comissão de trabalhadores. A lei não diz expressamente o que sucede à comissão de trabalhadores que existia na empresa transmitida, mas a solução deduz-se, *a contrario*, do artigo 321.º.

Nesses casos, a comissão de trabalhadores que existe no adquirente subsiste e passa a representar todos os trabalhadores (também os que foram transmitidos), extinguindo-se imediatamente a comissão de trabalhadores da incorporada, sem o período de espera de dois meses do n.º 2. Trata-se da única solução compatível com o princípio da unicidade, que impõe que em cada empresa só exista uma comissão de trabalhadores. Tendo de escolher, escolheu-se a comissão da empresa que subsiste, já que a anterior desaparece sendo incorporada ou absorvida pela empresa adquirente.

Duas Questões a Propósito dos Efeitos da Transferência 329

Notar-se-á, porventura, que a solução não é isenta de críticas, designadamente quando o número de trabalhadores integrado na nova empresa for claramente superior ao que prestavam serviço na empresa adquirente. Nessa eventualidade, poderá entender-se que existe um défice de representatividade da comissão de trabalhadores que subsiste, já que os trabalhadores oriundos da empresa incorporada não participaram nas respectivas eleições.

Será por exemplo o caso de uma sociedade com 100 trabalhadores incorporar outra com 600 trabalhadores, em que exista comissão de trabalhadores nas duas sociedades. A letra da lei aponta para a possibilidade de a comissão da incorporante se manter em funções, extinguindo-se a comissão de trabalhadores da incorporada. Mas, em casos como este, creio que é legítimo entender, fazendo uma interpretação conforme ao direito comunitário, que deixam de estar reunidas as condições para que qualquer uma das comissões subsista.

3. Breves notas acerca da oposição do trabalhador à transmissão do contrato de trabalho para o adquirente da empresa ou estabelecimento

A extensão das considerações feitas a propósito do art. 321.º forçam a que o tratamento desta outra questão seja feito de forma sumária, destacando apenas os pontos que nos parecem essenciais.

3.1 O entendimento tradicional: não reconhecimento de um direito de oposição à transferência, salvo casos excepcionais, enquadráveis na resolução com justa causa por iniciativa do trabalhador.

I. A tese tradicionalmente aceite entre nós considera que a transmissão da posição contratual – ou o ingresso do adquirente na posição de empregador que era ocupada pelo alienante – é um efeito legal que as partes não podem em princípio evitar, salvo através do recurso aos meios de desvinculação normais. Neste entendimento, não se reconhece que o trabalhador se possa opor à transmissão do vínculo pelo simples facto de não pretender que o mesmo continue com a entidade adquirente, forçando a manutenção do contrato com o empregador original.

330   *X Congresso Nacional de Direito do Trabalho*

Assim, se o trabalhador não quiser acompanhar o destino do estabelecimento onde presta serviço terá, em regra, de lançar mão da denúncia do respectivo contrato, mediante o aviso prévio normalmente exigido.

O que antecede não impede que se reconheça a possibilidade de, em situações particulares, o trabalhador exercer o direito de resolver o contrato com justa causa. Assim será, designadamente, se a transmissão é feita para entidade manifestamente inidónea com o intuito de evitar o pagamento de indemnizações, se aquele concreto trabalhador tem uma incompatibilidade objectivamente reconhecível com o novo empregador ou, ainda, se a situação tiver sido objecto de previsão contratual em que se garanta a não transmissão do vínculo a outra entidade. Nestes casos, têm-se admitido que a resolução possa enquadrar-se no n.º 2 do art. 441.º, conferindo direito a indemnização, desde que o trabalhador faça prova dos factos constitutivos da situação de justa causa[29].

Já se tem também defendido, ainda dentro do entendimento que podemos apelidar de tradicional, que o trabalhador pode resolver o contrato com justa causa objectiva (art. 441.º, n.º 3), com o efeito de o dispensar da concessão de aviso prévio, mas sem conferir direito a indemnização[30]. Pela minha parte admito que assim seja, mas como bem observa ROMANO MARTINEZ[31], julgo que o fundamento da resolução não pode ser a transmissão em si mesma e por si só, sendo necessário que o trabalhador invoque uma justa causa, ou seja, em regra, uma "alteração substancial e duradoura das condições de trabalho", tal como referido na alínea a) do n.º 3 do art. 443.º.

II. A este propósito, cabe lembrar[32] que a solução do art. 318.º nada tem a ver com uma suposta «coisificação» do trabalhador, como por vezes se afirma[33]. Antes pelo contrário, a imposição da manutenção dos vínculos laborais com o adquirente do estabelecimento é um importante

---

[29] P. ROMANO MARTINEZ, *Direito do Trabalho*, cit., p. 747 e ROSÁRIO PALMA RAMALHO, *Direito do Trabalho*, II, cit., p. 677.

[30] Por exemplo, ROSÁRIO PALMA RAMALHO, *ob e loc. ult. cit.*

[31] *Idem, ibidem.*

[32] Servimo-nos neste ponto do excerto de um parecer (não publicado) que elaborámos com BERNARDO XAVIER.

[33] JÚLIO GOMES, «O conflito entre a jurisprudência nacional e a jurisprudência do Tribunal de Justiça das Comunidades Europeias em matéria de transmissão do estabelecimento no Direito do Trabalho: o art. 37º da LCT e a directiva de 14 de Fevereiro de 1977, 77/187/CEE», *RDES*, 1996, pág. 83.

Duas Questões a Propósito dos Efeitos da Transferência   331

corolário do princípio da segurança no emprego e da estabilidade dos vínculos laborais, ao qual, como é geralmente reconhecido, está subjacente, a consideração do trabalhador como pessoa, já que «a garantia da estabilidade de emprego é a caução do sustento do trabalhador e de sua família e um penhor de segurança de existência»[34].

Acresce que a manutenção de *todos* esses vínculos e, portanto, de um conjunto, hierarquizado mas solidário, permite não só manter viva a ideia de pertença à equipe e a constância das relações interpessoais dos trabalhadores, mas a própria estrutura representativa destes (comissões de trabalhadores, comissões sindicais e intersindicais).

Em suma, a transmissão *ope legis* da relação contratual surge como uma medida indispensável à protecção do trabalhador, pois é a única que lhe permite garantir a continuação do posto de trabalho e a sua ocupação e ainda as outras ligações que mantém com o estabelecimento. Se assim não fosse, nos casos de transmissão do estabelecimento, a não imposição da manutenção dos contratos de trabalho com o adquirente conduziria à inevitável extinção dos vínculos laborais até então existentes, já que o antigo titular do estabelecimento ficaria na posição de não mais poder receber o trabalho daqueles que aí prestavam serviço. A situação seria assim idêntica à de um encerramento definitivo da empresa ou estabelecimento, que, como é sabido, conduz à cessação dos contratos de trabalho, seja através de um despedimento colectivo seja como causa de caducidade[35].

Por outro lado, a solução em apreço é justificada por interesses que transcendem os próprios sujeitos da relação individual de trabalho, pois surge como um elemento indispensável à negociabilidade das empresas ou estabelecimentos e ao funcionamento do mercado, permitindo que as unidades produtivas sejam transmitidas *como um todo em funcionamento*, do qual faz parte o sistema de relações de trabalho que aí se desenvolve (com a sua hierarquia, *know how,* espírito de equipe, integração no meio, etc.) e que constitui parte integrante desse todo e como tal um valor que não pode deixar de ser levado em conta.

---

[34] BERNARDO LOBO XAVIER, *Curso de Direito do Trabalho*, 2.ª ed., Verbo, Lisboa, 1996, p. 449.

[35] Tanto assim é que nas situações em que se conclui não ter ocorrido uma verdadeira transmissão do estabelecimento, relevante para efeitos de aplicação do art. 37º da LCT, mas em que se verifica a total desactivação da unidade produtiva em causa, os tribunais acabam por aplicar o regime jurídico do despedimento colectivo — cfr., por exemplo, o Ac. do STJ de 2/10/96 (*CJ-STJ*, 1996, Tomo III, págs. 236 e ss.)

332   X Congresso Nacional de Direito do Trabalho

3.2 A jurisprudência comunitária e a tese que defende o direito de oposição do trabalhador

I. Os autores que defendem posição diversa da exposta no ponto anterior[36] invocam a jurisprudência comunitária, designadamente os Acórdãos *"Katsikas"*[37], *"Merckx"*[38] e *"Europièces SA"*[39]. Pela minha parte, julgo que as decisões do Tribunal de Justiça estão longe de poderem fundamentar as soluções que têm sido defendidas a propósito do reconhecimento de um alegado direito do trabalhador se opor à transmissão do seu contrato de trabalho, até porque a Directiva Comunitária não estabelece quais as consequências que poderão advir dessa oposição.

Na verdade, o que efectivamente é afirmado na jurisprudência comunitária pode ser sintetizado como segue:

– A directiva não pode ser interpretada como obrigando o trabalhador a manter a relação de trabalho com o cessionário, pois uma tal obrigação poria em causa os direitos fundamentais do trabalhador, que deve ser livre de escolher a sua entidade patronal e não pode ser obrigado a trabalhar para uma entidade patronal que não escolheu livremente;

– Daqui resulta que as disposições da directiva não constituem obstáculo a que um trabalhador decida opor-se à transferência do seu contrato ou da sua relação de trabalho e, desse modo, não beneficie da protecção que lhe concede a directiva;

---

[36] JÚLIO GOMES, ob. cit. na nota 33, «A Jurisprudência recente do Tribunal de Justiça das Comunidades Europeias em matéria de transmissão de empresa, estabelecimento ou parte de estabelecimento – inflexão ou continuidade?», in, *Estudos do Instituto de Direito do Trabalho*, Vol. I, Almedina, Coimbra, 2001, p. 481-525, e *Direito do Trabalho*, cit. p. 828; CATARINA CARVALHO, «Admissibilidade de um acordo entre transmitente e transmissário no sentido de excluir a transmissão de contratos de trabalho», *QL*, 2003, n.º 21, 99-103, e «Algumas questões sobre a empresa e o direito do trabalho no novo Código do Trabalho», *A reforma do Código do Trabalho*, Coimbra Editora, Coimbra, 2004, p. 471 e ss.; LIBERAL FERNANDES, «Harmonização social no Direito Comunitário: A Directiva 77/187/CEE, relativa à transferência dos trabalhadores da empresa. Suas implicações no direito português», in, *Ab Vno Ad Omnes – 75 Anos da Coimbra Editora* (Coimbra, 1998), p. 1323 a 1354 e «Transmissão do estabelecimento e oposição do trabalhador à transferência do contrato: uma leitura do art. 37.º da LCT conforme o direito comunitário», *QL*, n.º 14, págs. 213-240 (Comentário ao Ac. STJ de 30.06.99).

[37] Acórdão de 16.12.1992, *Colectânea de Jurisprudência, 1992 página I-6577*.

[38] Acórdão de 7.03.1996, *Colectânea de Jurisprudência, 1996 página I-1253*.

[39] Acórdão de 12.11.1998, *Colectânea de Jurisprudência 1998 página I-6965*.

Duas Questões a Propósito dos Efeitos da Transferência 333

– Na hipótese de o trabalhador decidir livremente não continuar o contrato ou a relação de trabalho com o cessionário, a directiva não obriga os Estados-membros a determinar que o contrato ou relação de trabalho se mantenham com o cedente. Nessa hipótese, compete aos Estados-membros decidir do destino reservado ao contrato ou à relação de trabalho;

– Os Estados-membros podem prever que, neste caso, o contrato ou a relação de trabalho devam ser considerados como rescindidos, quer por iniciativa do empregado quer por iniciativa da entidade patronal. Podem também prever que o contrato ou a relação de trabalho se mantenham com o cedente.

II. Considero que esta posição é claramente compatível com o entendimento tradicional, pois dela não resulta que as legislações nacionais tenham de reconhecer que a oposição do trabalhador à transmissão seja garantida através do reconhecimento do direito a resolver o contrato com justa causa. E, muito menos, mediante o direito de permanecer ao serviço do primitivo empregador, exigindo a colocação noutro posto de trabalho, ou a aplicação, directa ou por analogia, do regime de qualquer causa de cessação por iniciativa do empregador, acompanhado do pagamento de uma compensação. Como diz o Tribunal de Justiça, os Estados--Membros são livres de decidir que a cessação do contrato associada à vontade do trabalhador não permanecer ao serviço do adquirente do estabelecimento se fica a dever à iniciativa do empregado ou do empregador.

Neste quadro, e não existindo no Direito português qualquer disposição legal que verse sobre o ponto, julgo que a solução terá de ser encontrada a partir da aplicação das regras gerais sobre cessação do contrato de trabalho, nos moldes sumariamente referidos no ponto anterior. Qualquer das soluções aí aventadas para as diferentes hipóteses consideradas me parecem compatíveis com o Direito comunitário, desde a denúncia com aviso prévio à resolução com justa causa, objectiva ou fundada em comportamento ilícito do empregador.

III. Os nossos tribunais superiores inclinavam-se para a tese tradicional[40]. Contudo, alguns arestos mais recentes[41] parecem ter vindo pôr

---

[40] Cfr., em especial, Acórdão do STJ de 30.06.1999 (texto acessível em www.dgsi.pt).

[41] Acórdão da Relação de Lisboa de 29.09.2004 (texto acessível em www.dgsi.pt e também publicado na *CJ*, 2004, IV, pp. 158-161); e Acórdãos do Supremo Tribunal de Justiça de 27.05.2004 e de 29.06.2005 (ambos acessíveis em www.dgsi.pt).

em causa esse entendimento, sustentando que se devia reconhecer um direito de oposição, no sentido em que o trabalhador não poderia ser forçado a manter relação com o adquirente, alicerçando essa posição na jurisprudência comunitária.

A verdade, porém, é que tais decisões não se pronunciam sobre o ponto essencial em discussão, pois não decidiram sobre o conteúdo e os efeitos da oposição do trabalhador à transmissão. Os acórdãos em apreço (todos relativos à mesma operação de transmissão) concluíram que, nos casos apreciados, a oposição dos trabalhadores havia sido tardia e antecedida por uma aceitação tácita da mudança de empregador, não tendo, por isso, aceitado a oposição. Quanto ao mais, limitaram-se a adiantar que a oposição sempre se teria de restringir ao contrato de trabalho do oponente, não podendo ter por objecto a operação de transmissão em si mesma (o que, aliás, tanto quanto sabemos, ninguém defende).

Assim sendo, penso que não se pode dizer que estas decisões acolheram a tese que defende o reconhecimento de um direito de oposição do trabalhador, tal como propugnado por alguns autores. Uma vez que nada se decidiu quanto ao conteúdo e os efeitos de uma eventual oposição do trabalhador, permanece espaço para defender qualquer uma das soluções acima referenciadas, desde a que reconduz aquela oposição ao exercício do direito de denúncia com aviso prévio, até às teses que apelam à resolução com justa causa, com ou sem compensação, e mesmo as soluções mais radicais que apontam para a aplicação do regime do despedimento ou da caducidade do contrato de trabalho.

III. Pela minha parte, creio que a solução correcta continua a ser a que ficou enunciado no ponto 3.1. Não excluo, todavia, que a jurisprudência comunitária conduza ao reconhecimento, com carácter de generalidade, de um direito de resolução com justa causa, sem necessidade de aviso prévio, mas desacompanhado do pagamento de qualquer compensação.

Mas tenho por certo que nem o Direito comunitário nem o Direito nacional contêm disposições, ou sequer princípios jurídicos, que permitam sustentar que a transmissão do estabelecimento, em si mesma, constitui fundamento suficiente para que o empregador possa ser obrigado ao pagamento de qualquer compensação no caso de o trabalhador optar por resolver o contrato. E ainda menos me parece defensável que a oposição à transmissão seja reconduzida a um despedimento por iniciativa do empregador ou dar origem a uma pretensão válida de colocação noutro posto de trabalho, sendo certo, aliás, que nenhum dos autores que sugerem tais soluções apontam fundamentos normativos que as sustentem.

DIA 17 DE NOVEMBRO DE 2006

11h 30m

TEMA VI

FRAUDE À LEI E FLEXIBILIDADES LABORAIS

Presidência
Dr. José Matos Correia
Deputado à Assembleia da República
Presidente do Grupo Parlamentar de Ética

Prelectores
Prof. Doutor Jorge Leite
Faculdade de Direito da Universidade de Coimbra
Mestre Albino Mendes Baptista
Universidade Lusíada
Mestre Guilherme Machado Dray
Faculdade de Direito da Universidade Clássica de Lisboa
Mestre Luís Miguel Monteiro
Instituto Superior de Ciências Sociais e Políticas e Advogado

LOCAL DE TRABALHO,
CLÁUSULAS DE MOBILIDADE GEOGRÁFICA
E CLÁUSULAS DE SEDENTARIZAÇÃO

Albino Mendes Baptista

Assistente da Faculdade de Direito
da Universidade Lusíada de Lisboa
Mestre em Direito

LOCAL DE TRABALHO, CLÁUSULAS DE MOBILIDADE GEOGRÁFICA E CLÁUSULAS DE SEDENTARIZAÇÃO[1][2]

ALBINO MENDES BAPTISTA

*Assistente da Faculdade de Direito
da Universidade Lusíada de Lisboa
Mestre em Direito*

Em 1.º lugar, cumprimento os Srs. Prelectores desta sessão, bem como todos os Srs. Congressistas, e agradeço o convite que me foi dirigido para participar neste Congresso, felicitando os seus organizadores. A realização de 10 Congressos Nacionais é obra que merece ser bem realçada. Parabéns, por isso, caro colega Professor António José Moreira.

I

Foi-me atribuído, uma vez mais, o tema "Local de Trabalho e Mobilidade Geográfica". A este propósito gostaria de voltar às "cláusulas de mobilidade geográfica", sobre as quais há ainda muitos aspectos sobre os quais importa reflectir, tanto mais que estou integrado num painel sobre "Fraude à lei e flexibilidades laborais".

---

[1] *Corresponde à intervenção feita no X Congresso Nacional de Direito do Trabalho, que teve lugar em Lisboa, nos dias 16 e 17 de Novembro de 2006.*
O essencial do presente texto foi também publicado no *Prontuário de Direito do Trabalho*, Centro de Estudos Judiciários, n.º 73, 2007, sob o título "Ainda as cláusulas de mobilidade geográfica".

[2] Remete-se para ALBINO MENDES BAPTISTA, *Estudos sobre o Código do Trabalho*, 2.ª ed., Coimbra, 2006, pp. 119 e ss.

340 X Congresso Nacional de Direito do Trabalho

Como se sabe, o Código do Trabalho continua a consagrar, entre as garantias do trabalhador, a proibição do empregador o transferir para outro local de trabalho[3]. E bem, uma vez que o local de trabalho faz parte do "núcleo duro"[4] do contrato.

Mas como, nos termos do n.º 3 do art.º 315.º do CT, por estipulação contratual as partes podem alargar (ou restringir) a faculdade conferida ao empregador de transferir o trabalhador, ter-se-á, numa *leitura potenciadora*, de procurar um sentido útil para aquela garantia.

Julgo que constitui um erro de análise partir, nesta matéria como noutras, de afirmações genéricas e de sentido absoluto. As cláusulas de mobilidade geográfica não são, numa espécie de fatalidade, o exercício de um "puro critério do empregador"[5].

É evidente que a análise desta matéria depende de opções de fundo, a realizar, em primeira via, pelo legislador, e depois pelo intérprete.

Depende desde logo do lugar que se pretende deixar à intervenção contratual, nomeadamente à autonomia colectiva. Se se pretende uma ordenação imperativa, fechada, desconfiada das potencialidades da contratação colectiva e assente numa visão *unitária* do trabalhador, então a margem de actuação contratual será muito reduzida. Se, pelo contrário, se se aceitar uma ordenação legal com um núcleo irredutível de direitos, mas permitindo aberturas contratuais condicionadas, nomeadamente por princípios e institutos de direito civil, então teremos uma ordenação juslaboral, porventura, mais ajustável à realidade das empresas e às diferentes *categorias* de trabalhadores.

Julgo que estas diferentes perspectivas não correspondem necessariamente a modelos ideológicos estereotipados.

Aludi já às virtualidades de um "certo civilismo", e não vejo razões para alterar o meu modo de ver.

Pode dizer-se com toda a propriedade que o Direito do Trabalho está a (re)descobrir as potencialidades do Direito Civil, numa tendência que é possível verificar em muitos outros países.

---

[3] Art.º 122.º, alínea *f)*, do Código do Trabalho, aprovado pela Lei n.º 99/2003, de 27 de Agosto (doravante CT), cujo conteúdo é o seguinte:
É proibido ao empregador transferir o trabalhador para outro local de trabalho, salvo nos casos previstos neste Código e nos instrumentos de regulamentação colectiva de trabalho, ou quando haja acordo.

[4] A expressão é de JEAN MOULY, *Droit Social*, n.º 3, 2005, p. 337.

[5] As palavras "puro critério do empregador" são de JOÃO LEAL AMADO, "Inamovibilidade: uma garantia supletiva?", *Questões Laborais*, n.º 3, 1994, pp. 175-176.

Atente-se, por exemplo, nas seguintes palavras de Jean Savatier: *no momento em que somos asfixiados pela inflação de textos crendo responder a novas necessidades, esta estabilidade dos princípios fundamentais de direito é refrescante*[6].

Jean Mouly, que escreveu um artigo com o sugestivo título de "Droit du travail et droit civil. Une coexistence enfin pacifique"[7], afirma que há hoje uma "plena euforia" em torno da boa fé contratual[8], e alude a corrente "solidarista", que os tribunais franceses adoptaram, tendo também por referência um "direito comum renovado"[9].

Mas, enfim esta é uma reflexão que nos levaria por caminhos que ultrapassariam o âmbito desta intervenção, sem prejuízo de entendermos ser importante salientar, em termos de enquadramento da exposição, que uma maior abertura à autonomia contratual não significa necessariamente entrar no terreno da desprotecção do trabalhador.

Não se façam, por isso, extrapolações indevidas das presentes palavras, até porque, como se sabe, a jurisprudência proferida no domínio da legislação anterior entendia que a matéria da transferência de local de trabalho não era de ordem pública.

II

Feito este enquadramento, passemos directamente ao tema proposto.

Relativamente a pessoal dirigente, quadros superiores, trabalhadores que exercem cargos de confiança, ou que desempenhem funções que por natureza exigem mobilidade espacial, como sucede com os sectores da construção civil, do comércio ou da banca, numa economia com as características das actuais, pensada no quadro comunitário, que é por essência um quadro geograficamente flexível, pode justificar-se a inserção nos contratos de trabalho de cláusulas de mobilidade geográfica.

Isto equivale a dizer, por razões de clareza da posição que assumimos, que em relação à maioria dos trabalhadores não se justificam essas cláusulas.

---

[6] Jean Savatier, *Droit Social*, n.º 9/10, 2006, p. 296

[7] Jean Mouly, *Mélanges C. Lombois*, p. 539, sp. p. 376, Pulim, 2004.

[8] Jean Mouly, Droit Social, n.º 5, 2005, p. 576.

[9] Jean Mouly, Droit Social, n.º 5, 2005, p. 577.

III

O afastamento da garantia legal por convenção colectiva suscita, certamente, e em princípio, menores objecções. Mas, mesmo por esta via, não podem deixar de se definir balizas, havendo matérias inapropriáveis pela contratação colectiva, como, por exemplo, a relativa à transferência que obrigue a mudança de residência.

Mais preocupações geram as cláusulas de mobilidade insertas em contrato (individual) de trabalho.

Existem todas as razões para que o Direito do Trabalho continue a desconfiar do contrato de trabalho, *maxime* nos casos, que são a grande maioria, em que não tenha havido negociação individual.

Não se julgue que a matéria não está sujeita a limites que devem ser construídos a partir da leitura global do sistema, como sempre se impõe.

Em primeiro lugar, tem de se verificar determinabilidade dos limites geográficos, conforme resulta do art.º 280.º do Código Civil. Não são admissíveis, por exemplo, cláusulas de mobilidade que prevêem simplesmente que no decurso do contrato o trabalhador pode ser mudado de local[10].

Entendemos que se deverá especificar, de forma clara e precisa[11], o âmbito geográfico em questão, que deve ter, ainda assim, uma extensão adequada.

Questão controversa é a de saber se a extensão geográfica da actividade da empresa co-envolve a redefinição dos parâmetros espaciais acordados. A meu ver, a extensão da cláusula de mobilidade só é admissível se o espaço em causa se contiver no âmbito geográfico previamente definido ou delimitável segundo parâmetros de boa fé[12].

A cláusula de mobilidade deve também observar o **princípio da proporcionalidade.**

---

[10] Nestes termos, no direito francês, Marie-Cécile Escande-varniol, "Pour une évolution de la qualification juridique des changements d'horaires ou de lieu de travail", *Droit Social*, 2002, n.º 12, pp. 1068-1069.

[11] Assim, por exemplo, *Cour de Cassation (Chambre sociale)*, 7.6.2006., *Droit Social*, n.º 9/10, 2006, p. 926.

[12] Em França já se entendeu que a cláusula de mobilidade geográfica podia ser estendida em caso de extensão da actividade da empresa – *Cour de Cassation (Chambre sociale)*, de 7.6.2006., *Droit Social*, n.º 9/10, 2006, p. 926.

Depois, a utilização da faculdade de alargar os pressupostos da transferência tem de corresponder a um exercício funcional[13]. Na sua base têm de estar presentes necessidades organizativas da empresa, como, por exemplo, uma reorganização justificada por critérios de gestão (garantir a sobrevivência da empresa ou assegurar a sua competitividade).

Do princípio da boa fé, devem também ser tiradas balizas precisas para a utilização da referida faculdade[14] [15]. Pense-se na utilização de cláusulas de mobilidade como forma de encapotar sanções disciplinares (reclamação de direitos, exercício do direito à greve, etc.). Merecem, por isso, inteiro aplauso decisões como a do Supremo Tribunal de Justiça, de 8.3.95.[16], onde se considerou nula e de nenhum efeito a ordem de mudança de local de trabalho dada pela entidade patronal ao trabalhador exclusivamente por motivo de adesão a uma greve[17].

É preciso estar atento a todas as circunstâncias, porquanto os empregadores podem aproveitar uma cláusula de mobilidade para se verem "livres" de um trabalhador indesejado, sem grandes custos e com reduzidas dificuldades[18]. Tal procedimento pode ser muito apetecível para os empregadores, pelo que a doutrina, que tem de ter os olhos postos na vida prática, o que nem sempre sucede, tem de assumir o seu papel que é também o de combater práticas abusivas e não legitimá-las, **seja por que via for**.

Finalmente, tem inteira justificação potenciar o recurso ao regime das cláusulas contratuais gerais, cabendo igualmente nesta matéria uma palavra fundamental aos tribunais.

Nos termos do art.º 96.º do CT, o regime das cláusulas contratuais gerais aplica-se aos aspectos essenciais do contrato de trabalho (é, em termos que se diriam consensuais, o caso do local de trabalho) em que não tenha havido prévia negociação individual (a lei exige negociação, no

---

[13] Na terminologia do Decreto-Lei n.º 446/85, de 25 de Outubro, que estabelece o regime das cláusulas contratuais gerais, tem de existir uma "razão atendível" que as partes tenham convencionado – art.º 22.º, n.º 1, alínea c).

[14] Vd. o art.º 15.º do referido Decreto-Lei n.º 446/85, de 25 de Outubro.

[15] JEAN MOULY alude a vontade crescente da Cour de Cassation de utilizar o mais eficazmente possível a noção de boa fé para controlar a execução de uma cláusula de mobilidade (Droit Social, n.º 5, 2005, p. 577).

[16] BMJ, 445, 1995, 221.

[17] No caso, não havia tão pouco cláusula de mobilidade...

[18] Remete-se para JEAN MOULY, Droit Social, n.º 3, 2005, p. 338.

344   *X Congresso Nacional de Direito do Trabalho*

sentido, a meu ver, de obtenção de contrapartidas ou da aceitação de objectivas razões económicas).

A este propósito convém lembrar que uma vez invocada a aplicação do regime das cláusulas contratuais gerais passa a caber ao empregador provar que a cláusula contratual em causa resultou de negociação prévia[19], o que se traduz num importante reforço, *in casu*, da posição do trabalhador.

Na minha opinião a menção no contrato do local de trabalho não significa nem prévia negociação individual para os efeitos do art.º 96.º do CT nem "cláusula de sedentarização". Traga-se à colação o disposto no art.º 131.º, n.º 1, do CT, segundo o qual do contrato a termo deve constar o local de trabalho[20]. Efectivamente a menção do local de trabalho no contrato terá muitas vezes valor informativo. Não será o caso se for estipulado, de forma precisa, que o trabalhador executará o seu trabalho exclusivamente nesse lugar[21].

IV

Na abordagem desta temática é necessário ponderar a existência de "alternativas reais de comportamento", definir as fronteiras entre o consentimento livre e o consentimento condicionado (a cláusula deve ter sido aceite pelo trabalhador de modo não equívoco[22]) e avaliar a posição negocial das partes (se é de efectiva igualdade ou se assenta em pressupostos de evidente desequilíbrio).

Valem aqui as seguintes palavras de CANARIS, ainda que escritas a outro propósito, "em caso de dúvida, há que partir da função defensiva dos direitos fundamentais e da proibição do excesso."[23]

É óbvio que a aceitação de um regime mais pesado do que o legal comportará para o trabalhador uma componente não desejada. Mas, constituindo uma opção, representando, por isso, um modo do titular do

---

[19] Art.º 1.º, n.º 3, do Decreto-Lei n.º 446/85, de 25 de Outubro.

[20] Art.º 131.º, n.º 1, alínea *c)*, do CT.

[21] *Cour de Cassation*, 02.06.2003., cit. por JEAN SAVATIER, *Droit Social*, n.º 9/10, 2006, p. 925.

[22] Assim, *Cour de Cassation (Chambre sociale)*, de 7.6.2006., *Droit Social*, n.º 9/10, 2006, p. 926.

[23] CLAUS-WILHELM CANARIS, *Direitos Fundamentais e Direito Privado*, Coimbra, 2003, cit., p. 69.

Local de Trabalho, Cláusulas de Mobilidade Geográfica e Cláusulas de Sedentarização 345

direito gerir a sua liberdade, é natural que o trabalhador procure, em condições de normalidade, retirar da renúncia benefícios (por exemplo, aumento da retribuição ou definição de outras condições contratuais). O jurista do trabalho, mesmo quando aceita um "certo civilismo", é hostil a situações que representem uma utilização contratual de evidente supremacia. O juslaboralista, por essência, tem preocupações de solidariedade. Assim, no meu modo de ver, não existindo vantagens para o trabalhador deve partir-se da presunção de que a aceitação da cláusula não corresponde efectivamente à sua vontade.

Cabe ao intérprete procurar situações de equilíbrio das posições jurídicas. Na ponderação do equilíbrio das prestações importa atentar, por exemplo, nos maiores gastos, nos aumentos notórios do tempo de deslocação, na necessidade de passar a tomar as refeições fora de casa, na situação familiar, etc., e se estas situações são compensadas e, em caso afirmativo, em que termos. Só deste modo não se romperá o equilíbrio contratual que tem de existir não só no momento inicial, mas também durante a execução do contrato.

V

Uma palavra particular para a questão da retribuição.

As cláusulas de mobilidade não podem gerar uma quebra da retribuição.

A aceitação de uma cláusula de mobilidade não significa obviamente que o trabalhador consinta numa diminuição da retribuição (um outro "núcleo duro" do contrato...), que, aliás, teria sempre os limites decorrentes da alínea *d)* do art.º 122.º do CT[24].

Naturalmente que para o efeito importa precisar se certa componente, patrimonial ou não, integra o conceito de retribuição[25].

Suponhamos que numa situação de actuação de uma cláusula de mobilidade o empregador mantém a retribuição fixa e continua a calcular a retribuição variável tomando como referência uma determinada percentagem sobre o volume de vendas efectuadas. Se no novo local de trabalho

---

[24] Cujo conteúdo é o seguinte:
(É proibido ao empregador) Diminuir a retribuição, salvo nos casos previstos neste Código e nos instrumentos de regulamentação colectiva de trabalho.
[25] Vd. arts.º 249.º e ss. do CT.

o volume de vendas for inferior ao local de origem dever-se-á entender que houve baixa da retribuição do trabalhador[26], ainda que se trate de um efeito indirecto da execução da cláusula de mobilidade. É certo que se poderá alegar que o trabalhador ao aceitar, em simultâneo, a cláusula de mobilidade e a remuneração variável calculada nos termos apresentados, deu o seu assentimento a eventuais variações retributivas (reduções ou aumentos) que fossem consequência necessária do accionamento daquela cláusula. Mas, parece-me que desta forma se iria longe de mais, porque do mesmo passo se alterariam dois elementos do "núcleo duro" do contrato, o que afectaria gravemente o equilíbrio negocial, em prejuízo, em termos que se reputa de inaceitáveis, da posição do trabalhador.

VI

Uma matéria a merecer particular ponderação e tratamento prende-se com a cláusula de mobilidade cuja execução obrigue o trabalhador a mudar de residência.

Sendo a escolha do lugar de residência um direito da pessoa do trabalhador, as restrições têm de ser proporcionais ao fim pretendido, devendo estas ser aferidas no plano de uma dada realidade existente à data da aceitação da respectiva cláusula.

Da nossa parte, como tivemos a oportunidade de afirmar no último Congresso de Direito do Trabalho, propendemos para entender que a cláusula aceite quando o trabalhador é solteiro e não tem filhos, terá de ser analisada a outra luz se o trabalhador entretanto casar e passar a ter filhos. Julgo, em conformidade, que para adequar a cláusula de mobilidade a alterações da situação pessoal do trabalhador deveria apontar-se para **um prazo de eficácia** com a consequente reavaliação no final desse período[27].

---

[26] Assim, no direito francês, *Cour de Cassation (Chambre sociale)*, 15.12.2004., Droit Social, n.º 3, 2005, p. 337, com comentário favorável de JEAN MOULY (p. 339).

[27] FRANÇOISE FAVANNEC-HÉRY pergunta:
"Para quando uma decisão (judicial) afirmando que a cláusula de mobilidade não é lícita senão quando indispensável à protecção dos interesses da empresa, limitada no tempo e no espaço e tendo em conta as especificidades do emprego do trabalhador?" (*Cour de Cassation (Chambre sociale)*, 7.6.2006, *Droit Social*, n.º 9/10, 2006, p. 927.

Local de Trabalho, Cláusulas de Mobilidade Geográfica e Cláusulas de Sedentarização 347

Caso contrário, ter-se-á de deixar um espaço para o funcionamento do regime da alteração superveniente das circunstâncias.

VII

Dediquemos agora alguma reflexão às "cláusulas de sedentarização".

Discutiu-se recentemente em França a validade de uma cláusula aposta num contrato de um advogado, integrado num escritório que dava assessoria técnica a certa empresa, que o obrigava a não mudar de residência, de modo a não comprometer uma boa integração no ambiente local (a qual requeria, segundo se alegava, uma relação permanente com os clientes, e a definição de estratégias que se inscrevessem na cultura local). A *Cour de Cassation* chamada a pronunciar-se sobre a matéria entendeu, e bem, que uma restrição à faculdade de o trabalhador escolher o seu domicílio constitui uma violação de uma liberdade individual, o que naquela circunstância não observava o princípio da proporcionalidade[28].

Num outro caso, a *Cour de Cassation* considerou igualmente nula uma cláusula contratual de obrigação de residência, depois de constatar que o trabalhador, recrutado como responsável pela guarda, vigilância e manutenção de zonas habitacionais, podia executar as tarefas que lhe foram confiadas residindo fora do local de trabalho[29].

Num caso como no outro, fundou-se a liberdade do trabalhador fixar a sua residência na importantíssima distinção entre vida profissional e vida pessoal[30].

VIII

Justifica-se, no contexto da presente intervenção, uma referência ao teletrabalho.

---

[28] *Cour de Cassation (Chambre sociale)*, 12.07.05., *Droit Social*, n.º 11, 2005, p. 1037.

[29] *Cour de Cassation (Chambre sociale)*, 13.4.05., *Droit Social*, n.º 7/8, 2005, p. 809.

[30] Jean Savatier, *Cour de Cassation (Chambre sociale)*, 13.4.05., *Observations*, *Droit Social*, n.º 7/8, 2005, p. 809.

[31] Art.º 233.º do CT.

348   *X Congresso Nacional de Direito do Trabalho*

O local de trabalho é neste tipo contratual um elemento não só essencial do contrato, mas também caracterizante.

O teletrabalho é, na definição do CT, a prestação laboral realizada com subordinação jurídica, **habitualmente fora da empresa** do empregador, e através do recurso a tecnologias de informação e de comunicação[31].

O teletrabalho não tem, pois, de ser executado no domicílio do trabalhador[32].

Se as partes acordam na execução de toda ou parte da prestação de trabalho no domicílio do trabalhador, o empregador não pode modificar esta organização contratual do trabalho sem consentimento do trabalhador[33].

Numa situação, também solucionada pelos tribunais franceses (refira-se que a França é, segundo julgo saber, o país onde estas matérias mais têm sido debatidas, daí as frequentes alusões nesta intervenção ao respectivo ordenamento jurídico), uma trabalhadora "responsável de comunicação" exercia funções no seu domicílio com recurso a tecnologias de informação, com a obrigação de permanência na empresa 1 dia por semana, mas que no final da licença de maternidade foi confrontada com uma decisão do empregador segundo a qual doravante teria de trabalhar todos os dias da semana na empresa.

Parece-nos seguro que a residência num sector geográfico situado a muitas centenas de quilómetros do lugar da empresa reforça o carácter contratual da cláusula sobre o trabalho no domicílio.

Por outro lado, a possibilidade de trabalhar no domicílio é, como se sabe, particularmente preciosa para uma jovem mãe.

Neste contexto, a *Cour de Cassation* entendeu que havia modificação do contrato pouco importando a existência de uma cláusula de mobilidade. Como se retira da decisão judicial, "estipulando uma cláusula de mobilidade, o empregador reserva-se no direito de modificar o lugar

---

[32] Sempre que o teletrabalho seja realizado no domicílio do trabalhador, as visitas ao local de trabalho só devem ter por objecto o controlo da actividade laboral daquele, bem como dos respectivos equipamentos e apenas podem ser efectuadas entre a 9 e as 19 horas, com a assistência do trabalhador ou de pessoa por ele designada (art.º 237.º, n.º 2, do CT, sob a epígrafe "Privacidade").

[33] *Cour de Cassation (Chambre sociale)*, de 31.05.06., *Droit Social*, n.º 9/10, 2006, p. 924.

Local de Trabalho, Cláusulas de Mobilidade Geográfica e Cláusulas de Sedentarização 349

de execução do contrato em função dos lugares de actividade da empresa. Isto é estranho ao problema do teletrabalho, isto é a uma possibilidade de execução do trabalho fora dos locais onde se encontra implantada a empresa[34].

É que a teletrabalhadora podia entrar em comunicação com o mundo inteiro graças às novas tecnologias de informação, com a vantagem, *in casu*, de permanecer junto da criança recém-nascida[35] [36].

IX

Julgo que o accionamento de uma cláusula de mobilidade deve merecer ponderação prévia por parte do empregador.

A este propósito, parece-me que a lei deveria, por exemplo, ter criado limites à implementação de uma cláusula de mobilidade relativamente a trabalhadora grávida, puérpera ou lactante. Caso contrário, estarão abertas as portas a atitudes discriminatórias, à revelia de muitas outras normas, comunitárias, constitucionais e legais, em que a preocupação é justamente tutelar a maternidade, uma situação em que a mulher (e só a mulher) está particularmente exposta.

Por outro lado, o empregador para actuar de acordo com a boa fé[37] não pode impor a um trabalhador numa situação familiar critica, uma

---

[34] JEAN SAVATIER, *Droit Social*, n.º 9/10, 2006, p. 926.

[35] Como escreve JEAN SAVATIER:
a regra aplicável ao litígio (acordo relativo ao teletrabalho) vem do fundo das idades: cada um é obrigado a respeitar os compromissos que assumiu num acordo contratual (*Droit Social*, n.º 9/10, 2006, p. 926).

[36] Vd. também a decisão da mesma *Court de Cassation* em aresto de 13.4.2005. (*Droit Social*, n.º 7/8, 2005, p. 819), ao entender que quando o trabalhador (no caso, director comercial) efectua o seu trabalho administrativo no domicílio, o facto de o empregador lhe impor permanecer doravante dois dias por semana na sede da empresa (explicada pela "insuficiência de resultados comerciais") situada a 200 Km., para executar este trabalho constitui uma modificação do contrato que legitima a sua recusa. A particularidade desta situação era a de que o local de trabalho convencionado não estava previsto no contrato. O empregador autorizara o trabalhador a exercer funções no domicílio, pelo que se perguntava se se tratava de um simples acto de tolerância patronal. O tribunal não o entendeu deste modo. Conclua-se, dizendo, que desta feita não se tratava de accionamento de uma cláusula de mobilidade, mas de apuramento da vontade das partes.

[37] *Cour de Cassation (Chambre sociale)*, de 18.05.99., JEAN MOULY, *Droit Social*, n.º 5, 2005, p. 577.

transferência imediata que pode ser satisfeita por outros trabalhadores, mesmo existindo cláusula de mobilidade, cabendo-lhe, por isso, procurar soluções alternativas.

Como se diz no acórdão da *Cour de Cassation*, de 06.12.2001., o empregador que executa uma cláusula de mobilidade relativa a uma trabalhadora, mãe de uma criança deficiente que está ao seu cuidado, enquanto que o posto de trabalho que lhe estava anteriormente destinado estava livre, "age com ligeireza condenável"[38].

Sou, por isso, favorável, mesmo nos casos em que existe cláusula de mobilidade, a um procedimento prévio, ainda que sumário, de consulta do trabalhador. Vou mesmo mais longe: há todo o interesse em que esta matéria mereça ponderação por parte da contratação colectiva, que pode por essa via não só definir regras de concertação prévia, como evitar a "total" apropriação da matéria pela negociação individual, com os inconvenientes que daí podem derivar.

X

Como se sabe, nos termos do art.º 317.º do CT, salvo motivo imprevisível, a decisão de transferência definitiva de local de trabalho tem de ser comunicada ao trabalhador, devidamente fundamentada e por escrito, com 30 dias de antecedência.

Ora esta norma pressupõe o seu não afastamento por via convencional. Que dizer então das situações em que se acciona uma cláusula de mobilidade?

O empregador deve igualmente respeitar um período de pré-aviso, estando-lhe vedadas decisões precipitadas[39]. A mudança de local de trabalho implica para o trabalhador modificações na sua vida, pessoal e profissional, nalguns casos profundas, pelo que se impõe deixar-lhe tempo para se *posicionar* face à nova realidade. A duração do pré-aviso deve ser determinada tomando por referência a situação pessoal (por exemplo, a qualidade de trabalhador-estudante) e familiar (em particular, a existência de filhos menores, ou de pessoas a seu cargo, e a situação profissional do

---

[38] Vd. JEAN MOULY, em observação ao acórdão da *Cour de Cassation (Chambre sociale)*, de 18.05.99. (*Droit Social*, n.º 5, 2005, p. 577).

[39] Vd. JEAN MOULY, em observação ao acórdão da *Cour de Cassation (Chambre sociale)*, de 18.05.99. (*Droit Social*, n.º 5, 2005, p. 577).

Local de Trabalho, Cláusulas de Mobilidade Geográfica e Cláusulas de Sedentarização 351

outro cônjuge), a antiguidade na empresa e a distância e meios de transportes para o novo local de trabalho[40].

XI

Para concluir, gostaria ainda de dizer que as reformas legislativas ao nível do direito substantivo nem sempre têm sido pensadas e acompanhadas da necessária ponderação das soluções processuais, o que tem tido consequências muito negativas. Não se pode ignorar que o Direito é uma ciência da vida e existe para resolver problemas práticos.

Por exemplo, pode hoje dizer-se com absoluta segurança (a meu ver todos nós começamos agora a estar mais seguros em matéria de avaliação do Código do Trabalho...) que a possibilidade de reabertura do procedimento disciplinar foi introduzida de forma atabalhoada, particularmente atendendo ao **gravíssimo, lamentável e escandaloso atraso na publicação das necessárias normas processuais.**

Na verdade, custa a perceber a "pressa" em fazer um Código do Trabalho e a lentidão (a expressão peca certamente pela sua suavidade) em alterar o Código de Processo do Trabalho, o que é grave em matéria de grande sensibilidade e de enorme relevância na vida dos trabalhadores e das empresas[41].

Espera-se que o problema não esteja também na consagração de uma solução substantiva para a qual não se equacionou no devido momento o adequado enquadramento processual.

No que ao nosso tema diz respeito, lembre-se que no direito italiano admite-se o recurso a uma providência cautelar não especificada para a apreciação liminar da legitimidade da transferência, o que permite suprir, do ponto de vista da atitude a tomar pelo trabalhador, as insuficiências do controlo judicial *a posteriori*.

É bom que se diga que já no domínio da actual legislação processual laboral é sustentável a possibilidade de recurso a uma providência cautelar no âmbito da transferência de local de trabalho[42].

---

[40] Remete-se, de novo, para JEAN MOULY, em observação ao acórdão da *Cour de Cassation (Chambre sociale)*, de 18.05.99. (*Droit Social*, n.º 5, 2005, p. 577).

[41] Remete-se para ALBINO MENDES BAPTISTA, "A reabertura do procedimento disciplinar", *Revista do Ministério Público*, n.º 108, 2006, pp. 197 e ss.

[42] ALBINO MENDES BAPTISTA, *Código de Processo do Trabalho Anotado*, 2.ª ed. – reimpressão, Lisboa, 2002, pp. 92-93.

Parece-me, no entanto, que o legislador daria um sinal muito positivo se criasse um procedimento cautelar especificado nesta matéria, naturalmente acompanhado da criação de outros procedimentos cautelares especificados para outras matérias.

Espera-se que as alterações que terão de ser introduzidas no Código de Processo do Trabalho tragam algum sinal sobre a matéria, aproveitando-se para dar aos trabalhadores uma resposta processual adequada a um poder patronal tão poderoso quanto é aquele que lhe permite transferi-los de local de trabalho.

Em particular, julgo justificar-se algum enquadramento processual em sede de implementação das cláusulas de mobilidade geográfica.

Indo até mais longe, a meu ver, o Código de Processo do Trabalho deveria criar, à semelhança do que sucede em Espanha, acções diferenciadas com tramitação autónoma para certas matérias laborais nucleares. Uma delas deveria ser, sem dúvida, a transferência de local de trabalho.

Aproveite-se a necessidade, que se torna imperiosa, de rever o Código de Processo do Trabalho para se reponderar todas estas temáticas.

Esperando que esta intervenção tenha ido ao encontro dos interesses dos Srs. Congressistas, fico inteiramente disponível para a fase de debate.

Muito obrigado pela atenção que me dispensaram.

DIA 17 DE NOVEMBRO DE 2006

14h 45m

TEMA VII

DIREITO DO TRABALHO E DEMOCRACIA EMPRESARIAL. NOVAS PERSPECTIVAS DAS RELAÇÕES COLECTIVAS DE TRABALHO

Presidência
Drª. Maria de Belém
Deputada da Comissão Parlamentar de Saúde

Prelectores
Prof. Doutor Bernardo Lobo Xavier
Universidade Católica Portuguesa
Presidente da Academia Ibero-Americana de Direito do Trabalho
Mestre Isabel Ribeiro Parreira
Faculdade de Direito da Universidade Clássica de Lisboa
Mestre Joana Vasconcelos
Universidade Católica Portuguesa e Advogado
Dr. João Soares Ribeiro
Delegado da Inspecção-Geral do Trabalho
Prof. Doutor Pedro Bettencourt
Universidade Lusíada e Advogado

CONTRIBUTOS DA IGT
PARA A DEMOCRACIA EMPRESARIAL

João Soares Ribeiro

Delegado da IGT

CONTRIBUTOS DA IGT
PARA A DEMOCRACIA EMPRESARIAL

João Soares Ribeiro

Delegado da IGT

I – Compreensão e delimitação do tema

O tema que aceitamos versar, exige uma prévia clarificação e uma consequente delimitação. Se o substantivo *democracia* contém um sentido de relativamente pacífica apreensão por toda a população, até porque tem vindo pelo menos há trinta e dois anos a ser usado, com mais ou menos a propósito, já a sua junção ao adjectivo empresarial compõe uma expressão cuja compreensão parece suscitar fortes dúvidas. Na verdade, no binómio *democracia empresarial* tanto pode caber o sentido de democracia da empresa, ou até do empresário, como a de democracia na empresa. Acresce que também o conceito de *empresa,* além de permitir várias abordagens conforme a área da disciplina – sociológica, económica, jurídica – em que se situe o observador ou o estudioso é, por natureza, polissémico, como dá conta a própria doutrina laboral, que o admite, geralmente, com uma grande amplitude[1].

Constituindo uma unidade que congrega muitos e variados factores, de entre os quais classicamente eram salientados o capital e o trabalho, coenvolve muitos outros, e não apenas no senso comum, como mesmo

---

[1] Cf., neste sentido, Pedro Romano Martinez, *Direito do Trabalho,* 2ª edição, Almedina, 2005, p. 394, e a bibliografia aí indicada (nota 1). Por isso, também no conceito de empresa assim entendido se compreendem as unidades produtoras de bens ou serviços, mesmo que não prossigam intuito lucrativo; abrangendo, designadamente, as associações e fundações e organismos públicos.

358   *X Congresso Nacional de Direito do Trabalho*

em linguagem técnica (jurídica, económica, sociológica, etc.). Por outro lado, com o termo *empresa* pode querer referir-se o empresário, o empregador, o empreendimento ou, numa perspectiva abrangente, todos os que nela, duma maneira ou doutra, participam.

O plano em que, no âmbito deste trabalho, nos pretendemos situar é, para o dizer sem faltar à verdade, tributário da designada *Doutrina Social da Igreja* que teve origem em Leão XIII[2] quando, em plena época de fermentação do ideário comunista afirmou a dignidade do trabalho como *"meio universal donde provém a riqueza das nações"*. Doutrina essa que foi continuada com Pio X, XI e XII[3], até se chegar ao conceito fundamental de empresa enquanto "comunidade humana" com João XXIII[4], através da encíclica *Mater et Magistra* e Paulo VI[5] com a *Populorum Progressio,* tendo desembocado em 1981 com a *Laborem Exercens* e em 1988 com a *Sollicitudo Rei Socialis* de João Paulo II[6]. Sobretudo na *Laborem Exercens*, João Paulo II trata em profundidade os temas do significado do trabalho humano, das relações entre o trabalho e o capital, das lutas operárias e dos direitos dos trabalhadores, assim como ainda da espiritualidade do trabalho.

No quadro destes ensinamentos é, pois, não no sentido de democracia do empresarialato, nem no de democracia do empreendimento – sentidos que, releve-se, podiam também caber na abordagem do conceito de democracia empresarial – mas somente no de democracia da comunidade humana que integra uma empresa, que nos vamos situar. Isto, sem prejuízo de se concordar com os autores que afirmam que a concepção da relação de trabalho do direito português foi sempre muito mais a de uma mera operação de troca, na senda da tradição romanista que fluiu da *locatio conductio operarum*[7], do que a de relação pessoal e comunitária própria da tradição cultural germanista[8]. A comunidade humana da

---

    [2] Papa de 1878 a 1903. No sentido da atribuição do principal papel de impulsionador da Doutrina Social ao papa Leão XIII, vd., M. ANTUNES, e J. EVANGELISTA JORGE – Verbo, Enciclopédia Luso Brasileira de Cultura, vol. 6, p. 976 e vol. 7, p. 438, respectivamente.

    [3] Papas de 1903 a 1958.

    [4] Papa de 1958 a 1963.

    [5] Papa de 1963 a 1978.

    [6] Que sucedeu a João Paulo I, cujo pontificado se estendeu apenas por cerca de um mês (desde 26.08.1978).

    [7] Cf., PEDRO ROMANO MARTINEZ, *Direito do Trabalho,* cit., p. 73.

    [8] Cf., neste sentido, JORGE LEITE – Observatório Legislativo in QL, Ano III, 1996, n.º 8, p. 202.

Contributos da IGT para a Democracia Empresarial

empresa integra desde logo o empregador, *recte* as pessoas físicas que o constituem, passando pelos gestores, directores ou administradores, contemplando os quadros, superiores, médios ou inferiores, até chegar aos trabalhadores, mesmo aos meros executores de tarefas sem funções dirigentes ou de coordenação, se, na realidade, neste dealbar do século XXI, ainda os há.

Em vez de democracia da empresa, dir-se-ia, por isso, mais a propósito, tratarmos aqui sobretudo da democracia na empresa.

Mas não é de toda a *democratização* desses nichos comunitários que são as empresas de que podemos falar, uma vez que, nos exactos termos propostos, nos teremos que restringir aos *contributos da IGT* para esse objectivo. Sabido como é, que na raiz do étimo grego de *demokratia* está a ideia – peregrina, para muitos – de *governo ou poder do povo* – ideia que parece ter sido cunhada por Heródoto, considerado o pai da História – tem historicamente a expressão sido conexionada sobretudo com o governo das nações, com o poder político. Mas não falta, porém, nos dias de hoje quem faça apelo à democracia económica, à democracia social, à democracia cultural, sempre no sentido e na perspectiva de um cada vez maior número de pessoas terem direito a usufruir dos bens e das utilidades a que, num contexto anterior, só os privilegiados teriam acesso.

É no âmbito do social que se insere, pois, a temática da democracia na empresa. Mas não abrange obviamente toda a dimensão deste domínio. Não coincide sequer com o denominado *desenvolvimento sustentável*, entendido como *"o desenvolvimento que responde às necessidades do presente sem comprometer a capacidade das gerações futuras de responderem às suas próprias necessidades"*[9] nem com o conceito mais restrito da responsabilidade social das organizações (RSO) ou com o mais apertado ainda da responsabilidade social das empresas (RSE)[10]. Constituindo esta *a integração voluntária de preocupações sociais e*

---

[9] Cfr. relatório final da Comissão Mundial das Nações Unidas para o Ambiente e o Desenvolvimento (Comissão Brundtland) citado no texto de Catarina Serra, *in* Questões Laborais, Ano XII – 2005, n.º 25, p. 42 a 76, texto de que nos socorreremos nas próximas linhas deste trabalho (o trecho transcrito localiza-se na p. 46).

[10] Deve notar-se que a RSE, se inicialmente foi concebida para as grandes empresas e sobretudo para as multinacionais, a verdade é que tem vindo a estender-se às PME de que é exemplo a Comunicação da Comissão Europeia de 2 de Julho de 2002 e da Resolução do Parlamento Europeu P5-TA (20030200), também citada no texto referido na nota anterior, p. 52.

ambientais por parte das empresas nas suas operações e na sua interacção com outras partes interessada e sendo, por isso composta por duas dimensões: uma interna, que envolve fundamentalmente os trabalhadores, e outra externa que respeita à comunidade local, aos parceiros sociais, aos fornecedores, aos clientes, às autoridades públicas e às ONG que actuam junto da comunidade local ou no domínio do ambiente, é óbvio que nos prevaleceremos da primeira das dimensões assinaladas.

Mas não se tenha a ideia que a RSE é constituída apenas por comportamentos voluntários. No que à democracia empresarial diz respeito, muitos desses comportamentos resultam do cumprimento de normas constitucionais ou legais de cariz laboral ou de segurança social, sem, contudo, deixar de ser verdade que as empresas podem e devem, também neste âmbito, procurar elevar o grau de exigência do direito constituído, através de boas práticas e de atitudes de ética empresarial e de moral social.

Neste contexto é de assinalar que devem as empresas, não apenas respeitar, como promover, junto de todos os estratos dos seus trabalhadores: **i)** os *princípios constitucionais fundamentais*, como o princípio da igualdade e da não discriminação (art. 13.º); **ii)** os *direitos, liberdades e garantias* fundamentais, como o direito à vida (art. 24.º), à integridade pessoal (art. 25.º), à identidade, ao desenvolvimento da personalidade, à capacidade civil, à cidadania, ao bom nome e reputação, à imagem, à palavra, à reserva da intimidade da vida privada e familiar, à protecção legal contra quaisquer formas de discriminação (art. 26.º), o direito à liberdade e à segurança (art. 27.º), à liberdade de expressão e informação (art. 37.º), à liberdade de consciência de religião e de culto (art. 41.º), à liberdade de associação (art. 46.º); **iii)** os *direitos, liberdades e garantias de participação política de todos os cidadãos*, como o direito de participação na vida pública (art. 48.º) e o direito de sufrágio; **iv)** os *direitos, liberdades e garantias especificamente dos trabalhadores,* como a segurança no emprego (art. 53.º), o direito à criação de comissões de trabalhadores para receber informações necessárias à sua actividade, exercer o controlo de gestão, participar nos processos de reestruturação das empresas, na elaboração da legislação do trabalho e participar na gestão das obras sociais da empresa (art. 54.º), a liberdade sindical (art. 55.º), sendo que as respectivas associações, além dos direitos das CT, têm também o direito de participação na gestão das instituições de segurança social, de se pronunciar sobre os planos económicos, de se fazer representar nos organismos de concertação social, o direito de contratação colectiva;

Contributos da IGT para a Democracia Empresarial 361

v) os *direitos económicos, sociais e culturais,* como o direito ao trabalho (art. 58.º), direito à retribuição do trabalho, à organização do trabalho que permita facultar a realização pessoal e conciliar a actividade profissional com a vida familiar, à prestação do trabalho em condições de higiene, segurança e saúde, ao repouso e aos lazeres, incluindo descanso semanal e férias periódicas pagas, e à assistência nas situações de desemprego ou de acidente de trabalho e doença profissional (art. 59.º); **vi)** os *direitos e deveres sociais* como o direito à segurança social (art. 63.º), à protecção da saúde (art. 64.º), o direito a habitação (art. 65.º) e ao ambiente e qualidade de vida (art. 66.º); **vii)** os *direitos e deveres culturais* como o direito à educação e cultura (art. 73.º), ao ensino (art. 74.º), à fruição e criação cultural (art. 78.º) e à cultura física e desporto (art. 79.º).

Neste plano, há que dizer que o CT, com o aplauso de uns e a crítica de outros, representa um passo em frente relativamente à legislação anterior quando introduz no seu articulado alguns dos direitos de personalidade com maior conexão com as empresas (arts. 15.º a 21.º). Para além, fundamentalmente, de manter ou reforçar os direitos à igualdade e à não discriminação (arts. 22.º a 32.º), à protecção da maternidade e paternidade (arts. 33.º a 52.º), ou de não esquecer a facilitação do emprego dos trabalhadores com capacidade reduzida (art. 71.º CT) e de consagrar pela primeira vez um verdadeiro direito à ocupação efectiva (art. 122.º/b)). E se relativamente aos direitos de personalidade sempre se poderia dizer que, por respeitarem aos direitos, liberdades e garantias, eram aplicáveis sem necessidade de qualquer intermediação legislativa (art. 18.º/1 CRP), o certo é que, tal como sucede geralmente com as partes outorgantes das convenções colectivas que se limitam muitas vezes a transcrever nos instrumentos negociais a lei, é sempre mais pedagógico e propiciador do cumprimento pelos seus destinatários a existência, *preto no branco,* desses preceitos numa compilação que é fundamental para a disciplina das situações e relações de trabalho, ainda que quase exclusivamente de trabalho subordinado[11].

Para além desses grandes princípios, que naturalmente têm tradução normativa laboral, e sem pôr em causa que todas as disposições desta natureza visam o fim específico, se não de democracia, ao menos de

---

[11] Para maior desenvolvimento do tema, vd., JOSÉ JOÃO ABRANTES, in *Estudos de Direito Do Trabalho,* 2ª ed, da AAFDL, 1992 – O Direito do Trabalho e a Constituição, pp. 59-87.

362   *X Congresso Nacional de Direito do Trabalho*

justiça laboral, existe, no entanto, no Código do Trabalho e sua regulamentação, uma soma de preceitos que tende a promover e fomentar o espírito duma maior democratização na empresa. É o que sucede, além do mais, com a consagração do direito à criação no seu seio de quatro tipos de estruturas representativas dos trabalhadores: i) comissões de trabalhadores[12]; ii) conselhos de empresa europeus[13]; iii) associações sindicais[14]; iv) representantes dos trabalhadores para a shst. É também o caso das normas que se referem à informação, à formação, consulta e participação dos trabalhadores e seus representantes geradoras duma maior consciência não somente dos direitos especificamente laborais, como criando, ou contribuindo para desenvolver, uma mais funda consciência cívica nos trabalhadores.

A **informação** pode ser analisada sob um tríplice ponto de vista: i) o dever do empregador de a fornecer; ii) o direito dos trabalhadores e seus representantes de a obter; iii) o direito da difusão de informação no seio das empresas sobretudo através das estruturas representativas dos trabalhadores. Quanto aos dois primeiros aspectos, estabeleceu o Código um **dever recíproco do empregador e do trabalhador** sobre todos os aspectos relevantes relacionados com o contrato ou com a prestação do trabalho[15], sendo que ao empregador incumbe especialmente um dever de fornecer ao trabalhador informação adequada à prevenção de riscos de acidente e doença[16], informação sobre os riscos para a sua segurança e saúde, as medidas de protecção e de prevenção e a forma como se aplicam, não apenas em relação ao posto de trabalho, como também à empresa em geral, as medidas e as instruções a adoptar em caso de perigo grave e iminente, assim como as medidas de primeiros socorros, de combate a incêndios e de evacuação em caso de sinistro e os trabalhadores encarregados de as pôr em prática[17]. Este dever de informação, que engloba também a consulta das estruturas representativas dos trabalhadores tem, todavia, como limite o funcionamento da empresa, pelo que pose ser denegado quando o afecta de forma grave[18].

---

[12] Cfr. arts. 461.º e ss. do CT.
[13] Cfr. arts. 471.º e ss do CT
[14] Cfr. arts. 475.º e ss do CT.
[15] Cfr. art. 97.º do CT.
[16] Cfr. art. 120.º /i) do CT.
[17] Cfr. art. 275/1.º do CT.
[18] Cfr. art. 459.º do CT.

Contributos da IGT para a Democracia Empresarial 363

Ainda se poderiam convocar outros deveres de informação dos trabalhadores e ou dos seus representantes, como será o caso das situações de despedimento individual ou dos despedimentos por razões objectivas, sendo porém de assinalar o dever do empregador informar tais estruturas sempre que admita trabalhadores a título precário[19]. Integram também o dever de informação do empregador várias outras disposições preceptivas como as que impõem a afixação ou a consulta pelos trabalhadores de cópia do mapa do quadro de pessoal durante 30 dias[20], a da afixação do mapa de horário de trabalho em local bem visível ou a que determina que deve ser afixada indicação sobre o instrumento de regulamentação colectiva aplicável[21].

Na segunda vertente acima referida, são direitos das estruturas representativas dos trabalhadores receber informação adequada ao exercício da sua actividade e de sobre ela serem consultadas, como é o caso das comissões de trabalhadores, dos conselhos de empresa europeus[22], dos delegados sindicais[23], e das reuniões com os órgãos de gestão dessas comissões[24] ou dos representantes dos trabalhadores para a shst[25], assim como é seu direito fornecerem informações relativamente à vida sindical e aos interesses sócio-profissionais dos trabalhadores seus representados, podendo para tal convocá-los para a realização de reuniões na empresa[26].

O dever de **consulta,** como flui do que se disse acima, encontra-se nas disposições legais normalmente associado ao dever de infirmação, mas há um aspecto daquele dever, peculiar pela sua quantificação recentemente introduzida pelo CT, que importa pôr em relevo. Trata-se do dever do empregador consultar, e por escrito os representantes dos trabalhadores ou, na sua falta, os próprios trabalhadores, sobre as medidas com impacte nas tecnologias ou nas funções com repercussão na shst,

---

[19] Cfr. arts. 133.º e 187.º/2 do CT e 13.º/2 do DL 358/89, quanto aos trabalhadores temporários.

[20] Cfr. art. 456.º da LR.

[21] Cfr. art. 534.º do CT.

[22] Cfr. art. 380.º da LR.

[23] Cfr. art. 503.º do CT.

[24] Cfr. art. 354.º/1/a), 355.º e 356.º do CT.

[25] Cfr. art. 285.º do CT.

[26] Cfr. arts. 468.º, 497.º e 502.º do CT. Note-se que na interpretação que vem sendo feita sobre o alcance da expressão *"interesses sócio-profissionais"* constante deste último preceito, se incluem matérias que não têm apenas a ver com a actividade laboral, mas também com a de natureza política com atinência sindical.

364   *X Congresso Nacional de Direito do Trabalho*

sobre o programa e a organização da formação neste domínio, sobre a designação e exoneração dos trabalhadores com funções desta natureza, incluindo os responsáveis pelos primeiros socorros, combate a incêndios ou pela evacuação dos trabalhadores e ainda, pelo menos duas vezes por ano, sobre a avaliação dos riscos e as medidas de shst a serem postas em prática. E isto sob pena do cometimento de contra-ordenação muito grave[27].

Mas é também dever dos empregadores assegurar o direito à informação e consulta dos trabalhadores e seus representantes, relativamente aos planos de **formação contínua** anuais e plurianuais[28]. Na realidade, um dos objectivos mais persistentemente procurado pelo legislador do CT refere-se à formação profissional, sobretudo à designada formação profissional contínua. Não descurando a formação inicial a cargo do empregador, sobretudo dos trabalhadores menores, para o que deve até solicitar a colaboração dos organismos estatais competentes[29], mas também dos trabalhadores em geral no decurso do período experimental[30], é sobretudo na formação no decurso da vida activa do trabalhador que a aposta do Código é feita, tendo em vista o incremento da produtividade e competitividade das empresas[31]. Elegendo como padrão da necessária formação o trabalhador juridicamente subordinado com contrato sem termo, o legislador não deixou de ter uma especial atenção para os grupos mais vulneráveis dos trabalhadores menores[32], a termo[33], a tempo parcial[34], temporários com mais de 18 meses na empresa utilizadora[35], ou os trabalhadores no domicílio[36]. Se o conteúdo da formação deve resultar de acordo entre empregador e os trabalhadores, certo é que o domínio legalmente indicado à partida é o da qualificação para a função[37]. Mas logo se observa que é preocupação legislativa da formação contínua o desen-

---

[27] Cfr. art. 671.º/1 do CT.

[28] Cfr. art. 125.º/1/c) do CT.

[29] A formação inicial dos menores deve ficar, sobretudo, a cargo do Estado – cfr. art.54.º/1e 2 do CT.

[30] Cfr. art. 106.º/1 do CT.

[31] Cfr. art. 125.º do CT.

[32] Cfr. art. 57.º do CT e 123.º a 137.º e 161.º da LR..

[33] Cfr. art. 137.º e 655.º do CT.

[34] Cfr. art. 182.º do CT.

[35] Cfr. art. 125.º/7 do CT.

[36] Cfr. art. 17.º da LR.

[37] Cfr. art. 123.º/1 do CT.

Contributos da IGT para a Democracia Empresarial 365

volvimento das qualificações[38], mas também a flexibilidade funcional[39], a obtenção de adequados conhecimentos de segurança e saúde por parte dos trabalhadores com postos de trabalho de risco elevado, ou os designados para desenvolver ou acompanhar as actividades de shst, assim como os trabalhadores eleitos para essas estruturas e os que têm por função organizar os primeiros socorros, combate a incêndios ou a evacuação dos trabalhadores em caso de risco grave o iminente[40]. Por fim, estão igualmente previstas na lei competências de carácter transversal no domínio das tecnologias de informação e comunicação ou da aprendizagem de línguas estrangeiras[41].

Quanto, por sua vez, ao direito de **participação,** para além do importantíssimo direito das comissões de trabalhadores de participação nos processos de reestruturação da empresa[42], ou mesmo, de algum modo, no controlo de gestão[43], sobressai o poder atribuído a cada um dos trabalhadores pelo Código de emitir parecer sobre o diagnóstico das suas necessidades de qualificação e às comissões de trabalhadores, à comissão sindical, à comissão intersindical ou aos delegados sindicais sobre o projecto do plano de formação. Também é de salientar, neste âmbito, o poder de as associações sindicais se constituírem como assistentes, ainda na fase administrativa dos processos por contra-ordenação, para acompanharem não só dos casos em que esteja em instrução o exercício individual dos direitos colectivos, como o exercício colectivo dos direitos individuais, e em que intervenham associados[44].

De realçar, por fim, o papel que é dado às estruturas representativas de empregadores e trabalhadores de participarem na promoção e avaliação, a nível nacional, das medidas de política sobre shst, constituindo, a par do que se passa com a formação profissional contínua, não apenas um direito, mas um verdadeiro dever dos parceiros sociais.

---

[38] Cfr. art. 125.º/1 do CT.
[39] Cfr. art. 151/4.º do CT.
[40] Cfr. art. 275.º a 278.ºdo CT.
[41] Cfr. art. 168.º/4 do CT.
[42] Cfr. art. 364.º da LR.
[43] Cfr. art. 360.º e 361.º da LR.
[44] Cfr. art. 640.º do CT.

II – Os contributos da IGT

Se este é certamente o pano de fundo onde se insere o tema da democracia na empresa, veremos que, sem pôr em causa o princípio de que toda a actividade da IGT tem em vista contribuir de um modo geral para uma maior democracia nos locais de trabalho, poderia a uma primeira observação, parecer muito mais restrito o campo de intervenção do organismo que tem a seu cargo, numa formulação não inteiramente feliz do actual Estatuto da IGT, o *"acompanhamento e controlo de cumprimento das normas relativas às condições de trabalho..."*[45].

Na verdade, se a face mais conhecida da Inspecção, é, sem sombra de dúvida, a da actividade fiscalizadora[46], ou, como quis exprimir-se o legislador do Estatuto de 2000, *o controlo de cumprimento das normas*, não se pode olvidar – e até mesmo dentro do seu próprio seio isso é olvidado[47] – que fundamentalmente são três os pilares da actuação da IGT:

---

[45] Formulação da norma do n.º 1 do art. 1.º do Estatuto da IGT (DL 102/2000, de 02/06). Tenha-se em conta, contudo, que a recente Lei Orgânica do Ministério do Trabalho e da Solidariedade Social, aprovada pelo DL 211/2006, de 27/10, em consonância aliás com a disposição paralela da orgânica anterior (DL 58/2005, de 4/3) define que a Autoridade para as Condições de Trabalho, organismo que passou a integrar a Inspecção do trabalho, *tem por missão, promover a melhoria das condições de trabalho, através da fiscalização do cumprimento das normas em matéria laboral, bem como a promoção de políticas de prevenção dos riscos profissionais* (art. (12.º/1).

[46] É curioso observar como os termos, por vezes, assumem no seio das instituições um sentido indignificante ou pejorativo que, na realidade, não possuem. Quiçá como reflexo resultante de um processo de transição de um corpo de inspectores inicialmente – desde a sua constituição nos inícios do sec. XX e durante muitas décadas – com poucas habilitações académicas (embora de muito saber, feito sobretudo da experiência da vida), e que inicialmente verificavam apenas o cumprimento dos horários de trabalho, para a realidade dos nossos dias em que um conjunto de jovens licenciados e bem preparados tecnicamente agora integram os seus quadros, ainda hoje, todavia, é, se não insultuoso, pelo menos pejorativo, designar um inspector por "fiscal".

[47] Os planos, assim como os relatórios de actividades, ao longo de muitos anos não reflectiam senão a actividade propriamente inspectiva medida em autos levantados ou, quando muito, do número de utilizadores do serviço informativo que cada unidade regional possui, embora algumas não funcionem diariamente. Só ultimamente se estão a relatar outras actividades de informação traduzidas na presença de pessoal da IGT em colóquios, seminários, palestras, congressos, entrevistas radiofónicas, televisivas, que têm um efeito multiplicador quando comparadas com a informação prestada aos consulentes dos serviços informativos nas Delegações, Subdelegações, nas Lojas do Cidadão ou em organismos de apoio a imigração, etc..

Contributos da IGT para a Democracia Empresarial 367

– i) a informação; ii) a apresentação de medidas tendentes a suprir a falta ou inadequação de normas legais e regulamentares; iii) a fiscalização.

Entendemos que tem sido no domínio da informação, que tem obviamente também uma componente formativa, que se tem jogado fundamentalmente o papel democratizador da IGT, designadamente através do seu corpo de dirigentes, técnicos e inspectores. Não é, contudo, apenas nem sobretudo, na prestação das informações, ou no domínio do aconselhamento – seja nas empresas ou nas instalações das unidades regionais – mas, antes, no domínio da cooperação e colaboração com as empresas e na dinamização das diversas associações que aglutinam os parceiros sociais, que se tem revela a dinâmica democratizante da IGT perspectivando um melhor e mais aperfeiçoado conhecimento da panóplia de direitos e deveres que lhes são impostos, convocando-as para o seu cumprimento, tornando assim a lei mais efectiva.

E nem tudo, afinal, como acima já se salientou, está na lei. A IGT, sendo embora um corpo especialmente pré-ordenado para a fazer cumprir, não pode alhear-se da importância fundamental que assumem outros instrumentos vocacionados para a democratização na empresa. Como é o caso, designadamente, do estabelecimento de "códigos de conduta" – que para já vão tendo implantação quase somente ao nível das empresas multinacionais[48] – mas sobretudo dos instrumentos de regulamentação colectiva negociais onde as partes negociadoras têm, não apenas oportunidade, como até o dever legal de concretizar medidas de crescente consciencialização das empresas na busca de um ambiente mais são e democrático e de um diálogo social mais intenso.

É precisamente o que se extrai do disposto no art. 541.º do CT. As convenções colectivas devem, entre outras, regular as acções de formação profissional tendo presentes as necessidades dos trabalhadores e dos empregadores (al.b)) e as condições de prestação de trabalho relativas à

Sucede, todavia, que dos mesmos relatórios nada consta quanto à sugestão de medidas para suprir lacunas ou propor adequação das normas, tarefas que a IGT vem também exercendo.

[48] Através da ferramenta de gestão conhecida como *benchmarking,* que mais não é do que uma avaliação continuada e sistematizada dos factores positivos e negativos para permitir a comparação das diversas organizações, tendente a um cada vez melhor nível de resultados.

368 *X Congresso Nacional de Direito do Trabalho*

shst (al.c)). Malogradamente, porém, para além de não haver qualquer sanção para o incumprimento de tais deveres[49], a manutenção no Código do princípio da dupla filiação[50] é um obstáculo a que as convenções colectivas funcionem como instrumentos privilegiados de RSE e de democratização, quando se tenha em conta que muitas normas legais podem ser modificadas pela convenção em sentido, mesmo que só pontualmente, menos favorável para os trabalhadores.

Chegamos, por fim, à questão que constitui o tema desta intervenção: – Qual, afinal, o contributo da IGT para a democracia na empresa? – Questão esta cuja resposta, cremos constituir a expectativa daqueles congressistas que tiveram a sofrida paciência de nos acompanhar nesta intervenção. Pois, há que dizer, e isto não constitui segredo nenhum, porque estes dados são públicos e estão acessíveis no *site* desta Inspecção, que o Plano de Actividades para o ano corrente de 2006, , contempla na sua estrutura, de entre as designadas acções transversais, uma acção precisamente sobre *Informação, consulta e participação dos trabalhadores e seus representantes*[52] onde, perspectivando a actuação dos serviços desta instituição, se escreve:

"A informação, consulta e participação dos trabalhadores e seus representantes assume na disciplina do Código do Trabalho, designadamente no que concerne às matérias de transposição de Directivas Comunitárias, uma importância que importa relevar na medida em que são elementos determinantes de congruência e modernização da organização das empresas e de cidadania no trabalho. Importa, por isso, configurar o contributo da IGT para "*... reforçar o diálogo social e as relações de confiança no seio da empresa, a fim de favorecer a antecipação dos riscos, desenvolver a flexibilidade da organização do trabalho e facilitar o acesso dos trabalhadores à formação na empresa num quadro de segurança, promover a sensibilização dos trabalhadores para as necessidades de adaptação, aumentar a disponibilidade dos trabalhadores para se empenharem em medidas e acções que visem reforçar a sua empregabilidade, promover o envolvimento dos trabalhadores no funcionamento e no futuro da empresa e melhorar a competitividade desta.*" Com a

---

[49] E justificar-se-ia que houvesse quando, se pretende a utilização sobretudo da boa vontade e do bom senso?!

[50] Cfr. art. 552.º do CT.

[51] http://www.igt.gov.pt

[52] Acção 7, p. 16.

Contributos da IGT para a Democracia Empresarial 369

autonomização deste programa de acção visa-se enriquecer o conteúdo de uma acção, até ao momento eminentemente reactiva, e centrada fundamentalmente no domínio da protecção dos direitos dos representantes dos trabalhadores sobretudo em momentos de especial agudização de conflitos de interesses[53], para perspectivar uma intervenção da cariz mais preventivo, por isso mesmo mais potenciadora de soluções ajustadas e também muito consentânea com a missão pedagógica da IGT.

Dando corpo a este eixo de intervenção, apresentam-se mais à frente[54], dois objectivos a prosseguir: i) incentivar o cumprimento desses deveres no âmbito das relações de trabalho e da shst quanto às estruturas de representação colectiva e aos próprios trabalhadores; ii) acompanhar os processos de eleição de representantes dos trabalhadores em matéria de shst e a criação das comissões de higiene e segurança no trabalho[55].

Por outro lado, e já no que toca ao domínio do realizado, no Relatório de Actividades de 2005, no capítulo dedicado à estatística da actividade da IGT se encontra, pela primeira vez[56], uma rubrica dedicada aos indicadores da actividade de *informação, aconselhamento e cooperação* com outras entidades, onde se relata que, nos termos da Recomendação n.º 81 da OIT, os funcionários da inspecção devem cooperar com as organizações de trabalhadores e empregadores, além de outras entidades públicas e privadas, com vista ao desenvolvimento do conhecimento da legislação do trabalho, designadamente das condições sobre segurança e saúde e se transmitam orientações nesse sentido. Tal cooperação, que pode obviamente assumir as mais variadas formas, requereu a participação de mais de uma centena de inspectores, e foi realizada, no ano de 2005, através de 105 acções genéricas envolvendo associações sindicais, patronais, empresariais, estabelecimentos de ensino, escolas profissionais, empresas, organismos da Administração Pública e outras instituições, traduzidas em 57 conferências e colóquios, 30 acções de formação e 18 programas de rádio e televisão, além da emissão de vários folhetos,

---

[53] Como é, geralmente, o caso de apresentação de pré-avisos de greve, de procedimentos de suspensão de contratos de trabalho, de reduções de efectivos ou de negociação de convenções.

[54] Cf. p. 16.

[55] Sobre a criação pelas convenções colectivas de condições de prestação de trabalho relativas a shst, vd., art. 541.º 7c) do CT.

[56] Reconhecendo-se, aí, que não tinha até agora tido expressão nos relatórios anuais de actividade, representando, por isso, *um défice de reconhecimento interno e externo* – cf. Relatório Anual de Actividades (2005), p. 37.

desdobráveis e outros suportes explicativos sobre disposições legais, exposições sobre segurança e saúde, e cursos de formação em estabelecimentos de ensino e formação.

Constituindo ainda uma iniciativa da IGT, mas em estreita cooperação com o CEJ, sobretudo pela repercussão pública que tiveram, uma vez que envolveram a participação de 1785 congressistas, é de assinalar a organização de duas Jornadas sobre a Regulamentação do Código, uma em Lisboa e outra no Porto, além de um Congresso Nacional de Acidentes de Trabalho, englobando temáticas da prevenção à reabilitação.

Mas ainda pelo papel relevantíssimo e insubstituível que hoje tem neste domínio da informação, deve referir-se o *site* da IGT na Internet. Nele se encontram, entre muitas outras publicações electrónicas, as *fichas interpretativas* sobre o Código do Trabalho e sua Regulamentação, textos sobre o *Estatuto do Trabalhador-Estudante* ou contendo alguns dos principais aspectos do *Direito à Formação Profissional* no CT, o elenco das autorizações, comunicações ou documentação de envio obrigatório à IGT, o manual de procedimentos para a contratação de trabalhadores estrangeiros, etc, etc.

É de salientar que durante o ano de 2005 as unidades regionais da IGT atenderam nas suas instalações, ou nas Lojas do Cidadão onde têm pessoal destacado, 323.668 utilizadores do serviço informativo presencial, tendo aí sido tratados 1.119.946 assuntos, dos quais cerca de 50% se prenderam com questões relacionadas com a duração do trabalho, 12% sobre despedimentos, 11,7% sobre férias, 10,7% sobre subsídio de férias e 8% sobre as remunerações, sendo que 77% desses utilizadores eram trabalhadores e 17% empregadores.

Por último, quanto ao aspecto propriamente coercivo, que seria, porventura o que mais presente poderia estar no espírito de alguns quando se enunciou o tema a versar, deve assinalar-se que se vem assistindo a um decréscimo das participações/queixas dos sindicatos sobre violação dos direitos dos representantes dos trabalhadores. No ano de 2005 houve 13 participações para 18 em 2004 ou 29 em 2003, que significam necessariamente dificuldades no diálogo social e a que a IGT procurou dar resposta contribuindo para a democratização na empresa. Não são porém estas participações formais as únicas que mereceram a actuação da IGT. É que para além da actuação, dita reactiva, que foi suscitada por aquelas 13 solicitações das associações sindicais, outras intervenções, pró-activas, ou seja, por iniciativa própria, ocorreram. O Relatório, nesta rubrica sobre direitos dos representantes dos trabalhadores, que integram boa parte do fenómeno de ausência de diálogo social, dá conta de 3 irregularidades confirmadas, 10 que transitaram em tratamento, 8 não confirmadas, 10 solucionadas sem recurso a medidas coercivas e 3 autos levantados.

Será que é possível fazer mais? Será que é possível fazer melhor? Certamente que sim.

Essa é sempre a esperança com que partimos para o futuro.

V.N. de Gaia, Novembro de 2006

GOVERNO DAS EMPRESAS
E DEMOCRACIA INDUSTRIAL

Pedro Ortins de Bettencourt

Doutor em Direito
Universidade Lusíada de Lisboa
Advogado

GOVERNO DAS EMPRESAS
E DEMOCRACIA INDUSTRIAL[1]

PEDRO ORTINS DE BETTENCOURT

Doutor em Direito
Universidade Lusíada de Lisboa
Advogado

Não poderia deixar de começar por agradecer ao Prof. Doutor António José Moreira mais esta oportunidade para debatermos o passado, presente e futuro do juslaboralismo.

O tema que me foi distribuído este ano *"Governo das empresas e democracia industrial"*, constitui um paradoxo na sua própria designação, até porque o governo autocrático que encontramos na maioria das nossas empresas pouco espaço deixa para a democracia industrial.

O velho termo democracia industrial tem as suas origens nos tempos em que ainda não se reconhecia o Direito do Trabalho, cujas matérias, muitas vezes se escondiam sob a capa de um direito industrial. Sinais dos tempos. Nessa altura, o significado que lhe foi atribuído pelos seus criadores BEATRICE e SIDNEY WEBB[2] era algo diferente daquele que hoje lhe atribuímos, centrado na participação dos trabalhadores no processo decisório da empresa, e até mesmo numa partilha de responsabilidades e da autoridade na empresa. Assim, trata-se de um conceito que

---

[1] O presente artigo foi escrito para a sua apresentação oral, pelo que tem as respectivas marcas quer de conteúdo, quer gramaticais. Relativamente à comunicação apresentada no Congresso, o autor limitou-se a actualizar-lhe os dados estatísticos.

[2] Cfr. BEATRICE WEBB; SIDNEY WEBB, *Industrial Democracy*, London-New York, N.Y.-Bombay: Longmans, Green 1897.

pouco ou nada tinha a ver com a *Nova Harmonia* oweniana; em qualquer caso, hoje, o industrialismo deu lugar ao empresarialismo, tanto nas designações como nos factos.

Qualquer tentativa de compreender a dimensão do fenómeno da participação dos trabalhadores no Governo das empresas, passa por um prévio conhecimento de alguns aspectos da nossa estrutura empresarial.

Trabalhadores	n.º empresas	nº Trab	% emp	% emp. Acum.	% trab	% trab. Acum.
TOTAL	1 057 158	3 680 588				
Até 9	1 007 701	1 657 948	95,32%	95,32%	45,05%	45,05%
10 – 49	42 625	800 218	4,03%	99,35%	21,74%	66,79%
50 – 249	5 965	566 964	0,56%	99,92%	15,40%	82,19%
250 ou mais	867	655 458	0,08%	100,00%	17,81%	100,00%

Quadro I – Relação entre a dimensão das empresas e o volume de emprego[3]

Quando olhamos ao nosso tecido empresarial constatamos que as PME assumem uma importância primordial na estrutura empresarial portuguesa. De acordo com dados do INE, relativos a 2005, existiam em Portugal pouco mais de 1.057.000 empresas (abrangendo tanto sociedades como empresas individuais) fornecendo emprego no sector privado a quase 3.700.000 trabalhadores. As microempresas e pequenas empresas, tal como definidas pelo Código do Trabalho, representam 99,35% do total das empresas e 66,79% do volume do emprego.

A análise dos dados estatísticos é demonstrativa de um tecido empresarial constituído por pequenas empresas em que os mecanismos de representação e democracia empresarial tendem a ser uma figura de ficção legislativa. A simples ideia de democracia empresarial tende a esbater-se se não mesmo a chocar com a tradicional figura do «patrão», chefe máximo e incontestado; dando assim justificação às teses que se vão podendo extrair das mensagens de humor que enchem as nossas caixas postais electrónicas, segundo as quais a actividade na empresa se deve reconduzir à máxima segundo a qual é o «chefe» e apenas o «chefe» quem manda.

---

[3] Quadro construído com base em dados do INE retirados de *Empresas em Portugal, 2005*, Lisboa, 2007, Quadro III – Emprego e produtividade das empresas, 105. Para efeitos estatísticos empresa é definida como Entidade jurídica (pessoa singular ou colectiva) correspondente a uma unidade organizacional de produção de bens e/ou serviços, usufruindo de uma certa autonomia de decisão, nomeadamente quanto à afectação dos seus recursos correntes.

Governo das Empresas e Democracia Industrial 377

Se existem perspectivas de mudança, estas apontam no sentido oposto ao da introdução de uma qualquer democracia empresarial, até porque as últimas estatísticas indicam-nos que o número de Micro e PMEs tem aumentado a uma taxa média anual muito superior aos das empresas de grande dimensão, aumentando também a percentagem dos trabalhadores que nelas trabalham[4].

Se, para além dos números acima indicados, tomarmos consciência que o sector cooperativo, em Portugal, não representa mais de 51.000 trabalhadores[5], apercebemo-nos de que a participação dos trabalhadores no processo de decisão das empresas não passa de uma ficção para a sua grande maioria.

Hoje, não podemos deixar de constatar que a promoção da democracia empresarial que o legislador dos anos setenta tentou levar a cabo, nem sempre foi feita no interesse exclusivo dos trabalhadores e, basta pensar no confronto entre os conceitos de unidade e unicidade sindicais, na promoção de estruturas não sindicais de representação colectiva dos trabalhadores levada a cabo pela própria Assembleia Constituinte, para já não falar da punição a que o legislador sujeitava todos os trabalhadores nas empresas em que não se constituíssem comissões de trabalhadores (impedindo-os de, uma vez despedidos, requerer a suspensão dos seus próprios despedimentos), para perceber que tempos houve em que a democracia empresarial não passava de uma construção de políticos destinada a ser imposta à sociedade.

Se a contratação colectiva, com o suporte que lhe é dado por outros instrumentos não negociais de regulamentação colectiva, consegue dar algum peso aos trabalhadores nas empresas onde prestam serviço (sendo inclusiva e classicamente considerados como instrumentos de democracia industrial), a verdade é que tal concepção esquece a origem, senão mesmo a natureza, contratual dos mesmos. No entanto, só num sentido muito amplo e de uma forma muito imprópria é que poderemos admitir que a contratação colectiva seja um instrumento de democracia empresarial.

---

[4] Demonstrativo desta afirmação é a constatação de que em 150.993 novos empregadores no ano de 2005, 98,4% tem menos de 5 trabalhadores remunerados. Fonte INE, *Empresas em Portugal, 2005*, 11.

[5] Cfr. Dados divulgados na página do Congresso das Cooperativas Portuguesas – 2004, http://www.cercifaf.pt/congresso.htm.

Hoje, se omitirmos o sector cooperativo e alguns *case studies* em que existem situações de co-gestão ou de autogestão, a democracia empresarial resume-se essencialmente às empresas de grande dimensão, de resto as únicas em que tendencialmente podem ser encontradas comissões de trabalhadores e conselhos de empresa europeus. Na realidade, todas as estruturas representativas dos trabalhadores, sejam elas comissões e subcomissões de trabalhadores, conselhos de empresa europeus ou associações sindicais tem um papel ao nível da democracia empresarial. Acontece que o papel das estruturas representativas dos trabalhadores é, também ele diferente consoante o tipo de organização em causa.

O artigo 477.º CT estabelece, entre outros, o direito das associações sindicais a *"participar nos processos de reestruturação da empresa, especialmente no respeitante a acções de formação ou quando ocorra alteração das condições de trabalho"*. Este direito encontra algum desenvolvimento no art. 503.º CT, atribuindo aos delegados sindicais, um direito a informação e consulta relativamente às matérias constantes das suas atribuições, incluindo um conjunto de matérias abrangendo a evolução das actividades da empresa, nomeadamente sobre o volume de emprego e grandes mudanças ao nível da organização do trabalho ou dos contratos de trabalho.

Estes instrumentos de actuação sindical na empresa parecendo significativos na realidade consistem numa mão cheia de coisa nenhuma porquanto, estranhamente (ou talvez não), eles não são aplicáveis às microempresas, às pequenas empresas e aos estabelecimentos onde prestem actividade menos de 20 trabalhadores, justificando assim o que há pouco afirmávamos sobre as pequenas empresas. De resto, não existe qualquer sanção, já que muito embora existam normas sancionatórias para a violação do artigo 501.º, 502.º e 504.º nada consta quanto ao artigo 503.º[6].

Quanto às comissões de trabalhadores, não conseguimos afastar a ideia preconcebida de que, desaparecida a atitude de manifesta protecção

---

[6] Ainda que pudéssemos pensar aplicar o artigo 684.º – onde se qualifica como contra-ordenação muito grave o impedimento do exercício da actividade sindical (e certamente que este direito a informação e consulta diz respeito ao exercício da actividade sindical na empresa) – o legislador tratou de se assegurar que nenhum intérprete mais afoito aí consiga encontrar munições, precisando que o referido impedimento do exercício da actividade sindical respeita às reuniões de trabalhadores e ao acesso dos seus representantes às instalações da empresa.

Governo das Empresas e Democracia Industrial 379

estadual, genericamente, apresentam uma perda de dinâmica. No entanto, é manifesta a diferença de tratamento face às associações sindicais:

Assim, nos termos do art. 469.º CT, os órgãos de gestão devem colocar à disposição de comissões e subcomissões de trabalhadores as instalações adequadas e os meios materiais e técnicos necessários ao desempenho das suas funções, sob pena de não o fazendo incorrerem numa contra-ordenação grave[7]. Já quando se trata de conhecer os instrumentos de participação das comissões de trabalhadores, temos necessidade de recorrer à Regulamentação do Código do Trabalho. Tal necessidade, leva-nos a confessar que, decorridos estes anos, ainda não conseguimos entender qual o critério do legislador ao decidir o que ficaria no Código do Trabalho e o que seria remetido para a sua regulamentação, em especial, quando nos lembramos da origem constitucional de muitos dos direitos atribuídos às comissões de trabalhadores.

As comissões de trabalhadores são as estruturas de representação colectiva que têm o «efectivo» poder de controlar a gestão, que têm um amplo direito à informação[8], para já nem discriminar as múltiplas matérias em que se exige que lhes seja pedido parecer prévio a qualquer alteração[9].

Reconhecemos o reduzido impacto do controle de gestão em termos de democracia empresarial, dado a sua reduzida aplicação fora do sector empresarial do Estado (muito embora se reconheçam significativas excepções). No entanto, este poder acrescido do direito a audição prévia das comissões de trabalhadores, lado a lado ainda com um direito à informação esvaziado pela inexistência de sanções (como acontece com os delegados sindicais), atribui algum peso à palavra que os trabalhadores tem a dar em tudo o que respeita à organização e funcionamento das empresas para as quais trabalham. De resto, muitos outros poderes existem, como os inerentes à participação nos processos de reestruturação das empresas, implicando nomeadamente o direito a serem ouvidos em determinadas matérias, a serem informados sobre o andamento normal do processo, a reunir com os órgãos encarregados da reestruturação ou a emitir juízos críticos, sugestões e reclamações.

---

[7] Cfr. art. 685.º CT.

[8] Cfr. art. 356.º RCT

[9] Matérias essas em que a não audição das comissões de trabalhadores configura uma contraordenação grave (Vd. art. 488.º RCT).

380 X Congresso Nacional de Direito do Trabalho

No final, podemos constatar que a parra é muita e a uva é pouca; sobretudo se atendermos ao reduzido número de comissões de trabalhadores em actividade; até porque, o direito a ser ouvido e a emitir parecer não é susceptível de ser identificado com a decisão, sempre proveniente dos gestores e administradores.

Se fizermos o confronto, percebemos que à praticamente nula interferência das associações sindicais ao nível da democracia empresarial, se contrapõe alguma capacidade das comissões de trabalhadores que choca com a impossibilidade de negociarem convenções colectivas de trabalho ou declararem greves (quando a sua representatividade será em princípio superior à de muitos sindicatos).

A novidade em matéria de democracia industrial, ainda que relativa, atendendo aos anos que já passaram desde a sua introdução, são os conselhos de empresa europeus. Estes, em Portugal, sofreram alguns dos problemas que são típicos do nosso ordenamento jurídico, incluindo uma tardia transposição da Directiva[10] que lhes serviu de suporte (Directiva 94/45/CE do Conselho, de 22 de Setembro de 1994), e que garantem aos trabalhadores mecanismos de participar nos procedimentos de informação e consulta. No entanto, continuamos no âmbito de grandes empresas, já que se tratam de empresas ou de grupos de empresas de dimensão comunitária que tenham, pelo menos, "*1000 trabalhadores nos Estados membros e 150 trabalhadores em cada um de dois Estados membros diferentes*"[11].

A representação dos trabalhadores é feita relativamente a cada Estado, tanto no grupo especial de negociação como no conselho de empresa europeu, e os interesses dos trabalhadores de cada Estado são, muitas vezes, entendidos como opostos, dado que a produção que é destinada às fabricas de um país deixa de ir para as dos restantes países: se um determinado modelo de automóvel vai ser produzido em Portugal, não o será em Espanha ou na Alemanha.

A lei, impõe que os representantes dos trabalhadores não representem as fábricas, mas sim os trabalhadores por Estado membro[12]. Tal opção legislativa, no nosso entender e não obstante compreendamos a lógica de custos que lhe está subjacente, desvia os interesses internos das fábricas

---

[10] Não obstante segundo o artigo 14.º da Directiva a transposição dever ser feita até 1996, só em 1999, através da Lei n.º 40/99, de 9 de Junho, foi a mesma transposta.

[11] Cfr. art. n.º 1 do 472.º CT.

Governo das Empresas e Democracia Industrial 381

para interesses nacionalistas que podem prejudicar todo o processo de construção europeia.

O Conselho europeu de empresa têm, a nível europeu, competências que se encontram próximas das atribuídas às comissões de trabalhadores. Exemplo disso é o direito a ser informado e consultado sobre as questões que envolvam, no mínimo, dois estabelecimentos ou empresas do grupo situados em Estados membros diferentes[13]; o direito a receber um *"relatório anual pormenorizado e documentado sobre a evolução e as perspectivas das actividades da empresa ou do grupo de empresas"*[14]; ou a possibilidade de reunir pelo menos uma vez por ano com a administração[15].

A soma de todas estas disposições assegurando a participação dos trabalhadores, ou de seus representantes, no processo de decisão das empresas, não esquece que os proprietários das empresas não aceitariam uma real e efectiva intervenção dos trabalhadores no processo decisório. O facto de serem ouvidos, dá aos trabalhadores a ilusória sensação de terem uma palavra a dizer sobre o futuro das empresas onde trabalham (e por essa via sobre o seu próprio futuro), sem retirar das mãos da administração qualquer margem de manobra de decisão.

Os gestores sabem que tem apenas de ouvir os seus subordinados, mas que continuam a deter o poder de decisão; sabendo ainda que, se tal considerarem necessário ao sucesso da alteração a efectuar, poderão correr naturalmente o risco de não ouvir os representantes e sujeitar-se às respectivas sanções. No entanto e na prática, a audição dos representantes dos trabalhadores poderá propiciar a compreensão destes para as alterações que se pretendam efectuar permitindo ainda as vantagens decorrentes do envolvimento dos trabalhadores na procura de soluções para situações de crise.

No final de tudo isto, se esquecermos o direito dos trabalhadores a elegerem representantes seus para os órgãos sociais das entidades públicas empresariais[16], o sector cooperativo e as tais outras situações excep-

---

[12] Vd. art. 370 n.º 1 RCT.
[13] Cfr. n.º 1 e 2 do art. 380.º RCT.
[14] Cfr. art. 381.º RCT.
[15] Cfr. art. 382.º RCT.
[16] Cfr. art. 362.º RCT.

cionais de participação dos trabalhadores na gestão das empresas, se os trabalhadores pretenderem ter tal intervenção, restar-lhes-á sempre a «via capitalista»: a aquisição do respectivo capital social, ou de uma parte deste.

DIA 17 DE NOVEMBRO DE 2006

17h 15m

SESSÃO SOLENE DE ENCERRAMENTO

Presidência
Juiz Conselheiro Dr. Manuel Maria Duarte Soares
Vice-Presidente do Supremo Tribunal de Justiça

Mesa de Honra
Dr.ª Maria de Belém
Deputada à Assembleia da República
Presidente da Comissão Parlamentar de Saúde
Prof. Doutor Bernardo Lobo Xavier
Presidente da Academia Ibero-Americana de Direito do Trabalho
Prof. Doutor António Moreira
Coordenador do Congresso

ÍNDICE

IX E X CONGRESSOS NACIONAIS
DE DIREITO DO TRABALHO

Nota Explicativa 7

IX CONGRESSO NACIONAL
DE DIREITO DO TRABALHO

Patrocínio – Presidente da República 11

NOTA PRÉVIA 15

Comissão de Honra 17

Sessão Solene de Abertura 19

As Razões do Congresso – *António Moreira* 21

**TEMA DE ABERTURA – Globalização, Crise Económica e Social ou
o Direito do Trabalho da Emergência** 27

TEMA I – Justiça Laboral e Direito Penal do Trabalho 29
O Crime de não Apresentação pelo Empregador de Registos e Outros
documentos – *João Soares Ribeiro* 31

**TEMA II – Flexibilidade de Entrada no Mercado de Trabalho.
Outsourcing, Trabalho a Tempo Parcial, Contrato de Trabalho a
Termo, Procedimentos em Geral e Procedimento Disciplinar** 55
Contrato de Trabalho a Termo – *José João Abrantes* 57

386   *VIII Congresso Nacional de Direito do Trabalho*

TEMA III – Igualdade, Intimidade e Vida Privada, Informação Genética e Contrato de Trabalho 63

Toxicodependência, Justa Causa e Direitos de Personalidade – *Isabel Ribeiro Parreira* 65

TEMA IV – Flexibilidade Interna ou no Contrato de Trabalho. Mobilidade Geográfica e Mobilidade Internacional de Trabalhadores. Tempo de Trabalho 137

A Mobilidade Geográfica dos Trabalhadores – Alguns Pontos Críticos – *Albino Mendes Baptista* 139

TEMA V – Flexibilidade de Saída do Mercado de Trabalho, Teletrabalho 159

Notas Sobre Articulação entre Direito Nacional e Direito Comunitário a Propósito da Noção de Despedimento Colectivo – *Luís Miguel Monteiro* 161

TEMA VI – Diálogo Social, Concertação, Negociação e Contratação Colectiva, Âmbito de Aplicação das Convenções. Interpretação. negociação Colectiva Europeia 181

Sessão Solene de Encerramento 183

Palavras do Coordenador – *António Moreira* 185

X CONGRESSO NACIONAL DE DIREITO DO TRABALHO

Patrocínio – Presidente da República 189

NOTA PRÉVIA 193

Comissão de Honra 195

Sessão Solene de Abertura 197

Palavras do Coordenador – *António Moreira* 199

Índice

TEMA I – Linhas Gerais das Reformas Laborais, Produtividade, Competitividade e Globalização 203

TEMA II – As Relações de Trabalho Atípicas 205

Contrato de Trabalho a Tempo Parcial (Tópicos de Reflexão) – *António Nunes de Carvalho* 207

TEMA III – O Procedimento Disciplinar: Velhas e Novas Questões. Insolvência do Empregador e Contrato de Trabalho 241

Procedimento Disciplinar. Velhas e Novas Questões – *Alertina Pereira*.. 243

Efeitos Processuais da Declaração de Insolvência Sobre as Acções Laborais Pendentes – *Adelaide Domingos* 259

TEMA IV – A Boa Fé no Direito do Trabalho e o Novo Mercado Laboral 291

Da Boa Fé na Execução do Contrato de Trabalho – *João Correia* ... 293

TEMA V – Retribuição e Vicissitudes Contratuais 303

Duas Questões a Propósito dos Efeitos da Transferência do Estabelecimento nas Relações de Trabalho: Artigo 321.º do Código do Trabalho e Oposição do Trabalhador à Transmissão do Contrato de Trabalho – *Pedro Furtado Martins* 305

TEMA VI – Fraude à Lei e Flexibilidades Laborais 335

Local de Trabalho, Cláusulas de Mobilidade Geográfica e Cláusulas de Sedentarização – *Albino Mendes Baptista* 337

TEMA VII – Direito do Trabalho e Democracia Empresaria. Novas Perspectivas das Relações Colectivas de Trabalho 353

Contributos da IGT para a Democracia Empresarial – *João Soares Ribeiro* 355

Governo das Empresas e Democracia Industrial – *Pedro Ortins de Bettencourt* 373

Sessão Solene de Encerramento 383